Gandhi

Série Biografias **L&PM** POCKET:

Albert Einstein – Laurent Seksik
Átila – Eric Deschodt
Balzac – François Taillandier
Baudelaire – Jean-Baptiste Baronian
Billie Holiday – Sylvia Fol
Cézanne – Bernard Fauconnier
Freud – René Major e Chantal Talagrand
Gandhi – Christine Jordis
Júlio César – Joël Schmidt
Kafka – Gérard-Georges Lemaire
Kerouac – Yves Buin
Leonardo da Vinci – Sophie Chauveau
Luís XVI – Bernard Vincent
Michelangelo – Nadine Sautel
Modigliani – Christian Parisot
Picasso – Gilles Plazy
Shakespeare – Claude Mourthé
Van Gogh – David Haziot

Christine Jordis

Gandhi

Tradução de Paulo Neves

www.lpm.com.br

L&PM POCKET

Coleção **L&PM** POCKET, vol. 577
Série Biografias / 7

Título original: *Gandhi*

Primeira edição na Coleção **L&PM** POCKET: janeiro de 2007
Esta reimpressão: maio de 2010

Tradução: Paulo Neves
Capa: Projeto gráfico – Editora Gallimard
 Fotos da capa – FIA/Rue des Archives e Margaret Bourke-White/Time & Life Pictures/Getty Images.
Revisão: Bianca Pasqualini e Larissa Roso

CIP-Brasil. Catalogação-na-Fonte
Sindicato Nacional dos Editores de Livros, RJ.

J69q Jordis, Christine
Gandhi / Christine Jordis; tradução de Paulo Neves. –
Porto Alegre, RS: L&PM, 2010.
272p.; 18 cm – (Coleção L&PM POCKET; v.577)

Tradução de: *Gandhi*
Anexos
Inclui bibliografia
ISBN 978-85-254-1567-7

1. Gandhi, Mahatma, 1869-1948 – Biografia. 2. Não-violência.
3. Índia – Política e governo – 1919-1947. I. Título. II. Série.

07-0028.   CDD: 923.2
                            CDU: 929:32

© Éditions Gallimard, 2005

Todos os direitos desta edição reservados a L&PM Editores
Rua Comendador Coruja 314, loja 9 – Floresta – 90220-180
Porto Alegre – RS – Brasil / Fone: 51.3225.5777 – Fax: 51.3221-5380

Pedidos & Depto. comercial: vendas@lpm.com.br
Fale conosco: info@lpm.com.br
www.lpm.com.br

Impresso no Brasil
Outono de 2010

A sorte da espécie humana depende hoje mais do que nunca de sua força moral. O caminho a um estado alegre e feliz passa pela renúncia e pela autolimitação, onde quer que seja.

ALBERT EINSTEIN

Kafka me disse: "É evidente que daqui por diante o movimento de Gandhi vencerá. A prisão de Gandhi terá por único efeito dar a seu partido um impulso ainda maior. Pois, sem mártires, todo movimento degenera em comunhão de interesses, agrupando gente que especula, de maneira vil, sobre seu sucesso. O rio torna-se um charco, onde apodrecem todas as idéias de futuro. Pois as idéias – aliás, como tudo que neste mundo tem um valor suprapessoal – vivem apenas de sacrifícios pessoais".

GUSTAV JANOUCH

Sumário

Prefácio / 8
Começos / 13
Na Inglaterra / 30
A África do Sul / 41
O retorno à Índia / 102
Os anos de luta / 144
O apogeu / 168
O trabalho construtivo / 193
A guerra / 213
O Mártir / 232
Pensador de uma modernidade alternativa? / 251

ANEXOS
    Referências cronológicas / 255
    Referências bibliográficas / 259
    Notas / 263
    Sobre o autor / 267

Prefácio

No começo do século XX, o imperialismo britânico prossegue em sua maior vitalidade. A Índia, segundo Nehru – um líder nacionalista, é verdade –, está enterrada num "lamaçal de pobreza e derrotismo que a arrasta para o fundo"; durante gerações ela ofereceu "seu sangue, seu labor, suas lágrimas, seu suor", e esse processo consumiu seu corpo e sua alma, envenenou todos os aspectos de sua vida coletiva, como uma doença fatal que rói os tecidos e mata em fogo lento.

Veio Gandhi.

> Foi como uma poderosa lufada de ar fresco a nos dilatar... um feixe de luz que perfurava a obscuridade; como um turbilhão que agitou muitas coisas, sobretudo o modo de funcionar de nosso espírito. Ele não vinha do alto; parecia surgir das multidões da Índia, falava a linguagem delas e chamou constantemente a atenção para elas, para sua terrível condição. (DI*, 407)

A aparência dessa figura que ia mudar o destino de um país era totalmente insignificante. "Um homenzinho de físico miserável", mas com a força do aço ou da rocha. "A despeito de seus traços humildes, de sua tanga e de sua nudez, havia nele algo de um rei que impunha a obediência... Seus olhos calmos e graves nos mantinham sob seu olhar, nos sondavam até o mais profundo da alma; sua voz, clara e límpida, penetrava, insinuava-se até o coração e remexia as entranhas... O charme e o magnetismo passavam..." (VP, 127). Com ele, cada um tinha o "sentimento de comunhão". De onde vinha esse "feitiço"? Não da razão, certamente, embora o apelo à razão não fosse ignorado; tampouco da arte oratória nem do

---

* Damos as referências das obras mais freqüentemente citadas sob a forma de abreviações (seguidas do número da página). O leitor encontrará na página 259 uma bibliografia na qual são listadas essas abreviações, com as referências completas das obras. (N.A.)

hipnotismo das frases: elas eram simples e econômicas, sem uma palavra supérflua. "Era a absoluta sinceridade do homem e de sua personalidade que nos dominava; ele dava a impressão de possuir imensas reservas de força interior" (vp, 128).

Ainda em vida, porém, Gandhi chegou a ser muito criticado. Alguns rechaçavam a idéia de chefe, de santo ou de herói, preferindo ver nele um homem comum que obedecia a motivações comuns (interesse pessoal, defesa de seu poder, vaidade: "a consciência de si enquanto velho humilde e nu, sentado sobre seu tapete de oração e fazendo tremer os impérios pela simples força de seu poder espiritual"*[1]) – em suma, sob a grande figura, um personagem calculista, manipulador, apaixonado por seu prestígio e finalmente vencido (era como o viam, na época, muitos britânicos, seus inimigos). Outros achavam irritantes ou mesmo inaceitáveis sua abordagem emocional de problemas econômicos ou sociais e sua insistência numa religião (na verdade uma ética) que não admitia misturar seus princípios e sua linguagem aos da política – disciplina que exige a *razão*, enquanto Gandhi agia pela "magia" e buscava captar a imaginação do povo para melhor dirigi-lo. Colocava-se o problema da ligação entre espiritualidade e política. Uma relação que causava dores, incompreensão, abalos: "Para que tentar mudar a ordem existente?", escrevia Nehru, que foi seu discípulo e amigo. "Não, bastava mudar o coração dos homens! É a chamada atitude religiosa, em toda a sua pureza, frente à vida e a seus problemas. Uma atitude que nada tem a ver com a política, a economia ou a sociologia. No entanto Deus sabe quanto, no domínio político, Gandhi podia ir longe!" (vp, 372). Se ele tinha realmente objetivos tão elevados, por que, diziam seus críticos, comprometê-los entrando na vida política que, por natureza, como todos sabem, situa-se longe da busca da verdade? Enfim, não se podia compreender essa mistura paradoxal de "santo católico medieval" e de "chefe político com espírito prático".

---

* Todas as notas bibliográficas estão reunidas no final do volume, à p. 263. (N.A.)

No mínimo, o homem era suspeito: sob a figura do asceta, não se podia duvidar que se escondia um indivíduo astuto, competente, hábil nos rodeios – capaz de encontrar um acordo entre os extremos, entre as classes e os partidos, capaz de rigidez na teoria, mas também de flexibilidade nas aplicações, suscetível de mudar de opinião de forma radical, sem pensar na coerência com suas afirmações anteriores; em suma, um homem "extremamente complexo, uma mistura de grandeza e de pequenez, uma grande personalidade política, excessivamente política, e que punha essa mancha em suas concepções morais e religiosas" (RJ, 135), era como o via "o Poeta", isto é, Rabindranath Tagore, em 1926, antes de aliar-se totalmente a Gandhi; e Tagore insistirá nos compromissos aceitos, nessa "espécie de má-fé secreta que o faz provar por raciocínios sofisticados que o partido que ele aceita é o da virtude e da lei divina, mesmo que seja o contrário e que ele não possa ignorar isso" (RJ, 135). Assim, um político e não um santo, e tanto mais astuto, tanto mais indecifrável quanto não cessa de confessar publicamente suas dúvidas, suas hesitações, seus erros e reorientações, trabalhando na maior "transparência", diríamos hoje. A moralidade, o amor, o vocabulário religioso seriam então uma pose, um abuso de belas palavras e sentimentos destinados a arrastar as multidões e impressionar o inimigo?

Questões que não arranhavam a confiança da Índia em sua sinceridade. A despeito de seu vocabulário, "de uma obscuridade quase total para o homem médio de nosso tempo", dizia Nehru, a despeito de suas meias-voltas desconcertantes, os amigos tinham-no por "um grande homem, um homem único, a quem não se podia aplicar nem as escalas de valores correntes nem os padrões da lógica habitual" (VP, 288). Tendo depositado nele sua fé, os amigos o acompanhavam. Nenhum deles, ao contrário dos que falavam "uma linguagem diferente" – espíritos inimigos de seu pensamento ou, mais simplesmente, mal equipados para compreendê-lo –, nunca lhe supôs mentira ou impostura: "Para milhões de indianos, ele é a encarnação da verdade, e todos os que o conhecem sabem a seriedade apaixonada com que busca sem descanso agir de forma justa" (vp, 289). Aplicar a essa personalidade extraordinária os raciocínios banais, as frases deformadas, as teorias prontas que se utilizam para o político médio é ficar na crítica superficial, sublinha Nehru, e ele próprio busca em vários momentos definir Gandhi, passando da afeição à cólera, da surpresa à admiração, corrigindo constantemente um retrato que seu modelo não cessa de modificar.

Mais convincente, talvez, é o julgamento de um adversário, lorde Reading, vice-rei das Índias, que, assumindo o cargo em 2 de abril de 1921, teve com Gandhi seis intermináveis conversações: "Suas idéias religiosas são, acredito, sinceras, e ele está convencido, quase até o fanatismo, de que a não-violência e o amor garantirão à Índia sua independência e lhe permitirão resistir ao governo britânico".

Desde então, com o recuo do tempo, pesquisadores e especialistas procuraram guardar, o que nem sempre conseguem, uma distância crítica ou mesmo um rigor científico, bem como levar em conta o que foi escrito antes deles. Ao Gandhi cristão, santo e mártir dos primeiros livros, sucedeu um "Gandhi secularizado, cujos métodos de luta política e liderança interessam mais que as idéias religiosas[2]"; mais recentemente, buscou-se "uma apreciação mais realista" de sua obra e "uma concentração maior na riqueza de sua personalidade[3]". "Cada época reinventou seu Gandhi." Ainda se podia acrescentar: cada biógrafo, cada historiador. A interpretação desse personagem infinitamente complexo depende de maneira íntima da personalidade de quem escreve – tal é a conclusão que sobressai da leitura de alguns dos milhares de livros que lhe são dedicados em centenas de línguas. "Naquilo que escrevemos, transmitimos necessariamente nossa própria visão do mundo[4]", confessa Robert Payne, um de seus biógrafos. Assim, melhor admitir desde o início que a objetividade é aqui ilusória. "O recuo do tempo faz falta para julgá-lo objetivamente", escrevia Nehru, que esteve tão próximo dele. "Àqueles dentre nós, intimamente ligados a ele, que sofreram a influência dessa personalidade dominadora e tão eminentemente cativante, esse recuo faz uma falta terrível... Em vista disso, o fator pessoal desempenha em nós um papel demasiado grande para não pesar sobre nossos julgamentos e correr o risco de falseá-los" (PT, 225). Certo. Mas a "objetividade" conferida pela distância poderia passar ao lado, ela também, do essencial: aquele "fogo interior" inesgotável, aquele "extraordinário poder de tornar possível o improvável", no qual todos acreditavam. "Os que não o conheceram intimamente devem ter dificuldade de imaginar o fogo interior que ardia nesse homem de paz e de humildade. "Desse modo", conclui Nehru, "muitos não saberiam avaliar ou conhecer a situação em sua verdade."

Não sendo uma especialista em Índia nem em Gandhi, apenas uma amadora apaixonada, familiarizada com a Ásia, sinto-me, por um tal julgamento, autorizada a falar de um tema já exaustivamente explorado, debatido e comentado, certa de que nada de inédito se pode trazer, desejosa, porém, de abordá-lo de forma pessoal, já que ele deve permanecer indefinidamente aberto, sem conclusão possível. "Tudo nele é extraordinário paradoxo" (Nehru).

Nosso século iniciante poderia ver em Gandhi o pensador de uma modernidade alternativa ou alguém em busca da verdade, isto é, o homem "religioso", afastado do santo cristão dos primeiros admiradores ocidentais e próximo, como sugere Martin Green (que o coloca ao lado de Tolstói), dos profetas de uma nova era. Homens cuja visão marcou um final de século caracterizado, como o nosso, por um certo número de sinais recorrentes, entre os quais estariam o cuidado com a preservação da natureza, a revolta antimaterialista, a insistência na dimensão espiritual. Para muitos, Gandhi é visto como o profeta da era por vir, daquilo que uma cultura pós-religiosa chamou "o espírito[5]". O espírito, o poder do espírito, encarnado por ele no mais alto grau – o que dá seu sentido à palavra humanidade.

Começos

Porbandar: o nome induz ao sonho. Um mundo de pescadores, de armadores, navios que cruzam entre a Índia, a Arábia e a costa leste da África, aventurando-se até a África do Sul, lá onde Gandhi haveria de descobrir um dia sua vocação... Mas, no momento em que ele nasce, em 2 de outubro de 1869, não era senão um pequeno porto pesqueiro adormecido na costa do Gujarat.

A cidade de Porbandar, "com suas ruelas estreitas e seus bazares atulhados, com seus muros maciços, desde então em grande parte demolidos, encontra-se a três passos do mar da Arábia. Suas construções, desprovidas de grandeza arquitetônica, são feitas de uma pedra branca que endurece com os anos, brilha suavemente ao pôr do sol e valeu à cidade a denominação romântica de 'Cidade branca'. Os templos ocupam ali um lugar de importância; a própria casa ancestral dos Gandhi erguia-se perto de dois templos. No entanto a vida toda estava, ainda está, centrada no mar" (MG, 9).

Ainda no final do século XIX, muitas famílias tinham relações de negócios do outro lado dos oceanos; aliás, foi um contato desse tipo que permitiu a partida de Gandhi para a África do Sul.

Na época, Porbandar era apenas um dos trezentos principados e territórios da região do Gujarat governados por príncipes que o acidente de seu nascimento e o apoio de um soberano mantinham no trono. A despeito dessa fragmentação e do regime feudal, a região soubera evoluir; havia inclusive dado à Índia alguns homens de negócios empreendedores e alguns reformadores religiosos e sociais. Tenacidade, senso de uma missão, esses traços não eram raros; alguns historiadores indianos inclusive sugeriram que não por acaso os dois homens que, de maneira oposta, mais influenciaram a história da Índia no século XX, Gandhi e Jinnah, eram originários desse Estado.*

Cada região da Índia tem sua especificidade, gravada ao longo de milênios. Há cinco mil anos, sugere um biógrafo de Gandhi, "o Gujarat já era um ponto de intercâmbio entre o Ocidente e o Oriente. Inclusive se conhece o nome das populações comerciantes dessa região[1]..." Para quem gosta da idéia de influências profundas e longínquas, de vocações depositadas como um sedimento através das gerações e dos séculos, é sedutor pensar que Gandhi descendia dessa antiga oligarquia mercantil e que dela conservara a astúcia e a sabedoria.

Ele pertencia à casta dos *banian*, isto é, dos mercadores do Gujarat, dos "especieiros", diz ele em sua autobiografia, que povoavam desde sempre a região – comerciantes pacíficos, muito afastados pelo espírito dos xátrias, isto é, dos guerreiros, a segunda das quatro castas, muito difundida em outras partes da Índia. Os *banian* faziam parte da terceira grande casta**, a dos vaixás.

Esses mercadores estavam impregnados da doutrina jaina*** da não-violência. É certo que ela marcou fortemente Gandhi. Como sublinha Nehru, ele era "em parte tributário das concepções de que se impregnara nos anos de juventude passados no Gujarat... Gandhi tinha um olhar eclético sobre o desenvolvimento do pensamento e da história indianos. Pen-

---

* Gandhi, em sua autobiografia, afirma de fato que Jinnah era do Gujarat, referindo-se certamente às ligações que este último tinha nesse Estado, embora Jinnah, em realidade, tivesse nascido em Karachi. (N.A.)

** Existem quatro grandes castas: *brahmana*, *ksatriya*, *vaisya* e *sudra*, ou brâmanes, reis (ou senhores), mercadores e plebeus. Gandhi era contra a casta considerada hierarquizada (sua ação contra a intocabilidade atacou o hinduísmo ortodoxo em seus fundamentos), mas favorável à *varna* ideal, como função hereditária que faz todo homem igual a qualquer outro: "As quatro divisões da sociedade, cada uma complementar da outra, nenhuma sendo inferior nem superior, cada uma tão necessária quanto a outra no corpo inteiro do hinduísmo". (N.A.)

*** Jainismo: sistema religioso e filosófico da Índia que insiste na não-violência. (N.A.)

sava que a não-violência era o princípio subjacente a esse desenvolvimento... Sem pôr em causa os méritos da não-violência no estágio atual da existência humana, pode-se dizer que essa visão revelava um prejulgamento histórico da parte de Gandhi" (DI, 516). Assim, segundo Nehru, a não-violência não seria um elemento dominante do pensamento indiano, tal como este evoluiu, mas sim do jainismo que se implantara no Gujarat e que influiu sobre os anos de juventude de Gandhi (os nacionalistas hindus fundamentalistas – que resistiram ao carisma de Gandhi – invocarão, por sua parte, um passado diferente, guerreiro, no qual os antepassados hindus se destacaram por sua virilidade, seus combates, seu recurso à força).

"Monges jainas visitavam com freqüência meu pai, inclusive se afastavam de seu caminho para aceitar comer à nossa mesa..." (Mas seu pai recebia igualmente amigos muçulmanos e parses que lhe falavam também de religião. Ele os escutava com respeito, e o jovem Gandhi tinha a ocasião de assistir a essas conversas – o que contribuiu, diz ele, para lhe inculcar uma larga tolerância religiosa.) Seja como for, a não-violência era, em Gandhi, um princípio implantado desde a origem. Ao lado desse valor, revestido de uma importância particular, eram cultivadas, nesse meio tradicionalmente comerciante, as virtudes de honestidade, economia e integridade. Do passado mercantil da família, Gandhi conservou o hábito das contas bem administradas e da poupança, mostrando-se "atento em reduzir as despesas, hábil na gestão dos comitês, caçador infatigável de subscrições"; em suma, qualidades que revelam, segundo Orwell, "os sólidos homens de negócios da classe média que eram seus antepassados". Bom senso, realismo, espírito prático. Em sua luta contra o Império, ele teria descoberto naturalmente o nervo da guerra, a questão comercial, ao inaugurar em 1920 seu boicote dos produtos ingleses, o que haveria de atrapalhar a administração britânica.

Mas, escreve Gandhi em sua autobiografia, "durante três gerações, a contar do meu avô, a família fornece primeiros-ministros em vários Estados...", os "*dîvan*", homens de princípios, que souberam assumir riscos e não deixaram de ter bravura. Essas qualidades de lealdade, de audácia, Gandhi as admirava igualmente no pai, Karamchand: íntegro, imparcial, fiel ao Estado – a ponto de desafiar um agente britânico que insultara seu chefe –, ele era, além de bravo e generoso, um homem, devotado à família. Pouco letrado, pouco culto, confiava na sua experiência dos homens e dos negócios, que era vasta. "Toda a sua educação era fruto apenas da experiência. Quando muito se poderia dizer que sua instrução atingia o quinto grau em gujarati [língua da região]. Ele ignorava tudo da história e da geografia..." (EV, 10). Um ponto fraco: era impulsivo, colérico e, o que é pior do ponto de vista de Gandhi, "talvez propenso aos prazeres da carne", como parece comprovar o fato de ter-se casado quatro vezes – e a quarta "quando já passara dos quarenta anos", com uma mulher jovem que tinha vinte anos menos que ele.

Com essa esposa, chamada Putlibai, teve três filhos homens – Mohandas sendo o mais jovem – e uma filha. Meio século separava Gandhi do pai – anos de distância que forçavam mais a reverência do que favoreciam a troca.

GANDHI E SEU PAI

A reprovação que lemos, na autobiografia, acerca da sexualidade do pai foi sem dúvida acentuada por uma falta ainda mais grave (Gandhi nunca haveria de esquecê-la): por insistência desse pai envelhecido, a família decidiu casar Mohandas. Ele tinha então apenas treze anos. Questão de economia: seu irmão mais velho se casava, bem como um primo de mais idade, assim fariam três cerimônias pelo preço de uma. "É preferível", pensava a família, "livrar-se de uma só vez de todos esses estorvos. Menos gastos; mais *brilho*", mas parece também que o pai teria desejado celebrar as núpcias antes que a morte o surpreendesse.

O prazer da festa, porém, foi prejudicado pois, durante a viagem de Rajkot (para onde haviam se mudado os Gandhi) a Porbandar (onde o casamento seria celebrado), o pai sofreu uma queda. Esse acidente quase mortal terá conseqüências decisivas sobre a vida do filho: "Meu pai fez boa figura apesar dos ferimentos e nada perdeu do casamento... Eu estava longe de pensar, então, que um dia o criticaria severamente por ter-me casado tão jovem" (EV, 18).

De volta para casa, Mohandas dividiu-se entre sua mulher-criança, a escola que continuava a freqüentar e os cuidados que devia prestar ao pai. Assumiu com amor, com zelo, o papel materno de ajudante, e isso durante os últimos anos de vida do pai (papel que mais tarde tornou-se a paixão de sua vida: ele cuidaria da Índia inteira, dos intocáveis, dos leprosos, dos famintos). Já estava então constantemente a serviço de outrem, na certa dividido, pensando na mulher enquanto se ocupava do pai, no pai quando estava junto da mulher. Tanto que negligenciou os estudos e acabou perdendo um ano.

Da escola, aliás, ele fala pouco, dizendo que era um "aluno medíocre", surpreso com prêmios e bolsas que lhe eram concedidos, bastante passivo, parece, exceto quando suas qualidades morais eram postas em dúvida. Tinha então reações extremas. "Eu exercia uma guarda ciosa sobre minha conduta. O menor acidente me fazia vir lágrimas aos olhos. Se eu merecia ou parecia merecer, aos olhos do mestre, ser repreendido, era-me intolerável" (EV, 25).

Assim, num dia em que foi suspeito de mentir, sentiu uma vergonha insuportável. Chegara atrasado à escola, num sábado. O céu estava coberto: "Eu cuidava de meu pai, não tinha relógio e o céu nublado me enganou. Quando cheguei, todos os outros haviam partido". Mohandas, que tinha o gosto e o hábito de zelar pela saúde do pai e de cuidá-lo, contentou-se, por escusa, em dizer a verdade. O professor recusou-se a acreditar nele e o puniu. O jovem Gandhi então chorou, "no auge da angústia". A lição a tirar era clara: "A verdade não podia dispensar a prudência". (A seguir ele obteve a isenção desse curso a fim de poder cuidar do pai.)

Ser irrepreensível, tal era a necessidade emocional mais forte. Essa exigência moral chegou a fazer com que ele ignorasse o conselho de um professor que, desejando ajudá-lo por ocasião de uma prova, o incitou a cometer uma desonestidade, isto é, copiar do vizinho. Gandhi menciona sua estupefação. Já nesse caso preciso a consciência, ainda tão pouco segura, prevalecia contra uma autoridade superior.

Numa carta dirigida ao filho Manilal, quando este tinha dezessete anos, Gandhi oferece uma imagem pelo menos austera do que foi sua vida de criança:

> Os prazeres, os divertimentos são permitidos apenas à idade da inocência, isto é, até os doze anos. Assim que a criança atinge a idade da razão, ela deve aprender a agir com plena consciência de suas responsabilidades e fazer um esforço consciente e constante para desenvolver seu caráter... Quando eu era mais jovem do que você, recordo que minha maior alegria era cuidar de meu pai. Desde os doze anos eu não sei mais o que são os prazeres e os divertimentos.[2]

Mesmo levando em conta a tradição (qual era, na época, o tom habitual da carta de um pai a seu filho na Índia?), não se pode hoje senão ficar espantado com um moralismo tão severo, "vindicativo", sugere Erik Erikson em seu estudo psicanalítico de Gandhi[3]. Como se seus filhos "devessem ser duplamente bons porque eram o fruto de um casamento precoce". Como se, poderíamos acrescentar, devessem antes adotar os valores dele, Gandhi, que os de Karamchand (a relação de Gandhi com os filhos, um dos quais acabou alcoólatra num hospital, e com sua mulher Kasturbai é um dos temas sobre os quais Erikson mostra-se mais severo em relação ao Mahatma).

Não se pode duvidar de que o jovem Mohandas teve as aspirações e os modelos mais elevados. Um dia deparou com uma história que o tocou profundamente. Ela exprimia exatamente seu ideal infantil, ou dava uma forma a esse ideal.

O livro fora comprado pelo pai. Era uma peça sobre a devoção de um garoto pelo pai e pela mãe: Shravana, com o auxílio de correias atadas aos ombros, carrega nas costas seus pais cegos e lhes permite participar de uma peregrinação. O espírito de Mohandas foi marcado pelo "selo indelével" dessa história. Além disso, o herói morria, evitando assim o tropeço da vaidade que sua façanha poderia inspirar. Shravana passou a ser seu modelo, e a obediência, seu ponto forte. A religião, o amor aos pais e o sacrifício de si misturavam-se, agitando emoções profundas.

Mais ou menos na mesma época, ele viu uma peça – *Harishchandra* – que punha em cena um mártir da verdade; essa peça o entusiasmou, a ponto de não se cansar de revê-la: "Perseguir a verdade e suportar todas as provas como o fez Harishchandra, tal era o grande ideal que me inspirou essa peça". Acreditava nela "ao pé da letra", o que significa certamente que ela possuía, a seus olhos, mais realidade e sentido do que muitos problemas cotidianos.

O jovem Gandhi é extremamente sério, mais feliz ao devotar-se e fazer seu dever – em particular, cuidar do pai, tarefa que considera superior a todas as outras – do que ao ocupar-se de sua mulher-criança, apesar de gostar dela e de seu corpo, ou talvez até mesmo justamente por causa dessa atração demasiado intensa. Ele havia se apaixonado perdidamente e não cessava de procurá-la, enquanto ela suportava essas ofensivas como uma fatalidade, certamente lamentando a liberdade perdida. "A sexualidade de Gandhi viu-se definitivamente desperdiçada em função do que foi, para ele, um excesso juvenil, esgotando sua força de concentração espiritual" (VG, 108).

Kasturbai tinha a mesma idade que ele; era simples, iletrada, sem gosto particular pelo estudo, obediente, como convinha, no entanto independente e resoluta, com uma vontade própria que defendia mesmo na submissão aparente (Gandhi, posteriormente, dirá que ela foi seu primeiro mestre no uso da não-violência). Era-lhe superior pela coragem física e permanecia sem medo diante dele, resistindo a seus esforços frenéticos para fazer dela uma mulher educada, que soubesse ler e escrever. Mais tarde se tornará "a mãe" admirada de todos, a companheira do Mahatma, mesmo iletrada. Como diz Pyarelal (o biógrafo e secretário de Gandhi durante cerca de trinta anos) a propósito de uma das inúmeras disputas do casal: com uma única das observações de um bom senso devastador cujo segredo possuía, ela lhe revelava seu absurdo. Mas aos poucos, de boa ou de má vontade, acompanhou o santo marido (que se mostrava em relação a ela de uma "cruel gentileza") e consentiu em secundá-lo ativamente em sua "missão de servir". Jovem, ela gostava de jóias e roupas bonitas. Quando lhe perguntaram, no final da vida, o que fora feito daquele gosto, respondeu: "A coisa mais importante na vida é escolher uma direção – e esquecer as outras".

Mohandas apaixonou-se então pela esposa-criança, esperando o dia todo, na escola e noutras partes, o momento de retomar suas atividades noturnas. "O desejo carnal se apresentou mais tarde", ele escreve, evocando suas relações. "Proponho levantar aqui a cortina sobre minha vergonha." Ele não tardou a tiranizá-la, atormentado pelo ciúme que um amigo perverso habilmente atiçava. Era obsessivo, injusto, violento. "Nunca esquecerei, nunca me perdoarei o fato de ter reduzido minha mulher a tanto desespero."

A sexualidade, demasiado forte, transbordante, muito cedo experimentada – e isso por causa do pai –, estava ligada à culpa. Representava uma perda de energia, mas também um dispêndio de emoção desordenada, em detrimento de uma vitalidade e de obrigações mais altas (uma idéia, aliás, que faz parte da tradição indiana, onde a inteligência superior, necessária, por exemplo, à meditação, vê-se aumentada pela substância sexual que se perde na ejaculação). Esse sentimento será reforçado, no momento da morte de Karamchand, por um episódio dramático que devia marcar Gandhi de forma definitiva e que, mais uma vez, dizia respeito à sua relação com o pai.

Mohandas enfrentaria nesse momento os demônios da vergonha, da tentação, do excesso e da culpa. Mas numa outra cena, sempre com o pai, o vemos vitorioso, senhor da situação.

ROUBO E "DUPLA VERGONHA"

Um dia ele cometeu um roubo. Tinha quinze anos. Seu irmão contraíra uma dívida e, para reembolsá-la, Mohandas tirou uma peça de ouro de um bracelete que pertencia a esse irmão. Um furto que lhe pesou de maneira atroz, a ponto de sentir a necessidade de confessá-lo ao pai. Confessou a falta numa carta que veio mostrar a ele, pedindo perdão. Essa cena de confissão de um filho ao pai, momento carregado de sentimento no mais alto grau, é representada por toda parte na Índia, sob a forma de imagens ou maquetes: pequenos bonecos expressivos choram numa vitrine. O pai, em seu leito de morte, rasga em pedaços a carta fatal, com o rosto inundado de lágrimas; o filho também chora, arrependido.

"Ele leu a carta sem perder uma linha, e lágrimas caíram como pérolas, rolando pelas faces e molhando o papel. Por um instante fechou os olhos para refletir; depois rasgou o papel. Ele havia se sentado para ler. Deitou-se novamente. Quanto a mim, eu chorava. Podia ver que ele sofria de maneira atroz... Para mim foi um curso prático de *ahimsa**. No momento, decifrei apenas o amor de um pai; mas hoje sei que era a *ahimsa* em toda a sua pureza... não há nada que ela toque sem transformá-lo. Seu poder é sem limites" (EV, 39).

Naquele dia, Mohandas avaliou a força do amor e seu poder de transformar o outro. O "perdão sublime" concedido pelo pai não era, diz ele, natural a este último. "Eu esperava cólera, palavras duras, vê-lo golpear a testa. E o via extraordi-

---

* *Ahimsa*: a força do amor, a não-violência que ia se tornar a religião de Gandhi. (N.A.)

nariamente pacífico – graças, estou convencido disso, à minha absoluta confissão..." Era uma abertura total do coração que ele provocara, por meio da sinceridade de sua confissão.

Essa cena de emoção (um dos pontos culminantes na relação pai-filho), na qual se vê o filho de quinze anos obter, pela honestidade de sua confissão, um estado de espírito extraordinário no pai, foi dominada, mas não apagada, por um momento de maior importância ainda, dessa vez de ordem trágica.

Trata-se de um episódio em que a culpa e o desejo vêem-se mais uma vez ligados. Foi relatado e analisado tantas vezes que vamos apenas resumi-lo brevemente. Vimos que a devoção filial era um dos ideais mais valiosos para Mohandas. Os cuidados que ele dispensava ao pai eram seu orgulho. "Todas as noites eu massageava as pernas de meu pai... Cumpria essa missão com amor." Mas enquanto as mãos se ativavam a serviço do pai, o espírito esvoaçava mais além, antecipando os prazeres por vir. O fato de Kasturbai estar grávida não diminuía em nada seu ardor.

"Sobreveio a noite horrível", a noite fatal em que morreu o pai de Gandhi. Querendo juntar-se à mulher, Mohandas abandonou a guarda do moribundo a um tio. Pouco depois, porém, vieram chamá-lo. Ele se precipitou em direção ao quarto do doente para ver que o pai estava morto nos braços do tio, que tivera assim a honra de cumprir os deveres que Mohandas reivindicava. "Compreendi que, se a paixão bestial não tivesse me cegado, a tortura de estar longe de meu pai, em seus últimos momentos, me teria sido poupada." A vergonha, dupla, de ter faltado aos deveres mais sagrados, e isso a fim de saciar seus desejos "bestiais", o perseguiu por toda a vida. Para marcar esse episódio, o filho que Kasturbai trazia morreu pouco depois do nascimento.

Era uma demonstração de que sua devoção, da qual tanto se orgulhava, tinha limites; de que não estava à altura de seu ideal, tal como seu herói da infância o definira, e de que o desejo era culpado; desse último ponto, ele se lembrará a vida inteira.

Erikson vê nessa experiência da vida de Gandhi o que ele chama, "com Kierkegaard", de "maldição": a que marca a vida dos inovadores espirituais que tiveram, como ele, uma "consciência precoce e implacável" e que seria a herdeira do conflito edipiano. Conflito que o jovem resolveu de forma original: "No caso de Gandhi, o serviço 'feminino' junto ao pai serviria para renegar seu desejo de substituir o pai (envelhecido) na posse da (jovem) mãe e sua intenção juvenil de eliminá-lo como líder na vida futura. Assim se estabeleceria o esquema de um estilo de liderança segundo o qual um adversário superior só pode ser vencido de forma não-violenta e com o desejo formal de salvá-lo, assim como aqueles que ele oprimiu" (VG, 116). Quanto à maldição – embora Gandhi fosse "muito cedo consciente do horizonte ilimitado de suas aspirações" –, foi não ter conseguido assistir à morte do pai e, desse modo, não ter podido receber uma última consagração de seus dons superiores.

Mohandas tinha então dezesseis anos. "Precisei de muito tempo", ele conclui, "para me libertar das cadeias do desejo, e para vencê-lo tive de passar por muitas provas."

Esse episódio foi evidentemente muito explorado por alguns biógrafos que buscaram uma explicação de ordem psicológica no voto de castidade – *brahmacharya* – que ele fez a partir de 1906.

"UMA SANTA"

Com sua mãe Putlibai, Gandhi tinha uma ligação muito forte. "Sua voz se adoça quando fala dela", "seus olhos se iluminam de amor" – observação feita em 1908, quando Gandhi tinha 39 anos. "Uma santa", ele disse.

Era uma mulher profundamente religiosa, nunca faltava a suas devoções, jejuava a todo instante ("dois ou três jejuns consecutivos eram nada para ela", escreve aquele que fará do jejum um meio de ação de uma eficácia temível). Em realidade, sua vida era uma cadeia contínua de jejuns, de preces e de votos que intrigavam os filhos. Ela parecia buscar vencer um limite: uma refeição a cada duas, depois comer apenas de dois em dois dias, isso durante um longo período de penitência; teve também a idéia, durante o mesmo período, de jejuar enquanto o sol estivesse ausente; os filhos passavam o dia a espreitar o céu; quando o sol finalmente se mostrava, corriam a anunciar à mãe; ela se precipitava para verificar se diziam a verdade, mas nesse meio-tempo o astro caprichoso desaparecia. E Putlibai continuava alegremente a jejuar.

Esse gosto pela austeridade, essas penitências auto-impostas, essa vontade de ferro, Gandhi, em sua busca do domínio de si, haveria de retomá-los por sua conta. A mãe desenhou, sobretudo, sua imagem da mulher: igual ao homem, superior a ele, no entanto, por sua capacidade de amor e sacrifício, apta a sofrer pelos outros e pelo bem comum, portanto mais capaz de praticar a não-violência tal como ele a entendia.

> A mulher é a encarnação da não-violência, essa não-violência (*ahimsa*) que significa amor ilimitado, isto é, aptidão ilimitada a sofrer. Pois quem mais, senão a mãe do homem, pode demonstrar tão grande força, ela que sabe esquecer os sofrimentos da gravidez e do parto e encontrar aí a alegria da criação, ela que sabe sofrer todos os dias para que seu filho possa crescer? (SB, 241)

Uma lei de amor e de sofrimento que Gandhi fez sua, a ponto de querer introduzi-la, sob a forma da não-violência, na vida política e nas instituições sociais.

Antropólogos, biógrafos e escritores de toda espécie, da Índia ou do Ocidente, debruçaram-se sobre a identificação de Gandhi com as mulheres – mais precisamente, sobre sua relação privilegiada com a mãe (ele próprio diz que era o filho preferido dela) e sobre sua relação com as mulheres em geral. Erik Erikson, autor de um estudo várias vezes citado, perguntou-se se houve um outro líder político que se orgulhasse, como ele, de ser "metade homem, metade mulher" e que tenha podido mostrar-se tentado a ser "mais maternal que as mulheres postas no mundo para isso". *Bapu*, minha mãe*, é o título das memórias escritas pela jovem órfã de quem ele se ocupou após a morte da esposa. O desejo de Gandhi de purificar a humanidade e civilizar ainda mais os homens, de transformá-los e elevá-los (como sua adoção, na não-violência, de uma atitude feminina baseada nos valores da aceitação e do sofrimento) encontraria, sempre segundo Erikson, em parte sua origem na profundidade de sua relação com a mãe, na idealização da mulher, pura de todo contato sexual, próxima do estado divino e, portanto, objeto de culto e de adoração: um modelo para o homem, já que o amor materno, infinito, incondicional, era a seu ver a forma mais elevada de amor, a que se opunha ao amor carnal, ao desejo sexual, segundo ele egoísta e interessado e que cedo em sua vida ele tomou como tarefa vencer. "Eis aí também o resultado", acrescenta Erikson, a propósito dessa identificação, "do encontro de uma necessidade profundamente pessoal e de uma tendência nacional, pois a camada mais profunda, a mais penetrante e a mais unificadora da religiosidade indiana é provavelmente uma religião matriarcal primitiva" (VG, 384). A faceta dominante materna em Gandhi, com sua necessidade imensa, ilimitada, de socorrer os pobres e os intocáveis, de cuidar deles e de ajudá-los, amando-os como uma mãe, seria sustentada pela influência da religião hindu sobre ele enquanto mãe primitiva – "a força original do princípio materno (simbolizado pela vaca) é um elemento antigo que penetra toda a tradição indiana" (VG, 99). Assim o vínculo com a mãe está na origem da indianidade mais profunda de Gandhi: "A força de sua mãe, tal como ele a interiorizara, combinada a uma cultura universal, pôde enfim fortalecer nele uma intuição propriamente indiana, mas também uma aptidão exigente a simpatizar com as massas indianas..." (VG, 144).

---

* *Bapu*, ou "pai" para os indianos. (N.A.)

Seria por pertencer desde antigamente a essa camada profunda da cultura indiana, por sua afinidade com essa base da religião, que Gandhi teve um tal poder de ligar-se às massas e de compreendê-las? Ele se juntava a elas no essencial; é pelo menos o que sugere Nehru: "Ele representa verdadeiramente as massas camponesas da Índia; é a quintessência da vontade consciente ou inconsciente desses milhões de pessoas. Mas trata-se certamente de algo mais do que representá-las, pois ele é a idealização simbólica dessa imensa multidão" (vp, 221).

Adulado pela multidão, odiado pelas elites decadentes. De fato, uma tal concepção da feminilidade e de seu papel civilizador valeria a Gandhi muitos inimigos ferozes, na medida em que constituía, segundo Ashis Nandy (que analisa a dimensão política do assassinato de Gandhi), uma séria ameaça para as culturas guerreiras da Índia e sua visão do mundo tradicional (é desse meio que se originou seu assassino, um brâmane do Maharashtra [região da costa ocidental da Índia]). As inovações gandhianas – entre as quais sua insistência nos valores femininos – tendiam a "subverter todo o conjunto da ortodoxia bramânica e xátria[4]" (que se baseava no "temor do homem indiano de ser maculado pela mulher e contaminado por sua feminilidade") e o sistema colonial britânico (que "explorava a insegurança do homem indiano quanto à sua masculinidade" a fim de alimentar nele a imagem de um ser submisso e vencido). Assim Gandhi, ao valorizar o papel da mulher, teria desafiado ao mesmo tempo a elite hindu conservadora e o poder britânico, que afirmava os valores opostos. "Gandhi atacava a cultura de dominação sexual enquanto homóloga tanto da situação colonial quanto da estratificação social tradicional[5]."

Sua mãe morreu quando ele estava na Inglaterra concluindo os estudos. Para poupar-lhe esse golpe em terra estrangeira, seu irmão não lhe disse nada, de modo que ele soube da notícia ao voltar à Índia. "O anúncio desse desaparecimento foi um choque terrível para mim... Quase todas as minhas esperanças mais caras estavam destruídas..." No entanto não se entregou a nenhuma manifestação de pesar, "consegui mesmo reter as lágrimas", ele escreve, "e me inseri no curso da vida como se nada tivesse acontecido". Domínio de si, já, ou impossibilidade de assumir uma dor muito profunda? A plena interiorização da presença da mãe suavizava o sentimento de perda?

O MAU AMIGO

Na adolescência, ele foi rebelde como os outros jovens, mesmo que tenha vivido cada transgressão como uma falta grave. De todo modo é interessante saber, pela autobiografia, que cometeu algumas travessuras.

No meio em que vivia, os tabus eram fortes. Comer carne, fumar eram pecados mortais. Sem falar do bordel, ao qual um dia foi arrastado. Ele tinha a seu lado, sob a forma do companheiro tentador, o equivalente de Satã, ou melhor, segundo Erikson, a encarnação de seus próprios maus desejos. Assim como quis libertar-se da tentação carnal, involuntariamente encarnada por sua mulher, precisou também desfazer-se da influência desse amigo que representava outros demônios igualmente presentes nele. "Uma tragédia", é como Gandhi intitula, em sua autobiografia, os capítulos dedicados a esse mau amigo. Seduzir o frágil, o medroso Mohandas era coisa fácil; convencê-lo a comer carne, por exemplo, requeria apenas um pouco de astúcia: bastava apelar a seu senso do dever. Se os ingleses eram fortes e viris, não era por serem comedores de carne? E a tarefa de todo bom indiano não consistia em ser tão forte quanto eles, para expulsá-los da Índia e devolver a independência ao país? O amigo começou propondo carne de cabra a Mohandas. Este mal pôde engolir um bocado e passou uma noite péssima: parecia-lhe que "uma cabra viva estava a gemer" em sua barriga. Depois, aos poucos, foi se habituando. Contudo, seu "desejo muito puro" de não mentir aos pais acabou por prevalecer. Roído pelo remorso, decidiu nunca mais comer carne e manteve a promessa.

Cuidadosamente preparada pelo amigo, sua excursão ao bordel foi um fracasso ainda mais pungente: nesse antro do vício, ele se viu "quase tomado de cegueira e de mutismo", tendo afinal sido expulso pela mulher impaciente, coberto de injúrias e de insultos. A vergonha, ardente, esmagadora, e depois o alívio intenso de ter sido "salvo". "Do estrito ponto de vista da ética, esses casos devem ser vistos como outras tantas fraquezas morais: o desejo carnal existia e equivalia ao ato..." E Gandhi falará longamente sobre a boa fortuna que o salvou e a falta que mesmo assim cometeu.

Depois o amigo perverso o incitou a desconfiar da mulher, inspirando-lhe o ciúme. "O câncer da dúvida" passou a roê-lo. "Toda vez que penso naqueles dias sombrios de dúvida e de suspeita minha loucura e a crueldade do meu desejo me enchem de desgosto..." (EV, 36). Ao lê-lo, compreende-se que tenha querido superar, na época em que decidiu dedicar-se de corpo e alma ao serviço dos outros, tendências que lhe causavam tantos tormentos. "Então apareceu-me em sua glória o *brahmacharya* [voto de castidade] e compreendi que a mulher não é a serva do marido, mas sua companheira e seu apoio, a associada que participa igualmente das alegrias e dos sofrimentos – tão livre quanto o marido para escolher seu próprio caminho" (EV, 36). Para viver essa igualdade, ele precisou desfazer-se da paixão, do desejo que o atormentava, da dúvida e do ciúme ligados a esse desejo, da possessividade, de toda a tortura que lhe fazia pesar o apego sensual.

Quanto ao amigo perverso, ele continuou por muito tempo a subjugar Mohandas, como seu duplo nefasto.

Veio a época em que se pôs a fumar, surrupiando baganas aqui e ali, depois roubando uma moeda ou duas dos criados para comprar cigarros – miseráveis furtos que não podiam garantir sua independência. Até o ponto de, para afirmar essa independência, ele querer suicidar-se, mas sem coragem para isso... Essas anedotas, relatos de desvios insignificantes, são sempre acompanhadas de reflexões, de uma explicação e de uma conclusão moral que podemos pensar que, para ser evidentemente sincera, o autor da autobiografia destinava também à edificação do leitor. E sua integridade sempre é conservada.

Desventuras, erros, fracassos tornam-se o pretexto a um ensinamento – destinado a si mesmo, em primeiro lugar. Eles colocam uma questão que, no mesmo alento, a resposta acompanha.

Na Inglaterra

Depois Mohandas partiu para Londres. Tinha apenas dezoito anos. Seu pai morrera, a família tinha pouco dinheiro, mas queria vê-lo ocupar as funções paternas. Inicialmente se pensou em fazê-lo continuar os estudos num colégio pouco dispendioso, em Bhavnagar. O ensino ali era em inglês (uma disposição imposta pelo colonizador que Gandhi ia combater); ainda conhecendo mal essa língua, não pôde acompanhar os cursos nem se interessar por eles. No final do primeiro trimestre, estava de volta entre os seus. Nesse momento, um brâmane, amigo e conselheiro da família, lançou a idéia de uma viagem à Inglaterra: três anos de estudos, quatro ou cinco mil rúpias e ele logo seria rico e poderoso, capaz de sustentar sua numerosa família. Mohandas era tentado pela medicina (assunto que o fascinou a vida inteira), mas seria *dîvan*, como seu pai, e faria estudos de advocacia: a decisão estava tomada.

Restava obter os recursos e, sobretudo, vencer a reticência da mãe. Seu irmão conseguiu a quantia necessária e a autorização materna foi finalmente obtida. Bastaram três juramentos solenes: em toda a sua temporada, Mohandas iria abster-se de vinho, mulheres e carne. O tio paterno, que tinha relações úteis e morava a cinco dias dali, foi também consultado. Estimulado pela perspectiva da viagem e superando a timidez, Mohandas aventurou-se, primeiro num carro de boi, depois no lombo de um camelo, até Porbandar, para falar com seu parente e juiz. Este considerava com desconfiança a classe dos advogados: "Não vejo diferença entre seu modo de vida e o dos europeus. Eles não têm escrúpulos no que se refere à alimentação. Estão sempre com um cigarro nos lábios. Têm o impudor dos ingleses no vestuário... Tudo isso está em contradição com as tradições da família" (EV, 53). Na melhor das hipóteses, o tio permaneceria neutro. Ir mais longe seria ímpio.

Ímpio: foi o que julgou a assembléia geral da casta dos Modh Banian reunida para a ocasião. Tamanha audácia merecia uma admoestação. Nunca "nenhum Modh Banian fora à Inglaterra". Mas Mohandas permaneceu firme, inabalável, sob os raios dessa poderosa assembléia; tratava-se da sobrevivência de sua identidade. Talvez sua voz interior já lhe dissesse que a autoridade não tem necessariamente razão e que há uma forma de lei superior – de obediência superior.

Uma raivosa excomunhão foi pronunciada: "Esse rapaz será tratado como pária a partir desta data". Mesmo assim, em 4 de setembro de 1888, Mohandas partiu para a Inglaterra.

Um jovem um pouco rígido, interiormente decidido, armado de seus votos e princípios, em completa defasagem com o mundo que vai descobrir: tal é a imagem que Gandhi oferece de si mesmo quando desembarca em solo inglês. "Eu disse a mim mesmo que roupas brancas seriam mais convenientes no momento de descer em terra. Assim, foi vestido de flanela branca que pus os pés no solo inglês. Setembro chegava ao fim e percebi que eu era o único vestido daquele modo" (EV, 59). Visão de um jovem todo vestido de branco, frágil e isolado na multidão, único de sua espécie. E a atenção dada ao vestuário, que não haveria de ceder, revelando os estágios diversos de sua evolução – já que a roupa exterioriza certos aspectos de nossa identidade e nosso desejo (ou sua ausência) de pertencer ao ambiente –, até o dia em que, tendo aprendido a ser plenamente ele mesmo, irá mostrar-se quase nu.

No navio, ele se vestira de preto e se encerrara na cabine, saindo apenas quando o convés estava descrto, evitando os contatos e a conversa, paralisado pela timidez, comendo exclusivamente as frutas e os doces que trouxera, por temor de não reconhecer as comidas em que houvesse carne.

O voto

Essa obsessão da carne – ou melhor, a de permanecer fiel a seu voto, da maneira mais completa e absoluta possível – reaparece de página em página nos capítulos dedicados à experiência londrina. Como sobreviver fisicamente em Londres, entre comedores de carne, e como salvar sua vida espiritual: tal era o dilema constante. Parece que, também aí, um amigo tentador se empenhou em fazê-lo ceder, utilizando os argumentos mais diversos, chegando a pressioná-lo por meio de leituras das quais ele nada compreendia (textos extraídos de um livro de Jeremy Bentham intitulado *A teoria do útil*), além de sugerir que ele permaneceria um homem insignificante, sempre deslocado no meio da sociedade inglesa – um estrangeiro. E é verdade que, de todas as páginas dedicadas à viagem à Inglaterra (elas não carecem de um certo humor), raras são as que têm por objeto o mundo exterior ou a curiosidade que ele desperta, a maior parte estando centrada na análise de si, nas interdições a que Mohandas obedece e na descoberta interior.

"Mas eu permaneci inabalável." A conclusão habitual: "Opus-lhe um não contínuo. Quanto mais ele discutia, mais minha obstinação crescia." Ele rezava a Deus, no qual não acreditava, e morria de fome. Da alimentação inglesa, tudo lhe parecia insípido. Por mais que buscasse restaurantes vegetarianos em Londres, percorrendo quinze a vinte quilômetros por dia, de uma taberna a outra, os pratos ingleses não melhoravam. As couves fervidas ou as ervilhas verdes e duras mal se comparavam com a cozinha indiana condimentada. Restava o pão, do qual se fartava sem nunca estar saciado. E a satisfação de cumprir seu voto, não obstante pesado e difícil de observar, causa de mil complicações na vida cotidiana. Para ele, esse voto (pronunciado, segundo um relato, aos joelhos da mãe) representava sua verdade mais profunda, seu engajamento, portanto sua identidade – mais frágil e mais preciosa por ser questionada e ameaçada no meio estrangeiro –, ao mesmo tempo em que a fidelidade à mãe, ausente e muito amada, cuja falta não cessava de sentir. Ele o ligava ao país materno, à religião materna. "Eu pensava constantemente em meu lar, em meu país. A terna lembrança de minha mãe me perseguia... Tudo me era estranho – as pessoas, as maneiras, as próprias moradias" (EV, 61).

Esse voto heróico, transformado em linha de conduta, ele buscou refiná-lo com uma preocupação de verdade sempre maior. Ele se entrega a diversas experiências dietéticas: nada de amido na alimentação, ou apenas pão e frutas, ou queijo, leite, ovos... regimes que variavam em função do significado dado à palavra vegetariano. Para concluir que ele não tinha o direito de interpretar seu voto. "Eu estava convencido de que a definição adotada por minha mãe era a que me comprometia. Portanto, se eu quisesse observar o voto que havia pronunciado, devia renunciar aos ovos. Foi o que fiz." O problema vinha da indefinição, da margem de ação que a interpretação autoriza e que constitui um risco de "mentira e deslealdade". Latitude que era preciso suprimir. Como sempre, uma lei geral, obtida do lado da exigência, é estabelecida a partir dessa experiência de verdade. "Existe uma regra de ouro que é a exigência de ater-se à explicação lealmente dada, do compromisso, pela pessoa que o aceitou." E, no caso de subsistir uma dúvida: "Deve-se optar no espírito da mais fraca das duas partes". Cavalheiresco. O mesmo aconteceu quando a outra parte era a mais forte, no caso os britânicos.

Não havia mais dúvida. Uma certeza absoluta. "O sentido que minha mãe dera à palavra carne era, segundo a regra de ouro, o único verdadeiro para mim..." A paz interior. Suas dificuldades para se alimentar aumentaram, mas "a estrita observância do meu voto me proporcionou delícias interiores nitidamente mais sadias, mais sutis e mais duráveis".

Essas delícias interiores eram, de fato, sutis, complexas, pois provinham de um triunfo moral e nada as ameaçava. Comparada a elas, ao envolvimento físico e moral de todo o ser que implicavam, a simples satisfação de uma necessidade sensual, aqui o prazer do paladar, era evidentemente pouco profunda, ordinária. Que Gandhi tenha encontrado alegria na austeridade e na renúncia, e não na satisfação de seus desejos, é o que se compreende já nesse relato de seus anos de adolescência.

A questão da economia, em que vemos Mohandas, como digno descendente de seus antepassados mercadores, decidir reduzir pela metade suas despesas já magras e a maneira refletida, sistemática e mesmo implacável como procede são reveladoras. "Eu fazia quase em centavos a contabilidade de minhas despesas e as calculava com o maior cuidado. O menor detalhe, tarifa de ônibus ou postal, moedas gastas em jornais, figurava em minhas contas, e toda noite, antes de deitar, fazia meu balanço. Esse hábito nunca me abandonou desde então" (EV, 70). Posteriormente, Gandhi precisou administrar fundos públicos e quantias enormes, aplicando as mesmas regras de estrita economia para sua utilização. E pôde apresentar, em vez de balanços questionáveis, diz ele, saldos positivos.

A diminuição de seus gastos, portanto, ocorreu em três tempos, os dois primeiros incidindo sobre transportes e alojamento (duas peças, não longe do local de trabalho, em vez de habitar numa família onde, por educação, teria de presentear um membro ou outro). "Eu poupava os gastos de transporte e concedia-me doze a quinze quilômetros de marcha diariamente." Graças a isso conseguiu, ele assegura, evitar doenças em seus três anos de temporada inglesa, fortalecendo o corpo ao mesmo tempo. Bem compreendido, o princípio de economia acumula todas as vantagens. Simplicidade de vida, disciplina, domínio de si, redução das necessidades (em vez de sua multiplicação, que era para ele o exato contrário do que entendia por civilização), economia, saúde... uma forma de combinar considerações diversas num todo coerente, que contém em germe muitos elementos da doutrina gandhiana e, sobretudo, revela sua maneira de avançar experimentando constantemente em si mesmo.

Veio a terceira etapa. Ele procurou simplificar ainda mais sua vida; assim ela estaria em conformidade com a de sua família, que era das mais modestas (mais tarde ele quis viver, alimentar-se e dormir como os pobres, abolindo a distância que os separava deles). "Renunciei a meu apartamento, instalei-me numa peça única, adquiri um fogão e passei a preparar eu mesmo as refeições." Flocos de aveia e cacau, com um pouco de pão – regime que impôs à família em seu retorno. E ele trabalhava com intensidade. O êxito nos exames foi o resultado lógico de todas essas disposições. E para que o leitor, longe de assustar-se com tanta disciplina e austeridade, seja ao contrário seduzido e tentado a segui-lo, a certeza, no final, da alegria: "Minha vida ganhou seguramente em verdade e minha alma conheceu uma alegria sem limite".

Gandhi não cessava de aproximar-se de si mesmo. Acrescentemos que Deus, como ele diz, ou o acaso vieram em seu auxílio sob a forma de um restaurante vegetariano situado em Farringdon Street. Essa descoberta maravilhosa foi completada pela descoberta de uma associação vegetariana, da qual logo se tornou membro (declarou que lá recebeu as primeiras lições em organização política) e de um livro – *Em defesa do vegetarianismo*, de Henry Salt – que exerceu sobre ele uma influência profunda. Ele "penetrava na *New Age*", segundo Martin Green, descoberta ao mesmo tempo na leitura, numa vida social (o vegetarianismo estava então no centro de toda uma rede de ideologia e de ação), numa forma de manter à distância os rituais ingleses do poder e em ocasiões de confrontar suas idéias com espíritos amigos.

Daí em diante sua escolha estava feita, livremente; a interdição não lhe era mais imposta do exterior, sob pena de pecado e de culpa: ele optava pelo vegetarianismo, como adulto, e se alistava a serviço dessa causa.

O controle do paladar era o primeiro passo para o domínio de si; o vegetarianismo, como as experiências em matéria de dietética, integrava-se em sua evolução espiritual. Seu voto havia se tornado uma missão.

Um dândi

Um capítulo da autobiografia é intitulado "Eu imito os *gentlemen*", sublinhando assim o aspecto artificial da experiência. Para compensar seu vegetarianismo e agradar o amigo tentador, Mohandas fizera algumas concessões no plano do vestuário. É nessa época de extravagância (sempre controlada, trata-se de uma experimentação entre outras) que um compatriota o encontrou em Londres:

> Ele usava um chapéu de seda, colarinho duro e engomado; sobre a camisa de seda listada, uma gravata ofuscante em que não faltava nenhuma cor do arco-íris. Um terno com fraque, colete, calças escuras de listas finas, sapatos de couro envernizado e polainas para recobri-los. Além disso, um par de luvas de pele e um bastão com cabo de prata (MG, 15).

Como se não bastasse esse aparato, Mohandas acrescentou lições de dança e de elocução. O sotaque na Inglaterra tem sua importância. Ademais, tocaria violino, para habituar seu ouvido à música européia. Mas as lições eram caras (cada uma é lançada na contabilidade); ritmo ele não tinha, nem disposição natural a pronunciar discursos políticos: no caso, os de Pitt, que lhe serviam de exercício nos cursos de elocução. *Gentleman* ele se tornaria, mas não pelas roupas.

Se não adquiriu a aparência do *gentleman*, a verdade é que pelo menos soube compreender e adquirir seu espírito: em matéria de cortesia, de "*fair play*", de atitude cavalheiresca é ele que, durante quarenta anos, servirá de exemplo aos ingleses. E pode-se perguntar se essa atitude, que o ideal inglês com certeza contribuiu para lhe inspirar, não o ajudará, precisamente, a combater em seu próprio terreno o povo conquistador, a mostrar-se superior aos que o humilharam: ele praticava aquelas virtudes que os ingleses se contentavam em pregar, não as respeitando na realidade e de modo nenhum em relação aos colonizados. "Pária", certamente, ele seria na África do Sul (para retomar um termo utilizado por Hannah Arendt em sua descrição da condição judaica, e que aliás vem do nome próprio de uma casta tâmil [Índia meridional] de intocáveis), mas pária que, invertendo a situação, faria de si mesmo um exemplo, e de seu povo – assim ele queria – um modelo não apenas para a Inglaterra mas também para o mundo.

Quando deixou esse país, ele havia obtido muitos sucessos, tanto interiores como exteriores. Falava bem o inglês (seu emprego preciso das palavras foi comentado posteriormente, mesmo por seus inimigos), sabia, quando necessário, vestir-se como um *gentleman*. Tinha adquirido certos elementos da identidade britânica, aprendido coisas suficientes para poder se adaptar depois ao que os ingleses tinham de melhor. Isso sem perder em nada sua indianidade, que se achava, ao contrário, mais segura.

O movimento vegetariano o pusera em contato com escritores ocidentais, como Carlyle (*Os heróis e o culto dos heróis*) ou Tolstói, que leu na África do Sul e teve sobre ele uma influência considerável. Durante esse período, conheceu também as grandes religiões do mundo, o que lhe permitiria ampliar sua concepção do hinduísmo. Leu então, pela primeira vez, numa tradução e em sânscrito, a *Bhagavad Gita*, que se tornaria "o guia infalível de sua conduta", o dicionário ao qual se referiria diariamente: um texto que ele aprenderia de cor, traduziria em gujarati e no qual se deve buscar a origem tanto da valorização da ação ("Só te preocupa com o ato, jamais com seus frutos") quanto do desprendimento necessário à busca da verdade ("A verdade é mascarada por este eterno inimigo do sábio que, sob a forma do desejo, é um fogo insaciável"). No que se refere à não-violência, que Gandhi também encontrou na *Gita* (onde Krishna, no entanto, exorta Arjuna a guerrear contra os seus), e invocando não a letra mas o *espírito* desse texto, sua afirmação suscitou mais de um comentário de espanto. *A luz da Ásia*, de *Sir* Edwin Arnold* – uma mistura de textos clássicos da Índia e de literatura ocidental –, também o impressionou: leu esse livro sem "poder separar-se dele". O Antigo Testamento, violento e vingador, não o convenceu, mas o Sermão da Montanha foi-lhe "direto ao coração". "Os versículos: 'E eu vos digo para

---

* Edwin Arnold (1832-1904), por muito tempo correspondente na Índia, descreveu em livros poéticos a espiritualidade hindu, pela qual era fascinado. (N.A.)

não resistir a quem vos maltrata; ao contrário, se alguém vos golpear na face direita, apresentai-lhe também a outra...' me encantaram para além de toda medida..."

Daí por diante, em seu espírito, a *Gita*, Tolstói, o Sermão da Montanha e *A luz da Ásia* estavam ligados. Assim, servindo-se de afinidades, ecos e semelhanças, ele haveria de introduzir idéias provenientes do Ocidente na antiga tradição indiana. Mas os livros que mais amamos não fazem senão despertar, ou exprimir, pensamentos que já estão em nós; é provável que, nessas obras, Gandhi apenas reconheceu o que já existia nele num estado ainda vago, construindo com o auxílio de seus preceitos religiosos o que se tornaria, como na *Gita*, sua "gramática da ação".

TIMIDEZ

Ele conta que era de uma timidez doentia, incapaz de falar em público, o que, para um advogado, não facilita as coisas. Num dia em que devia tomar posição a favor do vegetarianismo, não confiando em sua inspiração, redigiu um discurso: uma pequena folha de papel foi suficiente. No entanto ficou sem voz. "Levantei-me para ler e não consegui: tudo se embaralhava diante de meus olhos, eu tremia." Vergonha, impotência, tristeza.

O caso não é isolado, uma vez que, após seu retorno à Índia, quando se lançava na carreira de advogado – "era a minha estréia no tribunal correcional" –, a coragem novamente lhe faltou no momento de tomar a palavra. "Minha cabeça girava e eu tinha a impressão de que toda a sala era uma só vertigem." O espírito bloqueado, risos imaginados. "Eu estava morto de vergonha e decidi não mais me ocupar de nenhuma causa..."

Mas, como sempre, a partir da ferida e do fracasso – expostos com a humilhação que infligem –, Gandhi explica que trabalhou sobre si mesmo e tirou uma vantagem disso.

Esse mecanismo evidencia-se ainda mais posteriormente. A moral a tirar da história sendo a seguinte: a timidez, de início "um grande aborrecimento", acaba por ensinar-lhe a economia das palavras. "Adquiri naturalmente o hábito de abreviar meu pensamento."

Mesmo assim é plausível pensar que seus três anos de formação de jurista na Inglaterra contribuíram também para ordenar esse pensamento e "abreviar" sua formulação. A arte de Gandhi de exprimir-se em frases lapidares, fórmulas claras, máximas destinadas a atingir o alvo e a ser memorizadas, bem como sua habilidade de penetrar os arcanos da justiça, devem-se em parte a seus estudos de advocacia, mesmo se a autobiografia, à maneira dos manuais instrutivos, insiste noutros pontos, utilizando a desvantagem que é a timidez para dar um pequeno curso sobre a importância da reflexão e mesmo do silêncio.

Tão essencial quanto a necessidade de refletir antes de falar – e que outra coisa fazer quando as palavras não vêm? – é a necessidade de calar. Saber guardar o silêncio – uma aptidão que se apoiou primeiro numa impossibilidade – é em última instância uma força maior, diz ele, do que saber falar. "A experiência me ensinou que o silêncio tem sua parte na disciplina espiritual de todo aquele que se devota à verdade." Ou seja, a verdade é inseparável do silêncio.

A última frase do capítulo diz: "Minha timidez foi para mim uma égide, um escudo. Ela permitiu que eu me desenvolvesse. Ela me ajudou a discernir a verdade" (EV, 82). Também aí, portanto, havia uma vitória.

BREVE RETORNO À ÍNDIA

É provável que nesse momento de sua vida, ao retornar à Índia, quando era um advogado sem clientes (e ainda por cima incapaz de exercer), um esposo infeliz (continuava, por ciúme, a perseguir Kasturbai) e um pai recalcitrante, é provável que nesse momento de dúvida e de fracasso Gandhi tenha atingido seu ponto mais baixo. Ofereceu-se para lecionar (o inglês), o que lhe teria permitido enfrentar as despesas da família. Mas, não tendo os diplomas exigidos, sua oferta foi rejeitada. "Eu torcia as mãos de desespero."

Um outro incidente haveria de lhe facilitar a resolução de partir de novo. Seu irmão foi acusado de ter dado maus conselhos em seu cargo. A pedido dele, Gandhi, a quem, no entanto, a idéia desagradava, foi defender sua causa junto ao agente político de Porbandar, um funcionário britânico que ele havia conhecido em Londres. Apresentou sua solicitação, insistiu, mas foi posto porta afora pelo importante personagem. Quando quis dar prosseguimento ao caso, um conhecido, menos ingênuo que esse jovem advogado inexperiente, fez esta observação: "Ele não conhece os funcionários britânicos. Se quiser ganhar a vida e não ter muitas dificuldades aqui, que rasgue sua carta e engula o insulto..."

Foi o primeiro encontro de Gandhi com a arrogância racial britânica. O insulto, ele o engoliu de fato, assim como o conselho, amargo como um veneno. "O choque que senti mudou o curso de minha vida." E acreditamos nisso sem dificuldade ao constatar que, daí em diante, a dignidade sempre lhe pareceu o bem mais precioso, mais importante do que a vida, aquele ao qual nenhum homem deve jamais renunciar – e que ele buscaria devolver às multidões humilhadas da Índia.

A África do Sul
1893-1914

Quando lhe foi feita uma oferta na África do Sul, Gandhi viu nisso, é provável, um meio de fugir de seu país, das inquietações e humilhações sem fim e uma chance de fazer um futuro.

A missão era modesta: tratava-se de ajudar juristas locais a redigirem uma ação judicial movida pela firma Dada Abdulla & Cia., pertencente a um comerciante muçulmano do Gujarat, radicado na região do Natal, naquele país. "Não era exatamente na qualidade de advogado que eu ia até lá. Era antes como doméstico da firma. Mas eu queria deixar a Índia a qualquer preço."

Ele partiu, então, para um ano no máximo, disseram-lhe; passageiro de primeira classe, o que lhe parecia merecido; modestos honorários de 105 libras; mas havia a escolha de recusar?

Não ficou muito tempo em Durban, o suficiente, porém, para ter um antegosto da discriminação racial. Dada Abdulla o levara a uma sessão do tribunal. O juiz europeu pediu-lhe para tirar o turbante (ele vestia sobrecasaca e turbante, à imitação do "*pagri*" de Bengala, um traje que o distinguia dos outros indianos), o que Gandhi recusou. O magistrado insistiu; ele deixou a sala e depois, como convinha, redigiu uma carta de protesto à imprensa local, onde se viu tratado como "visitante indesejável". A experiência era nova. A soberba de alguns funcionários britânicos que encontrara na Índia, ele podia ainda atribuí-la a particularidades individuais, mas desde o instante em que embarcou constatou a falta de consideração com que eram tratados os indianos – além da "espécie de arrogância de novos-ricos" manifestada pelos conhecidos europeus de Abdulla, embora este fosse um homem rico e bem-considerado em sua profissão.

Da história do turbante ele tirou outros ensinamentos, relacionados sobretudo às diferenças existentes entre indianos: comerciantes muçulmanos que se davam o nome de árabes; parses que se chamavam persas, ou simples empregados hindus que se misturavam aos "árabes" a fim de serem levados a sério. Mas, em sua grande maioria, os imigrados eram indianos pobres que não percebiam essas diferenças, trabalhadores contratados, enviados à África do Sul mediante um acordo que os empregava nas minas ou nos campos por um período de cinco anos, depois do qual podiam retornar à Índia (sua viagem sendo paga) ou permanecer na África do Sul na qualidade de indianos "liberados" (na realidade, em regime de semi-escravidão). Essa classe de trabalhadores manuais, a mais baixa e a mais numerosa, era a dos chamados "coolies" e, como se tratava de uma maioria, era fácil colocar todos os indianos na mesma categoria sob a designação comum de "coolies". Assim Gandhi era um "advogado-coolie", assim como os comerciantes muçulmanos eram "comerciantes-coolies". O que chocou Gandhi tornara-se habitual para seus compatriotas. Quando lhes falou de suas desventuras, a resposta que obteve foi: "Para ganhar dinheiro, somos capazes de suportar afrontas sem nos ofendermos... Este país não é feito para homens da sua espécie."

Essa frase, sugere Erikson, servirá de "divisa negativa para a identidade nascente de Gandhi como o homem-providencial". Ele provaria que o país seria mudado precisamente por homens da sua espécie. Advogado-coolie: a afronta que lhe faziam atingia sua classe, os trabalhadores indianos imigrados à África do Sul, a Índia humilhada pela colonização e, mais tarde, se estenderia a todos os povos explorados da terra.

A história causou um certo rebuliço na imprensa, onde Gandhi viu-se ao mesmo tempo defendido e atacado. "O incidente me valeu uma publicidade inesperada na África do Sul, poucos dias após minha chegada." A publicidade por meio da imprensa seria uma outra novidade da qual saberia tirar proveito. Quanto ao turbante, ele não o abandonou por muito tempo.

O incidente de Durban não era nada comparado ao que se seguiria. Durante a viagem de Durban a Pretória (onde devia advogar), sofreu um ultraje que orientaria o curso de sua vida. Ele viajava, naturalmente, na primeira classe. Na estação de Pietermaritzburg, capital do Natal, um viajante branco entrou às nove da noite no compartimento onde Gandhi estava e se indispôs por lá encontrar um "homem de cor". Alguns minutos mais tarde, Gandhi recebeu ordens de deixar o compartimento ("Acompanhe-me, seu lugar é em outro vagão"), o que ele recusou com firmeza, como de hábito. E a lei o colocou, sem mais cerimônia, na plataforma da estação. Pietermaritzburg situava-se numa altitude elevada, era inverno, fazia muito frio na escura sala de espera. Gandhi estava sem seu sobretudo, deixado com as valises na sala do chefe da estação. Tiritou de frio a noite toda.

Durante essa noite de espera, de frio, de humilhação, quando se viu atingido em seu corpo, colocado sobre a linha estreita que separa a resignação do engajamento, ele tomou uma decisão: "O tratamento injusto que me infligiam era apenas superficial: puro sintoma do mal-estar profundo que o preconceito social alimentava. Era preciso tentar, se possível, extirpar o mal, mesmo nos expondo a sofrer injustiças durante o caminho" (EV, 143).

Ele evitava assim o ressentimento pessoal ao analisar a causa de um mal que ultrapassava em muito sua pessoa. Para além da ofensa e do ofensor, percebia o doutrinamento de que este último era o objeto. E transformava suas próprias reações imediatas em vontade de ação: daí em diante combateria esse mal atacando não os sintomas (dos quais essa afronta fazia parte), mas as origens. É provável que, nessa noite em Pietermaritzburg, Gandhi tenha sentido nascer a vocação de reformador.

Se até então ele se fizera notar mais por sua timidez e sua atitude reservada, escreve Nanda, seu biógrafo,

> na sala de espera desolada da estação de Pietermaritzburg, enquanto o insulto ainda ardia, uma força de aço penetrou sua

alma. Retrospectivamente, o incidente lhe pareceu uma das experiências mais criativas de sua vida. A partir de então, recusou aceitar a injustiça como fazendo parte da ordem das coisas... ele nunca seria uma vítima anuente da arrogância racial. Dali em diante, o sentimento de inferioridade que o perseguira como estudante na Inglaterra e depois como jovem advogado na Índia apagou-se (MG, 24).

Logo a seguir, as coisas foram de mal a pior e a decisão de Gandhi foi submetida a uma dura prova. Pela primeira vez em sua vida de adulto, ele foi espancado. De Charlestown a Johannesburg – um trajeto que o trem não fazia – era preciso tomar a diligência. "Os viajantes deviam tomar seu lugar no interior do veículo; mas, como eu era visto como um 'coolie'... o 'chefe' julgou que não convinha me colocar com os passageiros europeus." O jovem Gandhi permaneceu assim no exterior. Na primeira parada, o "chefe", tomando o lugar que ele ocupara, indicou-lhe um velho pano imundo colocado sobre o estribo e disse a Gandhi que ficasse ali: "Senta aí, *sami*; quero ficar ao lado do cocheiro". O momento seguinte: um agravamento do insulto. Pois Gandhi, obviamente, fiel à sua idéia de dignidade, devia recusar. Pronunciou mesmo um discurso reivindicando seu direito de sentar-se no interior. "Enquanto eu fazia bem ou mal esse discurso, ele saltou sobre mim e me aplicou várias bofetadas com todas as suas forças... Eu me agarrava à balaustrada... decidido a não ceder... Os viajantes assistiam ao espetáculo: o homem me ofendendo, me empurrando e me batendo, e eu não reagindo..." (EV, 146). Convém precisar que o homem era vigoroso, que Gandhi era franzino e que os viajantes, compadecidos, acabaram por se comover: uma cena anunciadora de muitas outras, mais graves e dolorosas ainda, pois a morte estava sempre no horizonte durante os *satyagraha** organizados por Gandhi. "Era uma cena clássica; a coragem tranqüila e a dignidade humana diante da arrogância racista e da força brutal" (MG, 23).

---

* *Satyagraha*: literalmente, "firmeza na verdade". Nome dado por Gandhi à técnica de resistência não-violenta. (N.A.)

Assim que chegou a Pretória, o jovem de 23 anos organizou, com a ajuda de um amigo influente, uma reunião de todos os indianos da cidade a fim de traçar-lhes um quadro de sua condição no Transvaal. "Eu o conheci já na primeira semana e comuniquei-lhe minha intenção de entrar em contato com todos os indianos de Pretória, sem exceção." Alguns anos mais tarde, uma decisão desse tipo significaria uma atividade incessante em favor de todos os interessados e, na maioria das vezes, uma reforma importante da situação em que viviam.

Gandhi pronunciou um discurso sobre um tema que lhe era familiar: "Da lealdade nos negócios". Tratava-se de corrigir a reputação dos comerciantes indianos, pouco escrupulosos, que diziam ser a verdade "incompatível com os negócios" e com isso prejudicavam milhares de seus compatriotas julgados em função deles. Diziam também que a vida prática é uma coisa e a religião uma outra, o que Gandhi não podia admitir. Assim, após ter-lhes passado a moral – "Despertei os comerciantes indianos para seu dever, que era duplo" –, após tê-los incitado à higiene (um ponto importante aos olhos dos ingleses) e demonstrado que as distinções entre hindus, muçulmanos, parses e cristãos eram vãs, ele propôs a criação de uma associação à qual dedicaria todo o seu tempo disponível: ela teria por finalidade exprimir junto às autoridade responsáveis todas as queixas da comunidade indiana. Como testemunho de seu compromisso, ofereceu aulas de inglês aos que o desejassem. Não há responsabilidade real sem assumir igualmente o encargo prático; a continuação da vida de Gandhi, um reformador pragmático, preocupado em organizar as coisas até os menores detalhes, mostra isso amplamente.

Essa intervenção teve um sucesso considerável.

Cerca de um ano mais tarde, quando Gandhi deixou Pretória, não havia um indiano que ele não conhecesse e "cujas condições de vida não (lhe) fossem familiares": seu estudo das condições de vida sociais, econômicas e políticas dos indianos do Transvaal e do estado livre de Orange, completado por novas experiências pessoais, quase tão amargas quanto as precedentes, era agora o mais aprofundado possível. Além disso, ele se realizara plenamente como advogado. O processo do qual se ocupava punha em jogo a quantia considerável de quarenta mil libras e envolvia dois dos maiores comerciantes indianos da África do Sul. Gandhi devia examinar as contas de Abdullah e servir de ligação entre os advogados – um papel modesto, mas que ele fez render por seu conhecimento na arte da contabilidade e também da tradução (precisou traduzir cartas escritas em gujarati). Aliás, essa tarefa o apaixonou o bastante para nela se absorver por inteiro, deixando em segundo plano os interesses de ordem espiritual e religiosa que os contatos recentes haviam despertado. A profissão, afinal, não consistia em proezas de eloqüência nem em citações eruditas, mas no estudo dos fatos: os fatos conduziam à verdade. O caso de Abdullah apresentava-se de forma favorável; mas o processo revelava-se nocivo para as duas partes, as coisas se arrastavam, a má vontade crescia de ambos os lados... Desgostoso com tanta confusão e tempo perdido, Gandhi acabou sugerindo um acordo, que foi finalmente aceito. E, como seu cliente ganhou na arbitragem, obteve sua concordância para que o adversário vencido pudesse pagá-lo em parcelas por um longo período, assim este último não se arruinaria. Gandhi compreendera que "a verdadeira missão do homem da lei era preencher o abismo entre as partes adversas" e, nos vinte anos em que exerceu essa profissão na África do Sul, dedicou-se, diz ele, a provocar acertos de comum acordo.

"Nada perdi nesse caso", ele conclui, "nem mesmo dinheiro, e menos ainda, certamente, minha alma."

Durante esse primeiro ano, ele continuou, é claro, a se ocupar de sua alma; com amigos cristãos, debruçou-se sobre o cristianismo e sobre o hinduísmo, cujos defeitos lhe apareciam de forma evidente – essa multidão de seitas e de castas, sobretudo com a existência, que ele comparava a uma gangrena, a um tumor maligno, dos intocáveis. Em suas aflições, escreveu à Índia, a Raychandbhai, um comerciante, fino conhecedor de pérolas e diamantes, além do mais um erudito, com um conhecimento extenso das Escrituras e cuja paixão dominante era "a realização do ser" – um dos três modernos (com Tolstói e Ruskin), escreve Gandhi, que marcaram fortemente sua vida e lhe causaram encantamento. E Raychandbhai lhe aconselhou a paciência: no hinduísmo ele encontraria sutileza, profundidade de pensamento, visão da alma e clareza. Gandhi também adquiriu uma tradução do Alcorão, dos comentários da Bíblia, dos quais gostou, mas o que mais o entusiasmou foi *O reino de Deus está em vós*, de Tolstói. É em si mesmo que ele encontraria Deus, e nos outros, e também pelo trabalho sobre si ele tentaria se libertar. E talvez esse pensamento lhe oferecesse também a resposta à sua objeção ao cristianismo:

> Não busco me redimir das conseqüências dos meus pecados. É do pecado em si que quero me libertar, ou melhor, da idéia mesma do pecado. Enquanto não tiver alcançado esse fim, contentar-me-ei com minha inquietude (EV, 157).

"Sou jovem e ainda inexperiente"

Depois do processo, Gandhi foi a Durban com a intenção de retornar à Índia. Mas, diz ele, Deus dispôs as coisas de outro modo. Por uma dessas coincidências estranhas que "mudaram o curso de sua vida", ele tomou conhecimento, durante um jantar oferecido em sua honra, de uma pequena notícia saída num jornal. Ali se fazia alusão a um projeto de lei – o "Franchise Amendement Act" – já apresentado na Câmara legislativa do Natal e que devia privar os indianos importantes (como aqueles que o convidaram naquela noite) do direito de voto no Natal.

"Os asiáticos", escreveu lorde Miller, "são estrangeiros que se impuseram a uma comunidade que não desejava acolhê-los." Em realidade, a imigração indiana à África do Sul começara por volta de 1860 por instigação de colonos europeus que necessitavam de mão-de-obra para suas plantações de cana-de-açúcar, chá ou café, quando os negros, liberados da escravidão, não podiam mais ser forçados a trabalhar. O primeiro navio carregado de trabalhadores indianos "sob contrato" chegou ao porto de Durban em novembro de 1860. Em 1890, já havia cerca de quarenta mil. Às vezes, separados de suas raízes indianas, eles preferiam instalar-se no Natal depois de expirado o contrato. Compravam pequenos lotes de terra onde cultivavam legumes, ganhando mais ou menos a vida e educando os filhos. Essa prosperidade não tardou a provocar o ciúme dos pequenos colonos, que passaram a reclamar o repatriamento dos indianos desejosos de se implantar sem renovar seu contrato. O imigrado devia ser escravo ou tornar a partir.

O comerciante indiano, por sua vez, contando com essa clientela, prosperava. Uma concorrência comercial inadmissível aos olhos dos negociantes brancos. Tal foi o fermento do ódio.

> "Nossos costumes diferentes", acrescenta Gandhi, "nossa simplicidade, o fato de nos contentarmos com ganhos mínimos, nossa indiferença pelas regras de higiene e a preguiça em zelar pela ordem e a limpeza de nossos bairros... tudo isso, mais a diferença de religião, contribuiu para atiçar a chama do ódio" (EV, 195).

Em breve o governo do Natal (um Estado originalmente colonizado pelos bôeres, ocupado desde 1893 pelos britânicos), sendo declarado "responsável", pôde dar livre curso a uma política de discriminação racial. O projeto que sensibilizara Gandhi tinha por objetivo retirar todas as liberdades cívicas de todos os indianos. O que se queria, afinal, era impedi-los de se integrarem à nação sul-africana que se construía e que devia ser reservada aos brancos. Começou-se por retirar o direito de voto dos comerciantes já inscritos na lista de eleitores, e inventou-se uma nova taxa para os indianos sob contrato. Estes deveriam retornar à Índia quando expirasse o contrato ou assinar um novo, ou, ainda, pagar uma taxa anual de 25 libras, o que para eles era impossível. Na Índia, o vice-rei, querendo favorecer os europeus, deu seu acordo, impondo uma taxa de três libras por pessoa. De modo que uma família de quatro pessoas, por exemplo, devia pagar doze libras de impostos, quando os rendimentos médios do homem não podiam ultrapassar catorze xelins por mês. Pobres, iletrados, desorganizados, esses indianos eram totalmente incapazes de se defender. "Era atroz", conclui Gandhi, "era uma barbárie única no mundo." E ele se lançou numa "campanha feroz contra a taxa" (que por muito tempo não teria resultado).

Isso sem contar as humilhações permanentes. Interdição de andar numa calçada (Gandhi viu-se um dia repelido por um pontapé), interdição de circular à noite sem permissão. Interdição de viajar em primeira e em segunda classes. Bastando que um passageiro branco levantasse uma objeção, interdição de permanecer no mesmo compartimento. Interdição de residir em hotéis europeus...

"Ralé", "asiáticos semibárbaros", "raças não-civilizadas da Ásia"... No entanto, o *Cape Times* escrevia: "Onde quer que o indiano vá, ele se mostra útil, disciplinado, respeitoso das leis, frugal em suas necessidades, trabalhador. Mas são também essas qualidades que fazem dele um temível concorrente nos mercados onde opera" (MG, 28). Em última instância, eram "as qualidades, bem mais do que os defeitos dos indianos, que os expunham ao ciúme dos europeus e à perseguição política".

Os indianos presentes naquela noite ignoravam tudo a respeito da questão do direito de voto. "Esse projeto de lei nos atinge nas raízes da dignidade pessoal", disse Gandhi. E esse "nos" já o implicava: esse "nos" autorizou os amigos a lhe pedirem para prolongar a estadia e conduzir o combate. Gandhi aceitou adiar por um mês seu retorno.

E não perdeu tempo para pôr-se a trabalho. De repente viu-se tomado pela paixão política, com um instinto notável para encontrar a estratégia adequada. Aos 25 anos, Gandhi fazia sua primeira campanha política e revelava-se tanto um organizador como um "homem de comunicação" brilhante.

Primeiro, reunir os indianos, tanto comerciantes ricos quanto trabalhadores pobres sob contrato; mostrar-lhes as implicações da lei, bem como aquela parte da opinião européia que permanecia mais objetiva; dar uma publicidade tão ampla quanto possível, na Índia e na Inglaterra, ao movimento indiano.

Nessa noite Gandhi traçou as linhas mestras de seu plano, e suas palavras haveriam de ressoar na Inglaterra – onde o *Times*, em três anos, dedicou oito artigos importantes à situação na África do Sul – e na Índia, onde, na sessão de dezembro de 1894, o Congresso nacional indiano mencionou esses protestos, a opinião pública indiana sendo assim amplamente alertada.

O projeto de lei estava a ponto de chegar à segunda leitura. O texto de uma petição foi redigido às pressas e partiu-se em busca de assinaturas; quinhentas foram obtidas num único dia. Apresentada na Assembléia Legislativa do Natal, essa primeira petição na história da região fracassou, mas daí em diante os indianos saíram da letargia, a comunidade "formava um todo, uno e indivisível" e estava disposta a lutar por seus direitos.

Gandhi, numa carta endereçada a Dadabhai Naoroji, o grande nacionalista indiano, chefe do Congresso e membro do Parlamento britânico, pediu-lhe seu apoio: "Sou jovem e ainda inexperiente, sujeito a cometer muitos erros. A responsabilidade que assumi vai muito além de minhas capacidades" (MG, 28). No entanto, continuava, "sou a única pessoa disponível em condições de se ocupar do problema". Despida de vaidade, evidente como uma constatação, a certeza de ser o homem do momento: ela haveria de se tornar parte integrante de sua identidade.

Para ter força de lei, o projeto devia ainda passar pela rainha. Gandhi decidiu apresentar uma petição-monstro. Em duas semanas, ele e os amigos, lançando-se pelas estradas, a pé ou em veículo, reuniram dez mil assinaturas que foram enviadas ao Ministério das Colônias em Londres. Melhor ainda: ele utilizou essa campanha política para educar as massas; ninguém foi autorizado a assinar antes de ter lido e aceitado o texto em questão. Depois, com a arte inata da publicidade que o caracterizava, enviou mil exemplares à imprensa e a homens políticos de destaque.

Enquanto aguardava o resultado dessa iniciativa, Gandhi fundou o "Congresso Indiano do Natal", espécie de similar do Congresso Indiano, órgão do movimento nacionalista na Índia. Visava a tratar de problemas políticos, certamente, mas também das questões sociais e morais, elevar o nível da comunidade, ensinar os jovens a ousarem pensar. E recrutar novos membros, recolher subscrições, atividade que Gandhi, munido de uma "técnica suave mas irresistível para exercer uma pressão moral sobre os partidários recalcitrantes", sabia fazer muito bem (conta-se que ficou sentado uma noite inteira, recusando comer seu jantar, até o momento em que seu anfitrião, um comerciante indiano, consentiu em aumentar sua contribuição de três a seis libras). E a propaganda: Gandhi não a esquecia jamais. Com essa idéia na cabeça, redigiu duas brochuras: *Apelo a todos os ingleses da África do Sul* era uma denúncia das condições gerais de vida dos indianos; *Apelo à opinião*, um breve histórico da situação no Natal. Ambas tiveram "uma difusão considerável".

Passou-se um mês e Gandhi devia partir. Seus amigos indianos suplicaram-lhe para ficar. Havia o problema do seu sustento. Nem pensar em tocar nos fundos da comunidade, qualquer que fosse a quantidade de trabalho efetuado para ela. A obra pública não devia ser remunerada, pois representava um dever, por um lado, e requeria, por outro, uma perfeita independência: tanto a de criticar como a de seguir seu próprio caminho (e não o de um partido).

Ora (e isto não corresponde de maneira alguma à imagem tradicional de Gandhi), ele desejava "uma casa de bela aparência, situada numa boa vizinhança" e "um nível de vida digno de um advogado", o que implicava pelo menos trezentas libras por ano. Cerca de vinte comerciantes comprometeram-se, assim, a utilizar seus serviços como advogado e pagaram-lhe honorários equivalentes a um ano de trabalho.

Ele apresentou sua candidatura no tribunal da Suprema Corte do Natal, onde, apesar de uma tentativa dos advogados para barrá-lo, foi aceito. Dessa vez retirou seu turbante, preferindo guardar forças para os combates mais sérios que já podia antever. Usar suas forças por tão pouco? "Minha habilidade merecia mais do que isso." Aqui se manifesta a aptidão de Gandhi ao compromisso, maneira de adaptar uma lei geral às exigências da situação. Ele menciona "o valor do princípio que exige que circunstâncias diferentes imponham, para o mesmo fato, maneiras de ver diferentes". Evidentemente, seus amigos ficaram perplexos e descontentes diante de tais sutilezas, como ficarão a seguir em ocasiões bem mais graves que o porte do turbante, quando se tratou da desmobilização de todo um país, da interrupção de uma campanha que envolvia milhões de pessoas. Para explicar sua posição, este paradoxo magnífico: "Durante toda a minha vida, o culto obstinado da verdade me ensinou a avaliar toda a beleza do compromisso" (EV, 185). Essa diferença entre verdade e compromisso, essa maneira de ceder para depois retratar-se, de voltar à linha inicial de que se afastara por pressão das necessidades políticas, será para Gandhi o efeito de um estado de espírito necessário à prática da não-violência, quaisquer que fossem as conseqüências. Não importa que o tachassem de oportunismo em seu relativismo, de imprecisão nas justificações que, aliás, ele nem sempre dava.

A oposição da sociedade jurídica fizera apenas aumentar sua reputação na África do Sul – a maioria dos jornais tendo condenado seus opositores –, e essa publicidade, como ele reconheceu, simplificou-lhe a tarefa. Tanto em seus dossiês como em seus discursos, seu pensamento era de uma clareza irrepreensível, seu vocabulário, de uma exatidão sem falha, e sua honestidade, rigorosa. De modo que, quando o ministro do Natal apresentou uma emenda ao novo projeto sobre o direito de voto (o primeiro fora finalmente rejeitado pela rainha), ele pôde sublinhar a nova importância do Congresso Indiano: um organismo dotado de dirigentes notáveis, com o qual era preciso contar na vida política. Essa lei de substituição, Gandhi aconselhou seus concidadãos a aceitarem-na; a petição conseguira impedir a rainha de dar sua concordância a uma lei abertamente racista e, mesmo se a segunda versão deixava a desejar, a seu ver era uma vitória não-negligenciável.

Dispondo de rendimentos consistentes, com uma bela casa situada na baía de Durban ("Consegui uma encantadora casinha num bairro muito valorizado. Mobiliei-a de forma igualmente conveniente"), Gandhi partiu em 1896 para buscar a família.

Dono de casa

Na concepção hindu do ciclo da vida, pode-se entrar num estágio e depois deixá-lo para entrar num outro. Nessa época de sua existência (ele não tinha trinta anos), Gandhi era dono de uma casa, tinha uma família, conseguia conciliar sua atividade de advogado, sua paixão de reformador e sua busca da verdade. E estava a ponto de ficar rico ou, pelo menos, muito abastado. Mais tarde, ele seria "um novo tipo de revolucionário religioso", um inovador visionário que, renunciando a todos os seus bens, ia dedicar-se inteiramente ao serviço público, isto é, à busca de Deus – um asceta cujo trabalho constante sobre si mesmo levaria à posse de poderes superiores. Mas, sob a perspectiva, não há contradição entre esses dois estados; trata-se, ao contrário, de um progresso natural, de uma ampliação progressiva dos domínios da ação, de uma vontade de ir aos poucos mais longe no autodespojamento e no serviço a outros – até dar tudo de si. Vimo-lo gerir suas contas com uma precisão meticulosa e usar seus fundos com parcimônia, ter um cuidado escrupuloso com a saúde e exercitar pacientemente o corpo; ele aprendera tanto a administrar um orçamento como a utilizar seus recursos físicos, a tirar o melhor partido possível deles. Em breve, as experiências de domínio de si lhe servirão para outras, estendendo os campos de pesquisa e de aplicação iniciais, ocupando-se não mais de uma casa mas de uma comunidade, depois de um país inteiro e do vasto mundo com seus explorados. Curar, ensinar, reformar, governar e, antes de tudo, governar a si mesmo – a si e a seus desejos – como ensina a *Bhagavad Gita*: a obra de um operário de Deus. Operário de Deus é o que ele quis ser a vida toda, só aceitando o poder oficial para abandoná-lo (sabendo que sua influência seria assim ainda maior), quando as massas pobres da Índia se tornaram sua família e a Índia inteira seu campo de ação.

Como se deu a passagem de um estágio a outro, no contexto da luta política na África do Sul, tal é a questão que colocam os primeiros anos de sua maturidade.

Sua breve estadia na Índia o pôs em contato com Gokhale*, que se consagrara inteiramente à vida pública, um líder sábio e respeitado, desejoso de cercar-se de jovens de talento, e com Tilak, "político até a raiz dos cabelos", sempre em desacordo com os moderados e que lançara as bases de uma ideologia em radical oposição com o que será a mensagem gandhiana da não-violência (embora se apoiando, como Gandhi, na religião). Ambos se entenderam, porém, para acolher Gandhi e organizar-lhe uma vasta reunião pública. Este mobilizou a opinião por discursos e panfletos (sobretudo o que escreveu em Rajkot e enviou aos quatro cantos do país – tanto aos homens influentes quanto aos jornais, segundo

---

* "Ele era, e haveria de permanecer para mim, o homem mais perfeito na cena política." "Ele me parecia corresponder a tudo que peço de um homem político: puro como o cristal, doce como o cordeiro, bravo como o leão e cavalheiresco em tudo" (GI, 11). (N.A.)

uma técnica agora experimentada –, e que rapidamente teve de ser reimpresso), recebeu o apoio entusiástico da imprensa e de líderes importantes, manifestou-se inúmeras vezes. A tal ponto que uma versão deformada de suas façanhas chegou à África do Sul, onde se tornou de um dia para o outro o líder mais conhecido e mais odiado do país.

Ele não havia se afastado de um tom moderado. No entanto o acusaram de ter manchado a terra que o acolhera, de ter "arrastado na lama os europeus do Natal, tornando-os tão negros quanto sua própria pele". E, como o barco no qual chegou com a família estava carregado de "coolies imigrantes", como por coincidência um segundo barco chegou ao mesmo tempo no porto com um carregamento similar, acusaram-no também de organizar uma invasão do país, despejando imigrantes no Natal. Dois mil europeus reuniram-se para impedir os indianos de desembarcar, propondo-lhes que retornassem à Índia ou ameaçando lançá-los ao mar em caso de resistência. Mais mortos do que vivos, os indianos, porém, resistiram. As autoridades do porto, utilizando o pretexto de um caso de peste na Índia, decidiram uma quarentena. Nesse meio-tempo, Gandhi, a "besta negra" dos europeus, causa dessa desgraça, empenhava-se em elevar o moral das tropas. Após um mês de vãs ameaças, os indianos foram autorizados a desembarcar. Com exceção de Gandhi, que devia esperar a noite. Ficaram de enviar-lhe ajuda para defendê-lo em caso de ataque. Finalmente ele pôs os pés em terra. Mas logo foi reconhecido pela multidão e começou a ser agredido selvagemente. "Eu estava a ponto de desmaiar; consegui pegar a grade de ferro de uma casa e me agarrei... Mas não me davam descanso; eram tapas e socos de todos os lados." Para a sorte de Gandhi, a sra. Alexander, esposa do chefe de polícia, encontrava-se ali: ela abriu uma sombrinha protetora e pôs-se entre a multidão e a vítima, protegendo sua cabeça. Até que reforços chegaram e Gandhi pôde ser escoltado à casa de um amigo. "Anoitecia e a multidão berrava: 'Queremos Gandhi!'" A situação era tão grave e ameaçadora que o sr.

Alexander, temendo pela vida de Gandhi, do amigo e de sua família, o aconselhou a fugir disfarçado. Vestindo um uniforme de policial indiano, com a cabeça coberta por um véu e um prato de metal, cercado por dois inspetores, um dos quais tinha o rosto pintado, Gandhi empreendeu a fuga pela porta de trás (ele não deixa de comentar esse novo traje, embora se contente com uma alusão ao estranho tipo de capacete), enquanto o bravo sr. Alexander, para distrair a multidão, cantava a plenos pulmões com ela: "Velho Gandhi maldito/ Enforcaremos o bandido". Quando o astuto chefe de polícia contou à multidão como sua presa havia escapado, muitos não puderam deixar de rir, uma minoria continuou a espumar de raiva.

Gandhi passou alguns dias sob proteção. A imprensa desculpou-o das afirmações que lhe haviam atribuído. Joseph Chamberlain, então secretário de Estado das Colônias, pediu ao governo do Natal que processasse os agressores. Mas Gandhi recusou-se a designá-los: "Não é sobre essa gente que deve recair a culpa... São seus chefes e, com vossa permissão, vós mesmos deveis ser recriminados. Poderíeis ter orientado honestamente o povo...", ele respondeu, para concluir de forma característica: "Estou certo de que, quando souberem a verdade, essas pessoas lamentarão sua atitude" (EV, 244).

Claro que seu prestígio viu-se imensamente aumentado. Ele tinha agora a afeição dos indianos e a estima dos europeus, em todo caso a dos menos limitados deles – a imagem de um homem com intenções nobres, inimigo da violência. "A imprensa proclamou minha inocência e condenou a escória. Assim, essa tentativa de linchamento tornou-se, em última instância, uma bênção a meu favor, isto é, a favor da causa."

Em 1899, irrompia a Guerra dos Bôeres. Gandhi precisou tomar uma decisão importante: que atitude os indianos deviam adotar num conflito que ia mudar a história da África do Sul?

A Guerra dos Bôeres

A Guerra dos Bôeres foi a fase final das rivalidades que opunham britânicos e bôeres [colonos holandeses] na África do Sul. Quanto aos indianos, o que eles pensavam dessa guerra? Certamente muitos não estavam descontentes com a idéia de ver se entrematarem dois povos que os haviam maltratado tanto. Tal não era, evidentemente, o ponto de vista de Gandhi. Mesmo se suas simpatias pessoais dirigiam-se todas aos bôeres, como confessa, ele apoiava ainda firmemente, nessa época, o império britânico (o combate que se travou dentro dele é descrito num artigo publicado mais tarde, em 1928, no *Satyagraha in South África*). No final das contas, tomou o partido da Inglaterra: "Meu sentimento era que, se eu reclamava para mim os direitos de cidadão britânico, era também meu dever, nesse ponto, participar da defesa do império britânico" (EV, 268). Outra razão, talvez tão forte quanto a lealdade: "Eu julgava então que a Índia só podia chegar à emancipação completa no quadro do império e graças a ele". Opor-se aos abusos do império, ao que ele tinha de pior – como fazia Gandhi, que começou por atacar, na ordem estabelecida, os males e os excessos mais inumanos – , supunha que se pudesse um dia gozar do que ele tinha de melhor: portanto, que ele possuía vantagens superiores aos dos outros sistemas existentes.

E assim Gandhi reuniu o máximo de auxiliares que pôde e constituiu um corpo de enfermeiros de ambulância. Não que sua proposta tenha provocado o entusiasmo dos ingleses (eles a recusaram), mas finalmente, disse Gandhi com orgulho, um dia sentiram a necessidade dos "1,1 mil homens, quarenta dos quais chefes de equipe" que ele reunira. Esses homens se aventuraram mesmo sob fogo inimigo, buscando os feridos no campo de batalha, percorrendo de trinta a quarenta quilômetros por dia com suas padiolas. E o tempo todo esperavam que o governo lhes mostrasse seu reconhecimento.

É verdade que em pouco tempo o prestígio indiano cresceu. Havia entre eles um novo orgulho, uma consciência mais desperta, o sentimento de que "hindus, muçulmanos, cristãos, tâmeis, gujaratis e sindis eram todos filhos da mesma pátria". E a convicção geral: "Seguramente se iria assistir à reparação das injustiças feitas aos indianos".

No final da guerra, Gandhi sentiu que chegara o momento de voltar à Índia. Tão logo chegou, pôs-se a percorrer o país; reencontrou Gokhale, com quem se ligara por amizade, que apreciava sua sinceridade, seu zelo e seu espírito prático, e queria dar-lhe um papel político; em breve começou a trabalhar em Rajkot; depois se instalou em Bombaim, num bangalô com sua família, e fez uma clientela... Até chegar um telegrama que mudaria mais uma vez o curso de sua vida: ele era chamado com urgência; Chamberlain chegava à África do Sul e Gandhi, ninguém mais, devia apresentar-lhe as queixas dos indianos. Não só continuavam a pesar ofensas antigas que a guerra e a conduta irrepreensível dos indianos não aliviaram, como também novas se somaram, sobretudo no Transvaal. Os interesses que os indianos haviam defendido por um trabalho obstinado estavam sendo questionados. E a luta ameaçava ser longa.

Para Gandhi, uma vez tendo se reunido com o secretário de Estado e cumprido sua missão, a intenção era partir de novo. No entanto, a pedido da comunidade indiana, ele tomou a decisão contrária. Em 1893, viera por um ano e ficara oito; em 1902, a previsão foi a mesma, um ano no máximo, ele pensou, e dessa vez ficou doze anos. "Deus nunca permitiu que nenhum de meus projetos se completasse. Ele sempre dispôs a Seu modo." Tendo o centro de gravidade da luta se deslocado para o Transvaal, ele abriu um escritório em Johannesburg e solicitou a admissão como advogado na Suprema Corte.

O ano de 1902 foi uma data decisiva. Gandhi passa a servir uma causa diante da qual seus próprios interesses e os da família não mais contavam. Sua vida ia transformar-se, exterior e interiormente, e sua doutrina, aos poucos, elaborar-se.

A MISSÃO DE SERVIR

Deus ou o homem?

Uma crítica interessante do homem e de sua doutrina – por situar o problema e remontar a suas origens – é a que George Orwell, num artigo de revista, fez de Gandhi pouco tempo após sua morte, a propósito da publicação de sua autobiografia. (Assim como uma das mais violentas, arrebatadas e parciais será a do romancista antilhano V. S. Naipaul, em *Índia, um milhão de mótins agora*.) A essa crítica, claro, devem-se acrescentar os ataques habituais, mais dirigidos: à sua posição em relação às castas, à sua ação em favor dos intocáveis, a seu puritanismo e a seu desprezo da sexualidade, a seu autoritarismo em relação à mulher, aos filhos e aos discípulos, a seu "arcaísmo" (isto é, principalmente, à sua crítica da civilização moderna e da máquina) e, é claro, à sua não-violência... Bolchevista e revolucionário, ou reacionário e fanático, excêntrico e lunático, santo ou hipócrita, um apóstolo, um novo Cristo, o "pequeno São Francisco da Índia"... Gandhi suscitou os comentários mais acerbos e mais contraditórios. É de supor que a linha de seu pensamento – essencialmente religioso – escapasse a seus comentadores e que eles seguissem apenas suas reviravoltas e variações na ação (às vezes desconcertantes, é verdade), escolhendo uma ou outra das afirmações de Gandhi ao sabor de suas próprias crenças, esquecendo que, também nesse ponto, ele evoluíra com as circunstâncias, passando de uma "experiência de verdade" à seguinte, numa aproximação que não pode ter fim:

> A vida é somente uma série sem fim de experiências.

A crítica de Orwell tem a vantagem de permitir compreender aquilo que, desde o início, vai afastar alguns espíritos de Gandhi ou, ao contrário, reuni-los a ele. Tudo depende da concepção que se faz do humano. Conforme se aceita ou se recusa a necessidade de Deus e, de maneira mais ampla, a dimensão espiritual, com a necessidade de progressão que ela implica, a tendência será acreditar na sinceridade de Gandhi, o homem religioso, e considerar sua ação ligada à sua doutrina; a alternativa será pôr o acento em sua ação, sem se preocupar demais com as razões que Gandhi lhe deu, julgando mais a partir dos fatos e dos resultados que das intenções proclamadas.

Quanto a Orwell, ele colocava o problema nestes termos: "*God versus Man*". O que implica: "Deve-se escolher entre Deus e o homem[1]".

Mais precisamente: "Não é necessário discutir para saber qual é o ideal mais elevado: o humanismo ou o desapego do mundo. A verdade é que eles são incompatíveis". Ele escreveu essas frases em 1949, data de publicação de seu romance *1984*, período marcado pelo comunismo, e é nesse contexto que devemos compreendê-las.

Segundo Orwell, existe uma divisão entre dois campos inimigos: uns cultuam "tudo o que é do Homem", o homem inteiro contido nesta vida, enquanto os outros estão voltados para Deus ou para uma busca espiritual e a idéia de perfeição. Para os primeiros, os segundos vivem sob o domínio de uma ilusão, nociva ao melhoramento de sua condição e que deve portanto ser combatida.

"Penso que é preciso compreender que os ensinamentos de Gandhi não podem se conciliar com a idéia de que o Homem é a medida de tudo e de que nossa tarefa é fazer com que a vida seja aceitável nesta terra – afinal, a única que temos. Eles só têm sentido se acreditarmos que Deus existe..."

E ele desenvolve seu pensamento, opondo as palavras humano/inumano, ou: humano/perfeição, ou: humano/santidade. A perfeição, assim como a santidade, assim como os esforços para alcançá-la, seriam "inumanos".

> "A essência do fato de ser humano", diz ele, "é que não se busque a perfeição, é que se consinta às vezes em cometer pecados para permanecer leal, é que não se leve o ascetismo

a ponto de a amizade e suas trocas se tornarem impossíveis e, no fim dos fins, estar disposto a ser derrotado, a ser vencido pela vida, porque esse é o preço inevitável a pagar por ligarmos nosso amor ao de outros seres humanos."

Orwell leva o raciocínio mais longe: "Certamente o álcool, o tabaco e o resto são coisas que um santo deve evitar, mas a santidade é também uma coisa que os seres humanos devem evitar".

Presume-se, ele prossegue, que, se não se busca o desapego, julgado no entanto preferível à plena aceitação da vida nesta terra, é porque ele é visto como muito difícil de alcançar: o homem comum seria, nesse caso, um santo fracassado. Mas talvez fosse preciso inverter a proposição, diz Orwell: os que aspiram à santidade talvez nunca tenham tido a tentação de se tornarem seres humanos. A verdadeira motivação do desapego seria, assim, o desejo de escapar da dor de viver e, sobretudo, de amar – o amor, sexual ou não, sendo, como todos sabem, um estado perigoso.

Em suma, se for recusada a "santidade como ideal", é lícito afirmar, ele conclui, que as "metas fundamentais de Gandhi eram anti-humanas e reacionárias...".

Se seguirmos esse raciocínio, se opusermos de saída dois termos como fez Orwell, a saber, Deus e o Homem, então colocaremos em questão – e seremos tentados a condenar – o trabalho sem descanso que Gandhi operou sobre si mesmo, sua necessidade de extrema elevação espiritual e o ascetismo ligado a ela, seu voto de abandonar prazeres julgados egoístas, entre outros a vida em família, bem como o de renunciar à vida sexual (um tema que continua provocando debates). Evidentemente, uma tal abordagem simplifica os dados do problema, a ponto de falseá-los por completo.

Pois, no caso de Gandhi, não há ideal de santidade (ele não buscou de maneira alguma ser um santo, se quis atingir a libertação), como tampouco há oposição entre Deus e o Homem. O Homem está no centro de sua visão do mundo – o homem e sua felicidade (a palavra felicidade presta-se, evidentemente, à discussão. A concepção de Gandhi, forjada num contexto muito duro, é totalmente alheia ao Ocidente que, de dois séculos para cá, goza de uma economia da abundância e mantém outros valores. No entanto, é lícito perguntar se, nas nações onde prevalece o interesse econômico – nações onde "as inteligências se retraem, a elevação dos espíritos se torna impossível... pouco faltando para que o espírito de heroísmo se extinga completamente", como escreve Adam Smith[2], que já denunciava esses perigos –, a busca da felicidade não passou a significar, simplesmente, desejo de fortuna e de poder).

"O único ponto de vista a considerar é servir o homem." É no homem que Gandhi encontra Deus, seu objetivo último, e isso através do amor. Pois a busca de Deus leva necessariamente ao homem, assim como tem nele sua origem: "Sou uma parcela do grande todo e *não posso encontrar Deus fora da humanidade**".

De modo que, diferentemente dos eremitas, dos que buscam Deus na solidão, ele, Gandhi, o buscou entre as multidões pobres da Índia:

> Se eu tivesse certeza de encontrar Deus numa caverna do Himalaia, iria para lá na mesma hora. Mas sei que ele não está em parte alguma a não ser no coração da humanidade (MT, IV, 108).

Deus no coração do homem, uma presença íntima, de modo nenhum estranha, que se pode descobrir pelo trabalho sobre si:

> A prova de que se experimenta em si a presença real de Deus não vem de nenhuma evidência que nos seria estranha, mas de uma transformação de nossa conduta e de nosso caráter (SB, 9).

---

* Grifo meu. (N.A.)

Deus em "cada homem e cada coisa – animada e inanimada". Rezar é dirigir-se ao divino em nós. A fim de nos superarmos, isto é, de alcançarmos aquela parte mais alta de nós mesmos. Uma completa identificação com o "verdadeiro si mesmo" é o objetivo buscado, que significa, ao exceder suas particularidades, a fusão com o grande Todo cósmico. "Vocês podem descrevê-la (a prece) como a necessidade contínua de nos perdermos na Divindade que engloba tudo" (GI, 266).

Tudo está aí, nessa transformação de si que Gandhi ia pedir, ensinar aos que o seguiram. Transformação de si a partir da qual era possível transformar os outros.

Longe de visar à santidade de que Orwell suspeitava (do título de Mahatma, a Grande Alma, Gandhi dizia: "Ele com freqüência me atormentou profundamente"), ele quis mais simplesmente encarnar em sua vida, a começar pelo trabalho sobre si, os valores nos quais acreditava e que, segundo ele, deviam transformar a Índia e, pelo exemplo da Índia, talvez o mundo inteiro. Toda a sua doutrina e o fundamento sobre o qual repousa o *satyagraha*, que era uma moral, uma técnica da vontade e a razão mesma de sua vida, estão aí, nesse trabalho sobre si. Agir, convencer pela força do exemplo. A meta não era a santidade, mas a ação.

A ação: verdade e/ou política?

"Sente-se", dizia dele Orwell, "que, se há muitas coisas que ele não compreendeu, não há nenhuma que tivesse horror de dizer ou de pensar." Tinha um espírito de uma audácia e de uma originalidade impressionantes. Conciliador em certos momentos ("Sou tanto a favor do compromisso quanto sou contra ele"), totalmente intransigente em outros ("Louvores ou injúrias, para nós, são a mesma coisa", escreveu a Nehru), ele encontrou para cada palavra essencial – Deus, por exemplo, ou religião – um sentido que lhe era próprio, para além das regras, das leis e das idéias aceitas.

Deus, o que significava essa palavra para ele?

"Uma Força misteriosa e indefinível (que) penetra tudo o que é." "Uma Força de Vida que permanece imutável e sustenta todos os seres..."

Amor (ou *ahimsa*)? Verdade? Não-violência? Por muito tempo Gandhi hesitou entre essas palavras na sua aproximação de Deus. Denominações diferentes, mas não distintas, que nunca são suficientes para descrever "em sua realidade última essa entidade inapreensível" que ele entrevê*. Vida. Verdade. Luz. Amor. Supremo Deus.

Em última instância, a verdade é Deus. "Na realidade, não há nada, não existe nada exceto a Verdade. Eis por que *sat* ou Verdade é talvez o nome mais importante de Deus" (LA, 29).

E, mesmo assim, Deus é amor.

> Para encontrar a Verdade enquanto Deus, o único e inelutável meio é o amor, isto é, a não-violência. Ora, já que acredito que o fim e os meios são, afinal, termos intercambiáveis, não hesito em dizer: "Deus é Amor" (LA, 129).

Sobre a equivalência dessas palavras: "A *ahimsa* e a Verdade estão entrelaçadas de maneira tão íntima que é praticamente impossível distinguir e separar uma da outra. São como as duas faces de uma mesma moeda, ou melhor, de um disco de metal liso e sem marca. Quem pode dizer que lado é o anverso, que lado o reverso? Todavia, a *ahimsa* é o meio, a Verdade é o fim" (LA, 39).

Mesmo assim era preciso estabelecer a ordem dos termos, encontrar uma formulação que, negligenciando as su-

---

* "Não para se perder, mas para se exaltar em Valor supremo, reintegrando o Uno do qual ela só está separada pelas servidões do pensamento e da linguagem, a *ahimsa* – quem diz *ahimsa* diz Amor, Verdade, força do Amor idêntica à força da Alma ou da Verdade – penetra e se funde na Alma (*atman*)... ou na Verdade (*sat* ou *satya*), a qual é retidão do pensamento e do agir, Ser e Energia do Ser e dos seres, essência e existência, *atman*, Deus." (Suzanne Lassier, *Gandhi et la non-violence*.) (N.A.)

tilezas da metafísica, servisse à disciplina da ação para a qual Gandhi decididamente se orientara. Portanto, distinguir entre "Deus é Verdade" e "a Verdade é Deus", mesmo se "Deus", "Amor" e "Verdade" tivessem uma força e uma significação iguais.

Após cinqüenta anos de buscas incessantes, Gandhi acabou por preferir a segunda fórmula, "a Verdade é Deus". Isso para reunir mesmo os que recusavam a idéia de Deus, pois, diz ele, se há homens cuja paixão pela verdade leva a negar Deus, o que é seu direito, não há quem afirme: "A Verdade não existe" sem imediatamente retirar toda verdade do que dizem. Quanto ao amor, a palavra continha muitas ambigüidades, sendo preferível o termo verdade. No entanto o amor continuava sendo o meio mais direto de chegar a Deus, meios e fins sendo, segundo ele, "termos conversíveis".

Por certo, dizia Nehru, "ele é um hindu até o âmago do ser, no entanto sua concepção da religião nada tem a ver com qualquer dogma, costume ou ritual" (DI, 412). Essa "religião" correspondia antes à "sua firme crença numa lei moral que ele chama lei da verdade ou lei do Amor". E, sobre o fato de que Gandhi forjou, em realidade, sua própria religião:

> Gandhi afirma compreender o espírito do hinduísmo e rejeita todo texto, toda prática que não combinem com a interpretação Idealista que faz deles, tachando-os de interpolações ou de acréscimos ulteriores... Assim, na prática, ele é livre para tomar o caminho que escolheu, mudar e adaptar-se, desenvolver sua filosofia de vida e de ação, submetendo-se apenas à sua própria concepção da lei moral suprema (DI, 412).

Gandhi não hesitou em rejeitar essa ou aquela parte do hinduísmo (segundo ele, a intocabilidade, um fato social, de modo nenhum fazia parte dessa religião, sendo antes uma perversão dela), assim como deu à *Bhagavad Gita* a interpretação que lhe convinha*. Do mesmo modo, entre os rituais, ele escolhe conservar a prece, um ato que lhe parecia tão natural quanto respirar, uma meditação, um retorno às fontes para reencontrar o caminho e a força de segui-lo – nunca um pedido: "Rezar não é pedir, mas admitir todo dia nossa fraqueza".

Em suma, a palavra "religião", para Gandhi, adquiria um sentido novo. Quando ele afirmava: "Meu amor à verdade me fez entrar na política. Posso dizer sem a menor hesitação, e não obstante com toda a humildade, que os que afirmam que a religião nada tem em comum com a política não entendem nada de religião**" (EV, 645), ele empregava essa palavra, diz Nehru, num sentido – provavelmente moral e ético – bem diferente do que ela possui para os críticos da religião.

Como em sua definição de Deus, vaga e abrangente, Gandhi, orgulhoso de sua herança cultural hindu, sabendo também que essa herança o ligava ao povo, quis dar à religião um aspecto universal, que integrasse todas sob a bandeira da Verdade ("todas as religiões são verdadeiras"), em vez de restringi-la com o intuito de reforçá-la. Ele conservava o jainismo de sua infância, ao mesmo tempo em que absorvia a essência das outras religiões, ampliando, assim, sem abandoná-lo, o patrimônio ancestral (do mesmo modo, utilizou amplamente a tecnologia de seu tempo, embora compreendendo que objetos simbólicos e antigos, como a roca de fiar, podiam dar vida a centenas de milhares de aldeias, despreparadas para a industrialização). Ele era, por certo, um hinduísta, mas tinha consciência de que a enorme maioria do

---

* Tilak também invocou a *Gita*, mas, ao contrário de Gandhi, para defender o recurso à violência legítima, como o fez mais tarde o assassino do Mahatma, Nathuram Godse, que sabia de cor o texto sagrado. (N.A.)

** Se Gandhi quis reunir religião (enquanto ética) e política, em seus últimos anos, porém, no momento da Partição, ele insistiu com um vigor sempre maior em sua separação do domínio público: "A religião é tarefa pessoal de cada um. Não deve se misturar à política nem à vida pública" (*Harijan*, 7 de dezembro de 1947). Uma insistência que, segundo alguns, evocaria o "conceito ocidental de secularismo". (N.A.)

país só formaria um todo, para além das religiões particulares, graças à sua cultura antiga – única força sobre a qual se apoiar, frente à modernização irreversível, para restaurar a unidade espiritual do povo, unindo as elites ocidentalizadas e as massas iletradas: "A cultura indiana não é nem hindu, nem islâmica, nem outra, em sua totalidade. É um amálgama de tudo isso". Atitude pela qual esperava, em particular, superar as divisões entre hindus e muçulmanos. Unificar em vez de dividir; mostrar as semelhanças em vez das diferenças; incluir, jamais excluir. Aqui a visão religiosa, que reúne, convém às decisões políticas que ela vai ordenar.*

Um ajustamento difícil

"Suas idéias religiosas são de uma elevação notável, embora eu confesse não compreender muito bem como ele pode aplicá-las à política" (lorde Reading, em 1921, numa carta a seu filho). Essa reunião de religião e política – ou "verdade e política" (segundo o título de um ensaio de Hannah Arendt), já que para Gandhi religião equivalia à verdade – fez correr muita tinta. Que Gandhi, longe de considerar apenas o fim, tenha dado uma importância primordial aos meios utilizados – é a "espiritualização da vida política" –, eis o que foi, segundo Nehru, uma de suas contribuições maiores à atividade coletiva (e uma mensagem que adquire uma urgência nova, pois, no dizer de alguns espíritos avisados, a "regressão polí-

---

* "O que distinguia Tagore e Gandhi (das outras grandes figuras) é que eles viam que nenhuma religião no sentido tradicional do termo podia servir de base a uma fé ou a uma moral universal. Assim, a própria trajetória intelectual de Gandhi implicou um desmantelamento e uma reorganização das tradições religiosas; e isso o levou a um sentido da ética profundamente original, que não pode ser compreendido nos termos do hinduísmo tradicional. Ao abrir-se ao Islã, ao cristianismo e às tradições populares da devoção hindu, ele criou sua própria linguagem moral, que, mesmo quando as ultrapassava, era profundamente respeitosa das religiões existentes." (Sunil Khilnami, "Portrait politique de Nehru. L'idée libérale de l'Inde", *Esprit*, fevereiro de 2005.) (N.A.)

tica, cultural e moral faz parte, doravante, de nosso horizonte político; a desumanização de que somos os herdeiros é uma ameaça à nossa sobrevivência"[3]). O recurso à ética, sua aplicação à vida política, segundo Nehru, "é um empreendimento muito difícil. Num mundo que pensa quase exclusivamente em termos de fins sem interrogar-se sobre os meios, essa insistência nos meios se afigura singular e espantosa" (DI, 36). No entanto ela continua sendo uma esperança possível – o gênio de Gandhi foi acreditar nisso e obtê-lo: "É inegável que essa atitude deixou uma marca duradoura no espírito de uma multidão de pessoas" (DI, 36).

No início, portanto, ele colocou o desejo de verdade. Ou de amor. O "desejo apaixonado de reerguer esse povo abatido", para o qual não havia "escolha senão entre uma vigília permanente e um estupor permanente".

A palavra verdade, que recobre a palavra amor, vai comandar o conjunto das posições de Gandhi: determinar, portanto, sua ação em todos os domínios, o político, ou o econômico, não sendo dissociável do que se apresenta como uma totalidade. Não há a religião, de um lado – e esforços pessoais para assegurar a salvação –, e a vida prática, de outro, com suas próprias leis, mas sim uma visão religiosa do homem que engloba necessariamente o conjunto de suas atividades.

Se é preciso amar tudo da criação, como ele dizia, não devemos nos subtrair a nenhuma das dimensões da vida. A política é apenas uma dessas dimensões, uma forma de ação mais particularmente necessária, pois permite ajudar os mais desfavorecidos.

> Sou apenas um pobre homem que se empenha em descobrir a Verdade... Sabendo que é mais freqüente encontrarmos Deus na mais humilde de suas criaturas do que entre as mais poderosas, procuro partilhar a condição das primeiras; o que só é possível dedicando-me ao serviço delas. *E de que maneira ajudar as classes mais desfavorecidas senão entrando na política?**... (SB, **46**).

---

* Grifo meu. (N.A.)

A política, como a economia e a ação social, ele as concebia, no fundo, como domínios de aplicação de sua moral de amor. "Minha vida forma um todo indissociável: um mesmo laço une todas as minhas ações. Todas têm sua origem num amor inextinguível pela humanidade."

Um laço evidente, segundo ele, mas que foi mal compreendido e que ele teve às vezes dificuldades consideráveis de manter. Santo ou político? A questão ainda continua sendo colocada: ela não tem resposta. "Dizem que sou um santo que se perde na vida política. O fato é que sou um homem político que faz o melhor possível para ser um santo." Com freqüência ele andou sobre um perigoso muro, empurrado ora para um lado, ora para o outro, dividido entre missões divergentes, quando as necessidades da ação prevaleciam sobre a integridade de sua mensagem, as razões da política sobre a visão religiosa. Então, à força de retiro, jejum e confissões – de purificação –, ele tentava recobrar mais verdade.

O que é então a verdade?

"Geralmente, essa questão (a da verdade) não preocupa as pessoas. Elas isolam a verdade num canto de seu espírito... e adotam os expedientes como medida da ação. Em política, essa é a regra geral, não apenas porque os políticos são, infelizmente, uma espécie particular de oportunistas, mas porque eles não podem agir num plano estritamente pessoal" (DI, 508). O compromisso é a norma, a verdade adapta-se a ela. "A tendência a ignorar e a abandonar a verdade se espalha, e o expediente torna-se o único critério da ação."

Ou, como diz Hannah Arendt num ensaio intitulado *Verdade e política*: "Ninguém jamais duvidou de que a verdade e a política têm relações bastante ruins, e ninguém, ao que eu saiba, jamais incluiu a boa fé entre as virtudes políticas. As mentiras sempre foram consideradas instrumentos necessários e legítimos, não apenas para o político e o demagogo, mas também para o homem de Estado[4]".

Mas "o que é a verdade?", interrogava Nehru. "É possível que nossas verdades sejam relativas, que a verdade absoluta nos ultrapasse... A verdade, ao menos para um indivíduo, é o que ele próprio sente e sabe ser verdadeiro. De acordo com essa definição, não conheço ninguém que seja mais apegado à verdade do que Gandhi" (DI, 409). O que sentimos e sabemos ser verdadeiro. Portanto, com um elemento de subjetividade, que Gandhi reconhece.

Ao relatar em sua autobiografia suas "experiências de verdade", ele toma o cuidado de sublinhar que suas conclusões valiam para si mesmo e não apresentavam "um caráter definitivo de infalibilidade". Explicava simplesmente que, no momento presente, não podia chegar a uma maior exatidão: em sua análise, ia até o final do processo de aceitação ou de rejeição. Verdades *relativas*, portanto – e ele insiste nessa relatividade –, do pensamento e do verbo, modificáveis segundo as circunstâncias e a experiência, por isso causas de mudanças espetaculares, aliás confessadas, às vezes explicitadas, que no entanto deixaram o mundo perplexo, contrariado, pelo menos perturbado. "No momento em que escrevo, nunca penso no que eu disse antes. Meu objetivo não é permanecer fiel a minhas primeiras afirmações, mas ser fiel à verdade tal como se apresenta a mim num momento dado. Essa atitude me permitiu evoluir de verdade em verdade e poupar à minha memória esforços inúteis" (MT, V, 206). Uma das maiores críticas feitas a Gandhi foi a de inconseqüência: era ele um socialista dos tempos modernos ou um conservador ancorado num passado arcaico, um pacifista ou um militarista, um anarquista ou um tradicionalista, um ativista à ocidental ou um santo à oriental, um homem intransigente em sua religião ou o liberal que afirmava ver Deus até no ateísmo? Esse homem de verdades múltiplas, que definia a si mesmo como "uma curiosa mistura de Dr. Jekyll e Mr. Hyde", tinha realmente um centro fixo?

Uma busca, uma interrogação permanentes, tendo por centro e por objeto a idéia de Deus, ou de Verdade. "É difícil definir Deus; mas a definição da verdade está inscrita no coração de cada um. A verdade é o que acreditamos ser verdadeiro num instante preciso. Eis aí nosso Deus. Se um homem adora essa verdade relativa, ele tem certeza de em pouco tempo atingir a Verdade absoluta, isto é, Deus.[5]" Assim, a verdade relativa não deixa de implicar uma busca incansável, uma exigência implacável consigo mesmo e, para Gandhi, a fidelidade a seus votos difíceis, como o vegetarianismo, em Londres, ou, mais tarde, a castidade, juramentos nos quais se comprometia por inteiro e que se obstinava em seguir até o fim, sem artimanhas nem complacência, enfrentando as conseqüências mais duras. (Lembremos que ele fez um dia um acordo quando aceitou beber, num momento em que sua vida corria perigo, o leite de cabra oferecido por sua mulher: "O uso que faço hoje do leite de cabra me atormenta, não tanto do ponto de vista da *ahimsa* dietética quanto do da verdade – trata-se, de todo modo, de uma ruptura de juramento". Ora, o ideal de verdade não podia ser passível de injúria, nem os votos de arranjos, ou então a realidade última, inapreensível, recuaria a ponto de se perder.)

Ao cabo dessas experiências, Gandhi busca a verdade absoluta, "*sat*", que significa "ser" e que não se pode atingir em sua forma mortal, apenas entrever. Na introdução à sua autobiografia ele escreve:

> Adoro Deus como Verdade apenas. Ainda não O encontrei, mas O busco sem descanso... enquanto essa Verdade Absoluta não for para mim um fato consumado, devo me apegar à verdade relativa tal como a conceba. Essa verdade relativa deve me servir, por enquanto, de farol na noite, de escudo, de fortaleza.

Uma convicção súbita lhe vinha, o momento de verdade chegara; uma voz interior lhe falava e ele estava à escuta. Ele mencionou com freqüência essa voz interior que se elevava de improviso, às vezes em plena noite, após uma longa preparação, meditação ou jejum, e que exigia seu engajamento imediato, de forma irresistível, definitiva. Era então uma certeza. Seus colaboradores queixaram-se de nunca conhecerem seus planos a longo prazo: "Havia nele algo de desconhecido que, apesar de uma intimidade de catorze anos agora, eu não conseguia compreender e que me enchia de apreensão", escreve Nehru. "Ele admitia a presença desse elemento desconhecido nele e me dizia que ele próprio não podia explicá-lo, nem dizer de antemão a que isso o levaria" (vp, 227). (Nehru, que por sua vez pensava que "a ação eficaz não pode prescindir de uma definição lúcida dos fins", não estava longe de ver nessa "aparência de confusão e de obscuridade voluntária" uma tática destinada a velar a distância entre o objetivo real de Gandhi e as condições da vida moderna: "Ele não chegava a fazer a junção entre os dois, nem a delimitar as etapas intermediárias que o levavam a seu objetivo" (vp, 361). Uma interpretação que diz muito sobre duas abordagens opostas da política.) Segundo Nehru, Gandhi confiava mais em sua intuição, que era prodigiosa, do que em teorias preestabelecidas. A ação acompanhava. O que supunha que as massas também estivessem prontas. Essa conjunção entre a voz interior e o que o povo desejava ouvir é, seguramente, o segredo de um líder carismático – com a responsabilidade de ter definido para todos a verdade. Mas que segurança tinha Gandhi de não se enganar? Sempre o fato de estar pronto a sofrer e este princípio, ao qual não faltou: é comprometendo-se "mortalmente", experimentando a verdade na ação, que se pode ser verdadeiro – verdadeiro para si mesmo e para os outros. E mostrar o caminho.

O ensinamento pelo exemplo

Um caminho tão contrário às reações instintivas que podemos nos perguntar como Gandhi conseguiu "influenciar milhões de pessoas na Índia" (pensamos na frase de Hobbes, no *Leviatã*, citada por Hannah Arendt, que afirma que somente "uma verdade que não se oponha a nenhum interesse nem prazer humano recebe boa acolhida de todos os homens"). Alguns chegando a mudar completamente seu modo de vida, muitos sacrificando sua profissão, sua posição social, seus bens, sua segurança e, finalmente, sua existência. Esta frase de Gokhale, falando numa assembléia em Bombaim, em 1912: "Gandhi possui um poder espiritual maravilhoso, o que transforma homens comuns em heróis e mártires".

Claro que a verdade de Gandhi nunca teria tido essa força de persuasão se não tivesse sido sustentada pelo exemplo. Ele não teria conseguido arrastar tantas pessoas no sacrifício de si, comunicando-lhes seu fogo interior, se ele próprio não estivesse animado de tamanha fé no método que defendia, sempre pronto a morrer. É a uma tal temperatura que se demonstra a verdade. Que ela se torna bastante forte para arrastar a multidão? Em sua análise, Arendt, tomando o exemplo de Sócrates, cuja tese "era pouco convincente tanto para seus amigos quanto para seus inimigos", pergunta-se de que maneira essa tese pôde obter seu alto grau de validade. "Manifestamente", diz ela, "isto se deve a um modo inabitual de persuasão; Sócrates decidiu jogar sua vida nessa verdade, para dar o exemplo, não quando compareceu diante do tribunal ateniense, mas quando recusou escapar da sentença de morte.[6]" Gandhi, que muitas vezes pôs sua vida em jogo, não agiu de outro modo na vontade de fazer triunfar a verdade. E Hannah Arendt cita Kant em apoio de suas conclusões: "Preceitos gerais tomados de sacerdotes ou filósofos, ou mesmo de nossos próprios recursos, nunca são tão eficazes quanto um exemplo de virtude ou de santidade".

Por meio do exemplo, Gandhi, um homem religioso, transformou suas afirmações em verdades incontestáveis e convenceu o povo a segui-lo. "Ao estabelecer um exemplo e ao 'persuadir' a multidão pelo único caminho que estava aberto, ele (o filósofo) começou a agir."

Sobre esse efeito de persuasão, que tocou mesmo os opositores a suas idéias, Nehru é explícito: "Sua influência não se limita aos que estão de acordo com ele ou o adotaram como guia da nação. Ela se estende também aos que não estão de acordo com ele e que o criticam" (DI, 509). Certamente, somada ao carisma que exercia, sua abordagem original da ética, aplicada a problemas políticos, atingiu um largo público – incluindo as diversas camadas da população –, colocada à parte toda questão de religião, no sentido tradicional do termo. Um vocabulário moral que os políticos empregam facilmente nos dias de hoje pelas mesmas razões ("uma ideologia de compaixão e de esperança", lemos algumas vezes) – simples fórmulas que se prestam ao riso, pois todos sabem o que elas encobrem de mentira, isso quando esses mesmos chefes ou líderes, aliás em qualquer campo onde se encontrem, não invocam o nome de Deus ou a idéia do Bem para justificar o injustificável, a ofensa à verdade tendo se tornado habitual, de modo que a idéia mesma de verdade escapa ao campo do possível.

No caso de Gandhi, porém, sua vida era fiadora da veracidade de suas palavras; em cada uma delas ele se comprometia por inteiro. "Sua palavras e seus atos se ajustam como a luva e a mão. Assim, aconteça o que acontecer, ele nunca perde sua integridade, e sua vida e seu trabalho conservam sempre uma completa coerência" (DI, 413).

Portanto, acreditavam nele. E agiam em conformidade, a ponto de o clima ser transformado: sua reflexão moral "tem um certo efeito sobre a ação e o comportamento: a política deixa de ser apenas expedientes e oportunismo, como é geralmente em toda parte, e no espírito uma luta moral constante precede a reflexão e a ação" (DI, 509).

E, mesmo se nem todas as suas teorias adquiriam força de verdade, a verdade geral estava lá, como uma direção a seguir, ligada a seu exemplo que apontava para o lado do bem: "O essencial de seu ensinamento era a bravura e a verdade, aliadas à ação e constantemente orientadas para o bem-estar das massas" (DI, 409). O resto, as divergências de detalhe, tornava-se secundário.

Transformação de si

"Servir é uma religião." Mesmo durante o período em que ainda se buscava, Gandhi não vivia unicamente para si próprio e seu círculo familiar (ao contrário de Tolstói, que conta que, antes de sua conversão, sua filosofia da existência consistia em desejar o melhor para si e para sua família). A busca interior muito cedo o agita.

Se partiu para a África do Sul, confessa que foi para fugir das intrigas mesquinhas do Kathiyavar [principado na costa noroeste da Índia] e ganhar a vida. Um objetivo que não apagava sua orientação profunda: "Eu me vi em busca de Deus e lutando para a realização do meu ser". Mas chegar a Deus, segundo ele, só era possível prestando serviço aos outros. Um pouco mais adiante, num capítulo da autobiografia intitulado "A vontade de servir": "Eu aspirava a uma tarefa humanitária de ordem permanente". Não sendo suficiente a obra pública, ele trabalha num pequeno hospital, cuidando dos trabalhadores sob contrato, isto é, dos indianos mais pobres. O que representa duas horas todas as manhãs, e esse trabalho lhe dá "um pouco de paz".

Cuidar, sobretudo, era isso o importante. Dois outros filhos seus nasceram na África do Sul, em 1897 e 1900 (data importante, pois Gandhi reconhece aí o momento em que começou a pensar em fazer o voto de castidade). Durante os primeiros anos, ele próprio cuidou deles, estudando num livrinho as instruções para o parto (aliás, foi ele que assistiu o nascimento de seu último filho, pois a parteira contratada não chegou a tempo).

E renunciar, ir em direção ao menos.

Ele assinala que sua nova situação, a bela casa em Durban, mobiliada com "todo o cuidado", não consegue exercer domínio sobre ele. Em realidade, tem necessidade de menos, de viver com pouco. Nesse ambiente abastado, que imaginou à altura de sua vida profissional, não se sente à vontade. Logo recomeçará a fazer economias, a experimentar, como em Londres, e essas experiências têm a vantagem de diverti-lo e de fazer rir os amigos: por isso o colarinho mal-engomado (ele próprio decidira fazer essa operação) cujas placas de amido caem durante uma sessão do tribunal, por isso os cabelos que ele tosquia, porque um barbeiro inglês desdenhoso recusou-se a cortá-los, e que se dispõem em camadas estranhas. "Meus amigos do tribunal quase morreram de rir." Não se tratava apenas de excentricidades, de caprichos que às vezes perturbarão seus amigos, mas de uma necessidade profunda, daquela "paixão pela autarcia e pela simplicidade" que acaba, ele confessa, por tomar formas extremas. Por ora, ele é barbeiro, lavadeiro, enfermeiro, farmacêutico, educador, professor (tendo recusado para os filhos, apesar dos protestos da mãe, um favor que é negado a outros, a saber, o ingresso numa escola européia, ele próprio os instrui enquanto caminha até seu escritório em Johannesburg acompanhado dos garotos, num trajeto de dezesseis quilômetros, ida e volta). De boa ou de má vontade, a família partilha suas experiências e aplica as conclusões que ele tira (o que alguns críticos lhe reprovarão severamente).

No momento de sua segunda partida do Natal, em 1901, cobriram-no de provas de amor e de presentes finos. "Havia, entre outras coisas, um colar de ouro de cinqüenta guinéus, oferecido à minha mulher." Ora, todos esses presentes, mesmo este que não lhe era destinado, deviam-se à sua atividade pública. Nessa noite ele não consegue dormir. Anéis ornados de diamantes, correntes e relógios de ouro, uma chuva de jóias: ao contrário de Ali Babá na caverna dos quarenta ladrões, Gandhi está aterrorizado por esse espetáculo. E decide, segundo um princípio depois generalizado, que esses bens não lhe pertencem, que serão depositados em favor da comunidade. Quanto à mulher e aos filhos, que ele formava para dedicarem a vida a servir, a "compreender que a idéia de servir comporta em si a recompensa", como poderiam não seguir seu exemplo? Todavia ele pressente que Kasturbai não o entenderá desse modo. Os filhos aceitam com alegria, como ele esperava. Mas Kasturbai mostra uma oposição feroz, despejando uma torrente de reprovações e lágrimas: "Seus serviços não são também um pouco os meus? Tenho penado; noite e dia tenho sido sua escrava... Você me impôs todo tipo de coisas e de pessoas..." Gandhi reconhece a justeza dessas objeções. Em Durban, tinha a mesa aberta, seus empregados do escritório estavam constantemente em sua casa, cristãos, hindus ou outros, tratados como membros da família, sem contar os convidados, indianos e europeus, que se sucediam, e essa vida em comunidade geralmente pesava a Kasturbai. Uma grave crise sobreveio no dia em que, tendo convidado um cristão nascido de pais intocáveis, Gandhi quis limpar seu quarto e esvaziar seu penico, o que tinham o hábito de fazer para os hóspedes, ele ou Kasturbai. "Ela não podia me ver esvaziar aquele vaso, como tampouco queria fazê-lo ela própria." Enfim, Kasturbai chorava e fulminava, quando seu esposo queria que ela "cumprisse alegremente a tarefa". Segue-se uma violenta discussão; Gandhi, cego de cólera, arrasta "a pobre mulher sem defesa" até a porta de entrada como para lançá-la na rua. A crítica reprovou muito a Gandhi esse ato de crueldade (mas é difícil insistir demais quando o interessado é o primeiro a acusar-se). O incidente ocorreu em 1899, esclarece Gandhi na autobiografia, antes que ele pronunciasse o voto de castidade; ele achava então que "a mulher era apenas um objeto de desejo para o marido, que ela nascera para obedecer fielmente ao esposo...". Mas hoje, ele acrescenta, "não sou mais o marido cego e presunçoso que eu era, não sou mais o educador de minha mulher. Kasturbai é livre, se quiser, para ser tão desagradável em relação a mim quanto fui outrora em relação a ela. Somos amigos experimentados, um não considerando mais o outro como o objeto de seu desejo" (EV, 351), e o episódio acaba por exaltar os méritos da castidade. A conclusão é que a existência do casal era enfim "inteiramente de contentamento, de felicidade e de progresso". Ao ler essas linhas (por que não acreditar nelas?), pode-se compreender por que Kasturbai não levantou nenhuma objeção quando Gandhi, em 1906, pediu-lhe a concordância para levar uma vida casta.

Gandhi, portanto, mostra-se mais uma vez inflexível: as jóias não serão aceitas. Ele diz que no final consegue, não sabe como, arrancar o consentimento de Kasturbai.

A totalidade dos presentes foi depositada num banco para ser utilizada em benefício da comunidade. E Gandhi não lamentou nem um pouco a decisão. Com os anos, ele acrescenta, sua mulher reconheceu sua sabedoria.

A COLÔNIA DE PHOENIX

No dia em que Gandhi, graças a um de seus novos amigos europeus, Henry Polak, descobriu *Unto the last* de John Ruskin*, um grito contra a injustiça e a inumanidade da industrialização, sua vida mudou de novo. "Impossível separar-me dele desde que o abri", escreve no capítulo intitulado "A magia de um livro". Leu-o durante o trajeto de Johannesburg a Durban. À noite, já havia tomado resoluções e estava pronto a colocá-las em prática. Ia conformar sua existência às idéias expressas no livro.

Ruskin pensava que não se podiam separar os domínios da economia e da moralidade, que a industrialização reduzira os homens à condição de máquinas e que o dinheiro, sempre mais dinheiro, acumulado nas mãos de alguns, não

---

* Ruskin (1819-1900), grande teórico da arte, autor de *Pedras de Veneza*, teve um influência considerável em sua época e causou escândalo por suas idéias sobre os problemas de moral social e de economia política. Profundamente conservador, via a Idade Média como uma idade de ouro; mesmo assim suas teorias influenciaram o movimento socialista inglês. *Unto lhe last*: literalmente, "até o último". Gandhi o traduz por *Sarvodaya*, "o bem-estar de todos". (N.A.)

compensava a perda da dignidade humana. "Não é o trabalho que é dividido", pôde ler Gandhi, "mas os homens: divididos em simples segmentos de homens – partidos em pequenos fragmentos, em migalhas de vida." O gosto pelo trabalho fora substituído pelo do lucro, transformado na única finalidade da existência (Gandhi se lembrará dessas frases ao escrever *Hind Swaraj*, condenação violenta da civilização moderna). "O resultado de nossa pressa moderna em nos tornarmos ricos é, de forma segura e constante, o assassinato de um certo número de pessoas, todo ano, por nossas mãos." Milhares de pessoas enviadas diariamente ao túmulo para o maior benefício da economia e dos que a dirigem. Nesses acentos, afinal de contas proféticos, Gandhi leu, "como num espelho, algumas (das suas) convicções mais profundas". E descobriu na mesma ocasião a grandeza do trabalho manual ("o trabalho do homem de lei não vale nem mais nem menos que o do barbeiro"), idéia pouco habitual para um indiano, mas que o convenceu inteiramente; suas teorias econômicas – entre as quais a insistência no uso da roca de fiar – serão a prova disso.

Assim, inspirado pela leitura de Ruskin, Gandhi fundou em 1904 a primeira de suas colônias, mais tarde chamadas pela palavra indiana *ashram* (que abrangia, no entanto, uma outra realidade). Fez dela seu lugar de trabalho. Em 1903 já havia criado um jornal em Durban: *Indian Opinion* (semanalmente despejava ali sua alma – o que representava em realidade "um exercício de domínio de si" , expondo os princípios e as aplicações do *satyagraha*: "Sem *Indian Opinion*, é provável que o *satyagraha* jamais tivesse podido existir", e suscitando inúmeras cartas "amistosas, acerbas ou amargas" às quais respondia). Com Albert West, um amigo encarregado da impressão, ele ia transferir o jornal para seu *ashram*, um sítio cujos habitantes viveriam literalmente do suor de seu rosto. Convencer os operários da tipografia não demorou dois dias. Mais uma semana, talvez menos, West e ele eram proprietários de dez hectares de terra, em breve aumentados, com uma bela fonte e árvores frutíferas, mais alguns ninhos de serpentes venenosas, tudo por cerca de mil libras. Phoenix, a estação ferroviária mais próxima, ficava a quatro quilômetros. Ali ele queria pôr em prática suas idéias sobre a vida simples, com o auxílio de uma nova família: jovens que haviam deixado a Índia por ele, novos amigos, simpatizantes de suas idéias, muitos deles europeus, como Polak; este, entusiasmado pelo efeito que o livro de Ruskin tivera sobre Gandhi, quis participar de sua aventura e, longe de achar dura a vida em Phoenix, lançou-se nessa existência "como um pato na água". Também o acompanhou, na qualidade de escrevente desta vez, a Johannesburg, para onde Gandhi, exausto de trabalho, precisou voltar, os dois vivendo juntos "como irmãos de sangue"; e, quando Polak se casou, sua mulher, uma inglesa, foi igualmente adotada pela vasta "família": "Gente de toda espécie e de todo temperamento", tanto é verdade, dizia Gandhi, que "formamos todos apenas uma única e mesma família".

Depois ele encorajou seus amigos indianos a fazerem vir seus parentes da pátria-mãe. Uma meia dúzia de casais suplementares instalou-se então em Phoenix para crescer e se multiplicar. Primeiro exemplo dos laboratórios em que Gandhi formou seus discípulos, arrastando-os a uma vida de luta e à prática do *satyagraha*.

A DESCOBERTA DO *SATYAGRAHA*

Nesse meio-tempo produziram-se dois acontecimentos que o levaram a tomar medidas radicais e a romper definitivamente com seu eu, por mais dilacerado que fosse, de cidadão britânico, um eu bem-educado, bem-vestido, ainda enraizado na sociedade e em seus costumes. Ele ia desatar os últimos laços que o prendiam para engajar-se cada vez mais profundamente em sua busca da verdade, que passava pela ação. Doar todos os seus bens, tudo que havia podido poupar até então: "O que eu economizasse daí por diante (se economizasse), eu o utilizaria para o bem da comunidade".

Esses acontecimentos haveriam de inspirar-lhe a atitude que seria o meio de sua luta e sua razão de viver. Trata-se da "revolta" dos zulus e de uma nova lei discriminatória contra os indianos, o Asiatic Registration Act ou "Black Act".

Certamente Gandhi nada tinha contra os zulus; além do mais, tinha dúvidas sobre essa "revolta". Mas ele acreditava ainda que "o império britânico existia para o bem do mundo". Comportava-se assim como um leal cidadão do Natal. Sua participação não-combatente consistiria em formar um pequeno corpo de enfermeiros de ambulância indianos.

Mas então percebeu que nada, absolutamente nada do que via podia justificar o termo revolta. Os zulus não eram nem organizados nem revoltados, simplesmente se recusavam a pagar um imposto muito pesado. Quando Gandhi e seus auxiliares se ocuparam dos zulus feridos, que os europeus se negavam a medicar, as feridas haviam ficado abertas durante dias e exalavam um terrível mau cheiro (o que Gandhi relata em *Satyagraha in South África*). Quanto aos desafortunados zulus, que mal podiam falar, estavam tão felizes que alguém cuidasse deles que pareciam acreditar que o próprio Deus enviara Gandhi e seus auxiliares para socorrê-los. Ora, esses ferimentos haviam sido causados pelo chicote. Zulus "fiéis", que não haviam sido distinguidos dos outros, achavam-se também feridos. E Gandhi concluirá: "Não se tratava de uma guerra, tratava-se da caça ao homem".

É então que se impõe a ele a idéia de consagrar-se de corpo e alma ao serviço dos outros. Diante do horror do que viu, a idéia de servir, o tempo todo alimentada, adquiria uma nova força: não lhe importava mais entregar-se às alegrias da vida familiar, à educação dos filhos, à procriação.

Gandhi tomara a decisão de ser casto após o nascimento do quarto filho: ele diz isso expressamente, não queria mais filhos. E a mulher lhe dera seu acordo. Mas ele constatou naquela ocasião, e a seguir, que a castidade era uma conquista difícil, não sendo uma simples questão de corpo, mas também de desejo, de pensamento. "Na raiz de toda sensualidade há o espírito." O espírito deve, pois, colaborar com a abstinência do corpo. "A renúncia no plano físico não é de nenhuma valia se não for secundada por um verdadeiro desapego do espírito." Espírito e corpo mortificados: no fundo, o domínio da sexualidade era o estágio supremo, e o mais árduo, do desapego – essa proteção do corpo, do espírito e da alma – que, segundo a *Gita*, conduz à verdade, isto é, a Deus.

Essa significação profunda do *brahmacharya*, enquanto etapa necessária na busca de Deus, Gandhi confessa não tê-la avaliado plenamente até então, nem ter-se dado conta do caráter indispensável desse voto para o homem que "aspirava com toda a sua alma a servir a humanidade" (ou ainda: progredir em direção a Deus). "O que é o *brahmacharya*? É a regra de vida que nos conduz a Brahma, a Deus. Ela supõe um domínio total da sexualidade. Se o pensamento não é controlado, o resto vai à deriva... Tudo não passa de uma brincadeira de criança a partir do momento em que seguramos as rédeas do pensamento.[7]"

Restava definir as regras dessa brincadeira de criança (disciplinar o corpo, tudo bem; já o espírito era uma outra questão; no entanto, um dependia do outro). Por ocasião das refeições vegetarianas em Londres, o controle do paladar começara a instruir Gandhi sobre os meios que ele podia utilizar em sua busca; novas experiências dietéticas enriqueceram seu saber: o alimento do *brahmachari* devia ser "reduzido, simples, não-condimentado e, se possível, cru", na prática, frutas frescas e nozes. Já o leite (que lhe causou muitos problemas) tinha o efeito contrário, agia como estimulante (e ele tentou por toda a vida encontrar-lhe um substituto). Jejum, escolha dos alimentos, regime alimentar eram alguns meios e auxílios dados ao espírito na difícil conquista do controle de si, cujo apogeu era o voto do *brahmacharya*. Uma progressão rumo à força interior necessária para servir a humanidade e, talvez ele pressentisse, para a prática do *satyagraha*.

"Os acontecimentos tomaram uma tal dimensão, em Johannesburg, que acabaram fazendo, da purificação que eu empreendia, uma espécie de prelúdio ao *satyagraha*."

Eis chegado o momento da vida de Gandhi em que todos os métodos de combate não-violento e de desobediência leal foram desenvolvidos uns depois dos outros. Ele entrava então, enquanto servidor público, finalmente em sua identidade total, para além de seus diversos papéis: profissional, político, econômico.

O "Black Act", ou Lei Negra: todos os indianos do Transvaal, homens, mulheres e crianças acima de oito anos, deviam fazer-se registrar e dar suas impressões digitais. Inspirada pelo fantasma de uma invasão de imigrantes indianos, essa medida foi vista pelos indianos como uma vontade de expulsá-los do Transvaal e de humilhá-los, sobretudo os mais prósperos deles (os comerciantes muçulmanos que não podiam suportar a idéia de uma violação da reclusão de sua mulher por uma investigação policial). Quanto a Gandhi, ele achava que era melhor morrer do que se submeter a essa lei. Mas morrer, como?

Em setembro de 1906, os indianos reuniram-se no Empire Theatre, em Johannesburg. O teatro estava lotado de uma multidão enfurecida, disposta a se vingar. "Falava-se em saquear tudo." Gandhi, sentado ao fundo, como costumava fazer, esperava que fosse aprovada sua resolução, que era aceitar não importa qual pena em vez de inclinar-se diante da "Lei Negra". Segundo sua própria confissão, ele não sabia bem o que ia fazer, mas mesmo assim sentia (e essa situação é típica de Gandhi) que "algo de estranho aconteceria". Naquele momento, um certo Haji Habib jurou, em nome de Deus, que nunca, jamais obedeceria àquela lei. Um juramento feito em nome de Deus. Ora, votos e juramentos tinham tudo a ver com Gandhi: ele os fizera a vida inteira. Num instante, sua perplexidade transformou-se em entusiasmo. Tomou então a palavra: um juramento não é feito diante do vizinho, mas diante de Deus, um juramento nos compromete até a morte. "Para mim só há um caminho possível, morrer em vez de submeter-me à lei. É pouco provável, mas mesmo que todos desistissem, deixando-me sozinho, sei que não trairia meu juramento." Pediu-lhes então para sondarem seu coração: confisco dos bens, insultos, prisão, trabalhos forçados, pena do chicote, privação de alimento e até mesmo a morte: estavam prontos a suportar tudo isso? A sessão terminou por uma promessa solene feita de mão erguida e diante de Deus: ninguém se curvaria diante da nova lei.

Nesse instante, Gandhi compreendeu que alguns princípios novos haviam nascido. Dos confins da afronta racial emergira um método, aos poucos posto em prática, que permitiria vencê-la. Na falta de termo melhor, Gandhi empregou inicialmente, para designar esse método, a expressão inglesa "resistência passiva", mas esse movimento, o das sufragistas*, não excluía nem a violência nem o ódio. Um discípulo forjou a palavra *satagraha* (a partir de duas palavras sânscritas, *sat*: verdade, e *agraha*: firmeza), que se tornou, para maior clareza, *satyagraha*. (Quanto a Martin Luther King, ele preferiu "não-violência militante", o que tem, contudo, a desvantagem de não lembrar a origem espiritual da coragem não-violenta.)

Os princípios do *satyagraha* só seriam definidos aos poucos, passados os primeiros tempos de tentativas e improvisação, fora de toda teoria preestabelecida, ou melhor, ao cabo de uma série de declarações e ajustes, quando serão decifradas as experiências (palavra-chave) nesse domínio e Gandhi tiver aprofundado uma descoberta inventada na aurora dos tempos pelos "*rishis*" [sábios], ainda misteriosa, no entanto, e sempre perfectível.

O QUE É A NÃO-VIOLÊNCIA

"Etimologicamente a palavra significa: ater-se à verdade – donde força de verdade. Chamei-a igualmente Força de Alma ou Força de Amor" (II, 6). Verdade, amor, alma, palavras satu-

---

* Mulheres inglesas que lutaram pelo direito do voto feminino no início do século XIX. (N.T.)

radas de sentido e sempre insuficientes. Mas como traduzir essa noção que é incomensurável, tão indefinível como Deus?

> No *satyagraha* está toda a esperança da Índia. E o que é o *satyagraha*? Ele foi descrito muitas vezes, mas, assim como o sol não pode sê-lo completamente nem mesmo pela serpente Sheshaga das mil línguas, o sol do *satyagraha* não saberia ser descrito de forma satisfatória. Não cessamos de ver o sol, no entanto não sabemos muita coisa dele... (JI, 3).

Força de Alma cuja idéia brotou como única reação aceitável à experiência de humilhação que lhe foi imposta, em Pietermaritzburg, pelo racismo da África do Sul. Como os indianos que suportavam os insultos, impotentes e resignados, Gandhi poderia ter-se inclinado diante da lei do mais forte, colocar-se em seu lugar, submeter-se. Não quis. A humilhação foi tão profunda que só podia ser anulada pela afirmação contrária: a da dignidade humana, fundada numa força invisível, onipotente, invencível desde que se tenha o seu domínio, e sobre a qual nenhuma forma de coerção poderia prevalecer – uma força que o tornava, de certo modo, invulnerável, como tornaria invulneráveis todos os que sofriam junto dele e no mundo, expostos à injustiça e à discriminação. "A dignidade do homem exige a obediência a uma lei mais alta – à força do espírito." Pela simples virtude de seu sofrimento e de sua superioridade moral, essas vítimas adquiriam o poder de inverter as posições e de transformar o adversário: operar nele o que Gandhi chamava uma "mudança de coração". Para isso, não se devia oferecer ao tirano a resistência física que ele esperava, mas, frustrando essa expectativa, "uma resistência da alma que escapará a suas mãos. Essa resistência primeiro o cegará e, a seguir, o obrigará a curvar-se. E o fato de curvar-se não humilhará o agressor, mas o elevará..." (*Young India*, 8 de outubro de 1925). Tocar o coração, convencer o inimigo, comovê-lo, abrir nele um outro olhar: "É o único meio para ver abrir-se no homem uma outra espécie de compreensão, compreensão essa completamente interior. É o sofrimento, não a espada, que é o brasão do homem" (SB, 146). Recusa ou desdém de rebaixar-se ao nível da brutalidade – aquele onde impera o uso da força, seja a força física ou a das armas –, desejo de elevar o homem, de incitá-lo à superação de si, na realização de suas faculdades mais elevadas, fora das armadilhas do ódio e da vingança, fora da engrenagem sem fim da violência.

> O homem só se torna divino quando, em sua pessoa, encarna a inocência; é somente então que ele se torna verdadeiramente homem (JI, 33).

Começar pelo trabalho sobre si

Talvez, para ir contra as idéias aceitas, devêssemos primeiro nos interrogar sobre o que é a violência. Não a violência maciça que se manifesta de forma espetacular nas guerras, mas aquela, insidiosa e invisível, incubada a fogo lento em cada um de nós, tanto mais perigosa por ser habitual e por não se prestar atenção a ela; a que sente prazer em humilhar e dominar o mais fraco do que nós ou que, com uma palavra contundente, exerce uma vingança barata. À força de pensar apenas nas grandes causas e nas guerras, diz Gandhi, a consciência adormece e esquecemos aquelas

> mil outras formas insidiosas de violência tais como as palavras maldosas, os julgamentos severos, a malevolência, a cólera, o desprezo e o desejo de crueldade. Fazer sofrer aos poucos os homens e os animais... humilhar e oprimir sem motivo os fracos e matar sua dignidade, como se vê todo dia a nosso redor, todos esses atos têm a marca de uma violência maior do que o fato de suprimir uma vida por simples benevolência (GI, 91).

Suprimir a vida por benevolência ou amor não é contrário às leis da não-violência, pois em certos casos o interesse da pessoa o exige (Gandhi admitia assim o recurso à eutanásia). A pequena descarga de ódio cotidiano é o oposto do amor e, portanto, o contrário do espírito do *satyagraha*. Aproximamo-nos do que é a não-violência segundo Gandhi: menos a abstenção da violência do que o recurso à força do amor. Começando pela descoberta em si (e não num governo "satânico") das fontes ocultas da violência. Tomada de consciência que leva ao trabalho sobre si mesmo, à dominação do instinto, resultando depois num movimento mais vasto de influência sobre os outros.

Para combater uma outra idéia aceita: nada menos passivo do que a não-violência gandhiana; trata-se, ao contrário, de um combate ativo. "A não-violência tem por condição prévia o poder de bater. É um refrear consciente e deliberado do desejo de vingança que sentimos." Tampouco se trata de um pacifismo lamuriento e covarde: "A vingança é sempre superior à submissão passiva, efeminada, impotente, mas a vingança é também uma fraqueza". Ou, mais claramente ainda: "Eu preferiria mil vezes arriscar a violência do que arriscar a emasculação de toda uma raça".

Em realidade, a não-violência supõe uma força que só se adquire ao cabo de uma aprendizagem longa e árdua. Assim como, a um homem mutilado, seria preciso devolver-lhe o braço perdido para fazê-lo sentir o mérito de não matar, diz Gandhi, assim também "uma nação incapaz de lutar dificilmente pode provar por sua experiência a virtude de não lutar". (Para o *brahmacharya*, ele usará o mesmo raciocínio: observar o voto de castidade significa dominar uma necessidade física, quando se está *de posse da maior virilidade*.) De modo que a não-violência fundada no medo e no desejo de se preservar é o oposto da "não-violência" pregada por Gandhi e que exige o domínio das reações instintivas.

Nunca será o caso, portanto, de curvar-se (é melhor morrer), mas sim de manifestar – sendo a vingança também uma fraqueza (ceder a um impulso mau) – uma força que lhe seja superior, maior que aquela conferida pelo ódio.

> A não-violência, em sua forma ativa, consiste... numa benevolência para com tudo o que existe. É o Amor puro. Li isso nos livros sagrados hindus, na Bíblia e no Alcorão. A não-violência é um estado perfeito. É um objetivo para o qual tende, mesmo que não o saiba, a humanidade inteira...
> O domínio sobre si é o único pré-requisito. A vingança é uma satisfação que exige regras complicadas. O domínio de si é a lei do nosso ser. A mais alta perfeição requer o mais alto domínio. O sofrimento torna-se, assim, o símbolo da espécie humana (JI, 33).

Nessa visão de um estado perfeito, a questão do fracasso não se coloca, pois não é a preocupação com o resultado que motiva a ação, mas a própria ação (o que prescreve a *Gita*), o esforço em si, que é tensão dirigida a Deus.

> A meta se afasta constantemente de nós... A satisfação se encontra no esforço realizado, não na meta alcançada. No esforço absoluto acha-se a vitória absoluta.
> Para mim, a lei do Amor é a lei do meu ser. Toda vez que eu fracassar, e justamente por causa do meu fracasso, meu esforço será ainda mais resoluto (JI, 33).

Uma certeza em conformidade com a observação de uma lei geral: para além da morte e da destruição, para além do ódio, a afirmação da vida que retoma seu curso e domina sempre. "A lei do amor governa o mundo. A vida persiste a despeito da morte. O universo continua apesar da destruição incessante. A verdade triunfa do erro. O amor prevalece sobre o ódio"* (*Young India*, 23 de outubro de 1924). Ou, mais simplesmente: "O amor nunca morre".

---

* "Ao Ser-Vida-Verdade-Amor que se espalha no universo, vida e energia cósmica agindo do interior sem coerção, corresponde a não-violência do homem, sua verdade, seu amor... Por ela, nela, o *satyagrahi* desposa a bondade universal... arrancando-se do egoísmo, da agressividade, na identidade reconhecida de seu ser e do Ser cósmico." (Suzanne Lassier, *Gandhi et la non-violence.*) (N.A.)

E esta frase espantosa: "A História consiste em fazer certificar interrupções no trabalho contínuo da força do amor".

No mundo que se militarizava sempre mais, Gandhi ia oferecer uma alternativa ao considerar uma humanidade não-violenta. Ele tinha visto e sentido em seu corpo, sondado até o fundo, a evidência da morte, do ódio e da humilhação; de uma tal evidência resultava não a amargura, mas um "otimismo inveterado" – e obrigações para com à vida. Tendo feito o voto de não matar nem procriar, de servir à vida, custasse o que custasse, ele havia "pago o preço", ganhado o direito de firmar sua posição, e por essa razão muitos o seguiram.

As qualidades requeridas

"*Fearlessness*", a ausência de medo ("mais do que o não-medo, a coragem de quem ultrapassou o medo"[8]), era para ele a qualidade mais importante, aquela indispensável ao *satyagraha*. Ausência de todos os medos – necessária ao desapego –, a começar pelo primeiro de todos, aquele que nos faz tremer diariamente, tirando-nos até o sentimento de nossa dignidade: um medo ligado à impotência quando um mais forte exerce sobre nós seu poder. Aquele que esmagava a Índia sob o poder inglês. "Sob a dominação britânica, o primeiro reflexo do povo indiano era o do medo: um medo invasivo, opressor, sufocante, medo do exército, da polícia, dos serviços secretos tentaculares, medo da classe com poder na administração, medo das leis concebidas para reprimir, da prisão, medo do agente do proprietário de terras, medo do usurário, medo do desemprego, da fome sempre à espreita." E, prossegue Nehru, "foi contra esse medo ubíquo que se elevou a voz pacífica e determinada de Gandhi. Não tenham medo" (DI, 408). Eis que alguém viera por fim dizer e provar ao povo que ele tinha em si a força necessária para reerguer a cabeça.

O *satyagraha* – o sentimento de possuir em si uma força superior à das armas – foi talvez a primeira forma de emancipação do país, a maior força da fraqueza: "Um meio eficaz de pôr as massas em movimento, em conformidade, ao que parecia, com o gênio particular do povo indiano. Ele extraiu de nós o melhor e mostrou a ilegitimidade do adversário. Graças a ele, desfizemo-nos do medo que nos esmagava, começamos a olhar as pessoas de frente, o que nunca havíamos feito, e a lhes falar de maneira franca e aberta. Um grande peso nos foi tirado do espírito, e essa nova liberdade de palavra e de ação nos encheu de confiança e de força" (GWH, 743). Não, é claro, que o caráter fundamental do povo tivesse mudado, mas "uma inversão da corrente" tornara-se perceptível à medida que a necessidade de mentira e dissimulação diminuía. "Era uma transformação psicológica, um pouco como se um psicanalista tivesse sondado o passado do paciente, descoberto a origem de seus complexos e, expondo-os diante dele, o tivesse desembaraçado desse fardo" (DI, 408).

Devolver a um povo humilhado seu orgulho, não é isso já uma vitória certa? Mais ainda: transformar "o homem comum em santo ou em herói", exigir dele o mais difícil e ter confiança nele – em sua aptidão de superar-se e em sua resistência –, saber que ele estará à altura dessa exigência. A independência só foi obtida ao preço de uma tal determinação, ainda que muitos outros fatores tenham entrado em jogo.

Em 1908, quando o interrogaram sobre a origem do *satyagraha*, Gandhi respondeu citando o Novo Testamento: o Sermão da Montanha o despertara para a idéia de resistência passiva; a *Bhagavad Gita* apenas aprofundou essa impressão e a leitura do livro de Tolstói, *O reino de Deus está em vós*, deu-lhe sua forma definitiva.

Prisão

O governo ordenou aos indianos do Transvaal que se registrassem antes do final de julho de 1907. Piquetes de voluntários (a partir de doze anos) foram postos diante das agências, a fim de dissuadir os indianos que pudessem se apresentar, com a estrita instrução de mostrar a maior cortesia para com os obstinados. No fim das contas, apenas quinhentos homens se registraram. Em 28 de dezembro de 1907, Gandhi precisou comparecer diante do tribunal onde ainda recentemente advogara: no compartimento dos acusados, agora. Não apenas confessou, mas pediu um julgamento severo como chefe de bando. Pela primeira vez, vestiu um uniforme de prisioneiro e foi encerrado numa cela. Se o governo esperava com isso abalar o moral das tropas, enganou-se: em pouco tempo, outros prisioneiros *satyagrahi* vieram juntar-se a ele, contentes e em grupos cerrados; na verdade, as pessoas disputavam para se fazerem condenar; o medo da prisão, chamada "o hotel do rei Eduardo", desaparecera; 155 resistentes comprimiam-se ali dormindo no chão e comendo mal, mas o moral atingia o máximo. Uma alegria, um otimismo transparecem nas linhas de *Satyagraha in South Africa.* Um novo espírito soprava. Mal se instalara nessa existência que lhe haveria de ser costumeira, Gandhi já era convocado ao escritório do general Smuts, em Pretória. Ali foi feito um "acordo de cavalheiros": o ato em questão seria revogado contanto que os indianos se fizessem registrar *voluntariamente*. Eram sete horas da noite, Gandhi não tinha um vintém no bolso; o secretário do general emprestou-lhe algumas moedas para comprar um bilhete de trem, e ele se precipitou em direção à estação ferroviária. Em Johannesburg, explicou aos companheiros o acordo proposto por Smuts. E as críticas choveram: por que não começar por abolir o ato? E se Smuts não cumprisse sua palavra? Um *satyagrahi* nunca deve, por princípio, temer seu adversário, mas sim confiar nele. Tal foi a resposta de Gandhi, que os indianos aceitaram. Somente os *pathans**, desconfiados e guerreiros, estavam certos de que ele havia traído, e por dinheiro, acreditavam. Um deles ameaçou matar o primeiro indiano a ousar registrar-se. E o primeiro, evidentemente, foi Gandhi.

---

*Afegãos que vivem na Índia, na região do Penjab. (N.T.)

Na manhã de 10 de fevereiro de 1908, ele se dirigiu à agência de registro. Um grupo de *pathans* o esperava à saída, entre eles Mir Alam, um de seus clientes. Gandhi só teve o tempo de gritar "He Rama" (Ó Deus), as mesmas palavras que pronunciaria em 30 de janeiro de 1948, dia em que morreu, e uma chuva de golpes abateu-se sobre ele. Não fosse a intervenção de alguns passantes, teria sido espancado até a morte.

Portanto, ele arriscara a vida para cumprir sua parte do contrato feito com o general Smuts. Este último validou os registros voluntários... e não retirou a Lei Negra. Qual dos dois se mostrara um cavalheiro? Gandhi expôs seu pensamento num artigo do *Indian Opinion*; escreveu também a Smuts, cujas lembranças infelizmente não correspondiam às dele.

Segunda tentativa

Um "ultimato" foi enviado ao general: ou ele retirava a lei, ou haveria um grande auto-de-fé: os certificados de registro seriam queimados. Diante de tal audácia, os membros da Assembléia do Transvaal quase se morderam de raiva. A lei não foi revogada. Duas horas após expirar o prazo, o maior caldeirão que se pôde encontrar estava pronto e dois mil certificados arderam numa fogueira de festa. Um jornalista de Johannesburg comparou a ocasião ao "*Tea-party* de Boston"*. Essa aventura não teve certamente a mesma amplitude que a guerra norte-americana da Independência, mas não lhe faltou garbo nem audácia – nem um lado espetacular: Gandhi ia provar que tinha ao mesmo tempo o senso do símbolo e da *mise-en-scène*.

Para que tudo terminasse melhor ainda, Mir Alam, ao sair da prisão, veio pedir publicamente perdão a Gandhi, que assegurou nunca ter guardado rancor contra ele.

---

*A mais famosa das revoltas dos colonos de Boston (contra a Lei do Chá imposta pelos ingleses) que precederam a independência norte-americana em 1776. (N.T.)

A questão continua: como Gandhi conseguiria atrair aos poucos as massas indianas da África do Sul a seu movimento, tanto os trabalhadores sob contrato quanto a elite? É evidente que ele soube utilizar, como grande estrategista que era, os acontecimentos políticos – aquelas promessas que o governo se apressava a infringir assim que as fazia – para pôr em execução os planos que havia formado ou, pelo menos, considerado, dando a cada vez um novo impulso ao movimento – que às vezes correu o risco de imobilizar-se –, ganhando um apoio sempre mais amplo.

Assim, quando Gokhale foi à África do Sul em 1912 (uma viagem triunfal, com tapete vermelho desenrolado, como os ingleses sabiam fazer para esses representantes em visita, ainda que pouco os respeitassem), asseguraram-lhe de que a Lei Negra seria abolida e que o imposto de três libras, pago pelos trabalhadores sob contrato, seria também. No que Gokhale acreditou. Mas, tão logo partiu, o general Smuts, sempre ele, declarou que – a opinião branca sendo o que era – a taxa ia permanecer. Uma outra traição: para Gandhi, um novo meio de retomar esse ponto particular da luta, incluindo a revogação entre suas exigências, e de fornecer um interesse imediato aos trabalhadores mais pobres.

Um exemplo suplementar seria dado pela maneira como ele estendeu o movimento às mulheres. Em 1913, a Suprema Corte do Cabo cometeu a estupidez de declarar que somente seriam legais os casamentos feitos segundo o rito cristão: era invalidar todos os outros. As mulheres hindus, parses, muçulmanas... tornavam-se simples concubinas – uma afronta tão violenta contra essas esposas e mães, contra seu país de origem que Gandhi não teve nenhuma dificuldade de fazer admitir a participação delas no *satyagraha*: daí por diante, as mulheres indianas, possuindo direitos iguais enquanto *satyagrahi*, teriam a oportunidade de se sacrificarem na "linha de fogo". As mulheres eram alistadas na causa. Com essas contribuições sucessivas, o *satyagraha* passava a ser, como queria Gandhi, um movimento popular, um instrumento que partia da base, pronto a aderir aos métodos recentemente definidos.

A dificuldade que Gandhi encontrou foi ao mesmo tempo conter o movimento dentro de limites e conservar-lhe um alvo preciso, quando outros quiseram mobilizá-lo mais amplamente e encarregá-lo de todas as suas queixas. Ele sabia que, para ser eficaz, uma campanha devia ser claramente definida, que, estando a vida das pessoas em jogo, era preciso fazê-la com um objetivo determinado: estender ou fragmentar esse objetivo apenas lhe retiraria a força e as chances de ser alcançado. Sem contar o descrédito que acompanha o fracasso, pois então o instrumento mesmo, o *satyagraha*, seria contestado. Como chefe dos *satyagrahi*, secundado pelos lugares-tenentes que formara, Gandhi precisou, a cada campanha, vigiar esses perigos.

Sabemos que os métodos empregados serão, depois, retomados nas cenas de contestação do mundo. Por ora, eles consistiam sobretudo em encher as prisões e, para tanto, em desafiar a lei, em importunar um governo que, com freqüência, reagia lentamente.

Vender sem autorização implicava ser preso. As licenças perdiam-se, então, em massa. E os ricos, comerciantes ou advogados, transformavam-se de um dia para o outro em vendedores ambulantes. Eram vistos empurrando um carrinho de legumes e, no dia seguinte, na prisão. Eram condenados a trabalhos forçados.

Infringir a interdição de atravessar a fronteira do Transvaal oferecia um outro meio de ser encarcerado. A primeira dessas "invasões", que causavam tanto medo aos brancos, foi feita por indianos instruídos, que falavam inglês, entre eles o filho de Gandhi, Harilal. Eles foram detidos em Volksrust, uma cidadezinha sem interesse particular, situada na fronteira, que entraria na história da desobediência civil. Em outubro de 1908, foi a vez de Gandhi. Na primeira noite, quando estava na companhia de criminosos, "selvagens, viciados, assassinos, crapulosos, lúbricos", ele leu a *Gita.* Passavam os dias, as costas doíam-lhe e as palmas das mãos cobriam-se de bolhas. Mas ele preparava com entusiasmo na cozinha, para seus companheiros indianos, o *porridge* [papa de aveia] sem açúcar que eles comiam sem dar um pio, e, nos domingos à noite, lia Ruskin e Thoreau (de quem descobriu então, diz ele, o ensaio sobre a desobediência civil. Freqüentemente foi dito que Gandhi tirou de Thoreau sua idéia do *satyagraha*, o que ele refutou: "A resistência à autoridade na África do Sul já havia progredido bem antes que eu lesse o ensaio sobre a desobediência civil"). Em suma, a prisão não o desagradava: "O verdadeiro caminho da felicidade é ir para a prisão e aceitar sofrimentos e privações no interesse de seu país e de sua religião". Aliás, em breve seria preso outra vez, em 1909. Pouco depois, entrou em contato epistolar com Tolstói (que anotou em seu diário: "Esta manhã chegaram dois japoneses. Homens selvagens, em êxtase diante da civilização européia. Por outro lado, o livro e a carta do hindu revelam a compreensão de todas as insuficiências da civilização européia e, obviamente, de sua total incapacidade" [LMG, 92].

Em julho de 1909, Gandhi foi a Londres para encontrar-se com diversas personalidades e fazer progredir a questão sul-africana. Uma viagem sem grande resultado: a marca infamante da desigualdade racial permanecia. A luta continuava.

Perseguições, retrocessos, pressões diversas: o movimento não cedia, mas perdia o fôlego. As deportações, a punição mais dura tinham a vantagem, porém, de alertar a opinião pública na Índia e no império, o que não era contrário aos propósitos de Gandhi. Mas o tempo jogava a favor do governo do Transvaal. A associação estava sem fundos, o jornal necessitava de dinheiro, os escritórios de Johannesburg e de Londres também. Gandhi chegou à conclusão de que, por razões de economia e para ajudar as famílias dos *satyagrahi* presos, todos deviam se alojar numa fazenda cooperativa. Phoenix, a trinta horas de trem, era muito distante de Johannesburg.

Como sempre, um anjo bom veio em socorro. Dessa vez foi na pessoa de Kallenbach, um arquiteto judeu alemão muito rico, cujo interesse pelo budismo o aproximara de Gandhi. Eles se tornaram inseparáveis e, após a primeira saída da prisão de Gandhi, passaram a viver juntos. "Foi uma vida bastante dura que levamos." Kallenbach, que conhecera um luxo refinado, seguiu Gandhi em sua "vida de moderação", sentindo mesmo a necessidade de jejuar com ele e de partilhar suas múltiplas experiências dietéticas. "Nossa ambição era viver como as pessoas mais pobres." Não cozinhavam mais, um ganho de tempo, comiam apenas frutas, e as menos caras possíveis. Juntos, perseguiam suas "experiências de verdade". "Um homem", disse Gandhi, "de sentimentos fortes, de simpatia aberta, com a simplicidade de uma criança."

Foi Kallenbach, portanto, que adquiriu a fazenda Tolstói para doá-la aos *satyagrahi*. Estava situada a 34 quilômetros de Johannesburg (68 quilômetros de marcha ida e volta). Gandhi, que tinha mais de quarenta anos e alimentava-se apenas de frutas, os percorria alegremente na jornada.

Na fazenda, Gandhi estava feliz, progredia no caminho do pouco, assava seu pão, do que se orgulhava, escrevia um guia da saúde, aprendia marcenaria e sapataria sob a direção de Kallenbach (este último aprendera, num mosteiro trapista perto de Durban, a arte de fabricar sandálias). Não havia cadeiras nem leitos, dormia-se ao relento, cada qual munido de um travesseiro e dois cobertores, e comia-se ligeiramente. Nada de serviçais, é claro. Depois de um tal regime, por que temer a prisão? Gandhi testava, na companhia de Kallenbach, o poder da não-violência sobre as serpentes. Sendo também educadores, eles mantinham uma escola para as crianças da colônia: a educação do coração era privilegiada, e o trabalho manual, honrado. Esse grupo de pessoas que, em seu desafio ao governo do Transvaal, levava uma vida de pobreza e de austeridade voluntárias, estando feliz com isso, eis o que fortalecia o resto da comunidade indiana.

A FASE FINAL

Gokhale informara-se junto a Gandhi, após sua visita à Índia, sobre o poderio de seu "exército da paz". Com a maior seriedade do mundo, Gandhi lhe respondera que contava com dezesseis *satyagrahi*, no máximo com setenta. Números que deixaram Gokhale pensativo: um punhado de indianos contra o governo do Transvaal. É que ele não podia prever a estratégia de Gandhi que ia atrair milhares de indianos ao movimento.

Lançada a campanha, dois grupos de "irmãs", as Phoenix Sisters (a sra. Gandhi entre elas) e as Tolstói Sisters, penetraram sem permissão, umas no Transvaal, as outras no Natal. Antes que este segundo grupo fosse detido, as irmãs convenceram os mineiros de Newcastle a entrar em greve. Eles se mostraram dispostos, abandonando o trabalho às centenas, depois aos milhares. Quando as mulheres foram presas e colocadas junto com criminosos comuns, a notícia se espalhou em todos os países do mundo, a opinião se inflamou e a greve se estendeu. Uma greve de mineiros era um caso sério. Gandhi, "ao mesmo tempo perplexo e contente", dirigiu-se às pressas ao local, sem a menor idéia de como agiria. Mais uma vez, ele descobria seu método na hora. Quando os proprietários das minas cortaram a água das casas dos grevistas, Gandhi os aconselhou a abandonar o local e tomar a estrada, deixando tudo para trás, exceto alguns cobertores. Mas para onde ir? Um casal de cristãos de Madras, os Lazarus, havia convidado Gandhi; seu pequeno jardim tornou-se um verdadeiro caravancerá aonde não cessavam de afluir os "peregrinos"; dormia-se ao relento, comia-se o arroz oferecido pelos comerciantes de Newcastle. Em breve, uns cinco mil peregrinos estavam reunidos no pedaço de terra dos Lazarus e Gandhi se perguntava o que fazer dessa multidão, desses milhares de homens, mulheres e crianças. Primeiro, dar-lhes confiança. Decidiu conduzi-los à prisão, no Transvaal, a fronteira estando a 58 quilômetros dali, isto é, a dois dias de marcha. Explicou-lhes a situação, descreveu-lhes a dureza da prisão, incitou os que hesitavam a retornarem às minas. Nenhum recuou. Ao contrário, novos mineiros não cessavam de chegar.

Foi assim que, em 28 de agosto de 1913, começou a primeira das longas marchas que Gandhi haveria de liderar. Antes, ele instruíra seu pessoal que seria preciso comportar-se de maneira pacífica: insultados ou agredidos, iriam abster-se de reagir. E deveriam deixar-se prender se a polícia assim decidisse. Cada um recebeu uma escassa ração de pão e açúcar para o caminho. "Os peregrinos conduzidos por Gandhi", escreve o *Sunday Post*, "formam um exército dos mais pitorescos. Estão ali diante de nós, magros, reduzidos a nada, de pernas finas, mas em realidade, quando os vemos marchar, percebemos sua força" (MG, 81). Para evitar a agitação, Gandhi encarregou-se pessoalmente da distribuição de alimento. Em *Satyagraha in South Africa*, ele observa o estoicismo dessa nova espécie de peregrinos, os mineiros famintos e resolutos, comparando-os, pela coragem, aos heróis da epopéia e aos grandes modelos da História. E conta como duas mulheres perderam seus bebês: uma, impotente, viu o seu levado pela correnteza de um riacho. "Não devemos chorar os mortos", disse ela, "é pelos vivos que devemos trabalhar."

Gandhi foi detido, libertado sob caução, solto, detido novamente. A marcha precisou continuar sem o chefe. Em Balfour, a polícia quis coagir os mineiros a subirem no trem que os deportaria ao Natal. Eles recusaram. Polak, a quem Gandhi confiara o comando, soube persuadi-los a obedecer. No caminho, foram privados de alimento e, ao chegarem, foram presos. O governo achou um meio de trazê-los de volta, por bem ou por mal, ao trabalho: o complexo mineiro foi transformado em campo de concentração (termo empregado por ocasião da Guerra dos Bôeres), a mão-de-obra branca viu-se promovida à condição de guardas; quanto ao trabalho forçado, ele se faria no fundo das minas. Os mineiros, que eram homens corajosos, verdadeiros *satyagrahi*, recusaram-se a descer nos poços. Foi-lhes aplicada a pena do chicote, que nada adiantou. Essa repressão selvagem desencadeou outras greves no norte e no oeste do Natal. Novos adeptos surgiam por toda parte. O governo adotou então uma política de "ferro e fogo". "O racismo e o interesse econômico juntaram-se para promover uma repressão feroz, e a polícia montada empurrou os pobres trabalhadores indianos para suas minas" (MG, 82). A selvageria e a triste banalidade dessa reação, frente à invenção, à coragem e à dignidade dos *satyagrahi*, só podiam fazer o jogo dos resistentes.

Nesse meio-tempo, Gandhi, como Polak e Kallenbach, estava preso. Varria o chão e quebrava pedras. Depois foi transferido a Pretória, onde o encerraram num cárcere sem luz, privado de um banco para sentar-se, privado do direito de falar, numa ocasião algemado nas mãos e nos pés. Mas a onda de resistência se ampliava, com cinqüenta mil trabalhadores sob contrato em greve, vários milhares de indianos "livres" na prisão.

De um dia para o outro, a questão sul-africana tornara-se um tema candente na Índia e no império. Da Índia chegava uma grande ajuda em dinheiro; um missionário cristão, Charles Freer Andrews, que se tornaria um amigo próximo de Gandhi, ofereceu, como outros, tudo o que possuía ao movimento sul-africano (aliás, ele foi enviado da Índia por Gokhale, a fim de substituir Albert West, que fora detido, na chefia do *Indian Opinion*; a informação, assim como a propaganda e a comunicação entre a Índia, a África do Sul e a Inglaterra, era particularmente importante nesse período, e Gandhi cuidara em deixar seus auxiliares nos comandos).

Impressionado pela dimensão da luta, lorde Hardinge, vice-rei na Índia, declarou: "Os resistentes indianos da África têm toda a simpatia da Índia e daqueles que, como eu, sem serem indianos, amam vosso povo" (MG, 83). Ele pediu um inquérito sobre as acusações de atrocidades. Como nenhum indiano fazia parte da comissão, Gandhi, que acabava de ser solto, protestou e começou a planejar uma nova campanha. Foi decidido que Andrews e Pearson, simpatizantes do movimento, participariam na mediação. O relatório da comissão pronunciou-se a favor dos indianos e finalmente, após múltiplas discussões entre Smuts e Gandhi (que aceitara, mais uma vez, confiar no governo e adiar a marcha planejada), as reivindicações essenciais foram aceitas. Certamente, a liberdade total de residência, de comércio e de propriedade, o direito de migrar de uma província a outra – liberdades que os indianos quiseram incluir na luta *satyagraha*, o que Gandhi prudentemente recusou, preferindo concentrar suas campanhas num ponto particular – não foram concedidas. Em troca, os indianos obtinham, de uma vez por todas, a supressão do famoso imposto de três libras; e os casamentos indianos eram legalizados. Mas sobretudo, como disse Gandhi no seu discurso de despedida (pronunciado antes da partida, definitiva dessa vez), fora feito algo melhor do que combater pontos particulares da lei, fora defendido o princípio abstrato da igualdade racial, fora apagada "a mancha da raça".

A vitória cabia ao movimento de resistência civil: "Uma força", ele escreveu no *Indian Opinion*, "que, se viesse a ser universal, revolucionaria os ideais sociais, suprimiria os despotismos e o militarismo crescente sob o qual se curvam e gemem as nações do Oeste e que ameaça submergir mesmo as nações do Leste".

Em 18 de julho de 1914, Gandhi deixava a África do Sul e retornava ao país após fazer uma escala em Londres. Tinha 45 anos. Vinte anos antes, havia partido da Índia e esta tornara-se estrangeira para ele. Kallenbach o acompanhava e, claro, Kasturbai. Uma foto tirada em 1915 mostra os dois, Gandhi e a mulher, ele bem ereto, a aparência jovial, vestido à indiana, com um pesado turbante na cabeça; ela muito pequena, os olhos imensos, uma expressão de sofrimento marcando seu belo rosto.

Antes de sua partida, ele enviou um par de sandálias confeccionadas por sua mão ao general Smuts, o qual, muitos anos mais tarde, em 1939, ano do septuagésimo aniversário de Gandhi, devolveu-as num gesto de amizade. Convidado a contribuir num volume de homenagens, Smuts escreveu:

> Devo confessar francamente que suas atividades foram penosas para mim. Gandhi... aperfeiçoara uma técnica nova. Seu método consistia em infringir deliberadamente a lei e organizar movimentos de massa... Um grande número de indianos teve de ser encarcerado por conduta ilegal, e o próprio Gandhi obteve – o que sem dúvida alguma ele desejava – um período de repouso e de tranqüilidade na prisão. Para ele, tudo se desenrolava segundo seus planos. Para mim, defensor da lei e da ordem, a situação era aquela, odiosa, em que se deve fazer respeitar uma lei relativamente impopular, com o risco de ser finalmente derrotado no momento em que essa lei é revogada (LMG, 110).

Quanto ao presente de Gandhi, o par de sandálias, Smuts observou com humor que o usou durante muitos verões, mesmo se não se sentia digno de seguir as pegadas "de um tão grande homem".

O retorno à Índia
A ascensão em poder
1915-1920

Quando Gandhi desembarca em Bombaim, em 9 de janeiro de 1915, ele recebe uma acolhida triunfal de seus compatriotas e algumas medalhas do governo. Seu amigo Gokhale o espera e lhe propõe juntar-se à sociedade que fundou, os "Servidores da Índia", um pequeno grupo cuidadosamente escolhido de intelectuais e de trabalhadores sociais, mas pede a ele, durante um ano de "experiência", para não se pronunciar sobre assuntos políticos. O que Gandhi aceita tanto mais de bom grado quanto necessita refletir sobre a situação da Índia antes de agir.

De que maneira Gandhi, ausente da Índia por tanto tempo, ainda pouco conhecido da massa dos indianos, pôde em alguns anos, antes mesmo da virada da década, conquistar o povo indiano a ponto de ser seguido em suas menores diretivas por milhões de homens, mais poderoso que um chefe de Estado – quando não detinha poder oficial nenhum –, venerado como um santo ou mesmo um deus, a notícia de um jejum (e ele jejuou várias vezes) mergulhando a Índia inteira no pavor e na expectativa?

Havia seu exemplo, encarnando idéias fortes que contrastavam com os valores do colonizador – os da "civilização moderna" fundada na dominação (do dinheiro, entre outras coisas). O poder das idéias ligado ao do exemplo. Uma concepção de homem elevada, exigente – primeira razão de seu combate, antes mesmo da independência da Índia –, que obtém assim uma parte de seu impacto na oposição com o inimigo. Sua visão oferecia um outro meio de compreender o mundo, reatando com uma tradição religiosa milenar. Por essa razão, ela encontrou no povo um eco profundo. "A estima do público", escreve Nehru, "dirigia-se às qualidades e não à posição oficial. A tradição era respeitar a instrução e a bondade em todo aquele que as possuía" (DI, 103). O poder inspirava temor – respeito, não. O respeito era reservado a quem as pessoas admiravam. "Hoje, nestes tempos em que o dinheiro domina, a influência dessa tradição continua muito presente, e por isso Gandhi (que não é um brâmane) pode tornar-se o dirigente supremo da Índia e tocar o coração de milhões de pessoas sem fazer uso da força coercitiva, sem ocupar posição oficial nem possuir bens" (DI, 103). E Nehru conclui, a propósito da Índia dessa vez, colocando uma pergunta que também nos diz respeito: "Talvez um critério tão válido quanto qualquer outro para determinar o fundo cultural de uma nação e seu objetivo consciente ou inconsciente venha da resposta a esta pergunta: a que tipo de chefe ela presta lealdade?" (DI, 103). Que a Índia tenha seguido Gandhi nos sacrifícios que a não-violência (nunca total, é evidente) exigia é algo que nos informa tanto sobre a cultura desse país quanto daquele que a encarnava de maneira tão perfeita*. É certo que ele soube compreendê-la e exprimi-la em suas motivações mais profundas e que a independência foi em parte o resultado da simbiose entre um homem e um povo – um conjunto complexo de elementos entrando igualmente em jogo.

> A mitologia indiana é farta em histórias de grandes ascetas que, pelos rigores de seu espírito de sacrifício e pelas penitências que se impunham, conseguiram edificar "uma montanha de mérito"... capaz de subverter a ordem estabelecida. Com freqüência pensei nesses semideuses diante da formidável energia e do poder interior de Gandhi, como

---

* "O conceito central da civilização antiga da Índia ou da cultura indo-ariana era o de *dharma*... Era a noção de um conjunto de obrigações, do cumprimento de deveres em relação a si mesmo e a outrem... Se o homem cumprisse seus deveres e agisse no respeito da ética, as conseqüências só podiam ser justas... Essa visão do mundo oferece um nítido contraste com a afirmação dos direitos dos indivíduos, dos grupos ou das nações na época moderna" (DI, 103). Deveres da mesma forma que direitos, uma atitude na qual Gandhi insiste em *Hind Swaraj* e que explica em parte a maneira como o povo da Índia o seguiu. (N.A.)

diante das inesgotáveis reservas de sua espiritualidade. Ele não era evidentemente forjado à imagem humana corrente deste mundo; tratava-se de uma liga diferente e rara. E muitas vezes, do fundo de seus olhos, era o Desconhecido que nos olhava (vp, 232).

A ADMINISTRAÇÃO BRITÂNICA E O PENSAMENTO RACIAL

Diante de Gandhi, que permanece um enigma mesmo para seus amigos, diante do povo indiano que ia identificar-se tão bem com ele, temos a administração inglesa, sua inimiga: "Não é minha intenção sugerir que todo funcionário inglês é um monstro. Todo funcionário, porém, trabalha no seio de um sistema satânico, e assim, intencionalmente ou não, torna-se um instrumento da injustiça, da mentira, da repressão" (GI, 6). Um jogo de evasivas e de oposição, às vezes mesclado de amizade, que ia durar uns trinta anos. Estando entendido que o império britânico era, como disse lorde Curzon, "a maior força para o Bem que existe no mundo" e que seus administradores trabalhavam para o desenvolvimento dos povos.

"Como os colonos ingleses invadiram a terra inteira, o conceito mais perigoso do nacionalismo, a idéia de 'missão nacional', tornou-se particularmente influente na Inglaterra", escreve Hannah Arendt em sua análise das *Origens do totalitarismo*. "Mesmo se, por muito tempo, a missão nacional enquanto tal pôde se desenvolver, em todos os países cujos povos aspiravam à identidade nacional, sem manchar-se de influências raciais, ela finalmente se revelou próxima do pensamento racial.[1]" Com Disraeli, que fez da rainha Vitória a imperatriz das Índias, a superioridade racial – idéia sobre a qual insistiu sem descanso – tornou-se um fator determinante da história e da política. "A política introduzida por Disraeli significava o estabelecimento, em país estrangeiro, de uma casta fechada cuja única função se limitava a governar, não a colonizar. O racismo ia ser evidentemente um instrumento indispensável para realizar essa concepção.[2]" O imperialismo, conclui Hannah Arendt, "teria inventado o racismo como única 'explicação' e única escusa possível para seus delitos, mesmo se nunca tivesse existido pensamento racial no mundo civilizado". Uma ligação que Nehru evidencia ao longo de todo o seu livro, *A descoberta da Índia*:

> Desde que Hitler surgiu da obscuridade para tornar-se o *Führer* da Alemanha, ouviu-se falar muito de racismo... Mas a Índia conhece o racismo sob todas as suas formas desde o início da dominação britânica. Toda a ideologia desse regime era a mesma do *herrenvolk* e da raça superior, e sua estrutura de governo estava fundada nela. Em realidade, a noção de raça superior é inerente ao imperialismo... (DI, 370)

O fato de o pensamento racial ter existido antes é o que permite ao racismo exercer-se sob a caução de uma tradição, isto é, com ares de respeitabilidade, portanto sem confessar as forças destrutivas que na verdade encarnava. Os funcionários da administração britânica gozavam de uma inalterável boa consciência e da convicção inabalável de sua superioridade racial e moral sobre os indianos. "Integridade e desprendimento foram os símbolos de uma divisão absoluta dos interesses, a ponto de estes não poderem mais sequer se opor.[3]" Um senso elevado do serviço público, uma verdadeira "religião do dever, do labor silencioso e obstinado, da abnegação, o evangelho da lei, da ordem e da obediência"[4], virtudes que Carlyle pregava, asseguravam a impessoalidade, o desprendimento e a frieza ligados à idéia de perfeição – a estrita aplicação das regras. Assim, a repressão era uma questão de dever bem compreendido, não de opressão nem de crueldade. Um teórico e veterano do exército colonial, John Strachey, resumia deste modo a atitude do administrador: "Nosso dever é claro. Consiste em governar a Índia com uma determinação inflexível, segundo os princípios que nossas luzes superiores nos revelam serem justos, mesmo se são impopulares.⁵" O herói de Kipling havia assumido o "fardo do homem branco": apesar do que isso lhe custava, apesar de suas rixas incessantes com um povo meio demônio, meio criança, ingrato por natureza e inconsciente dos benefícios recebidos, ele assumia sua tarefa com energia e sem se permitir sentimentalismos, porque tal era o seu dever.

O que explica por que o nacionalismo, um movimento sustentado pelas elites indianas esclarecidas, impregnadas das idéias européias, não foi a princípio levado a sério. A felicidade do povo era uma responsabilidade do governo imperial, não importa o que pensassem esses promotores de desordens. Foi preciso que a Índia inteira, sob o impulso de Gandhi, maciçamente, decididamente, declarasse sua determinação de ser livre para que esse desejo de liberdade fosse enfim aceito. Na Inglaterra, após a Primeira Guerra Mundial, os trabalhistas e alguns liberais começaram a pensar que o estatuto político das possessões britânicas devia evoluir. Mas o aparato colonial, imobilizado em sua soberba, "freará até a Segunda Guerra Mundial o lento processo de retirada encetado pela metrópole⁶".

Eis o que dizia desse aparato Nehru, seu inimigo: "Os britânicos na Índia sempre representaram a porção mais conservadora da população inglesa... Estão convencidos de sua própria retidão, das vantagens e da necessidade de um governo britânico na Índia, do valor de sua missão pessoal enquanto representantes da tradição imperial" (DI, 554).

E este retrato de lorde Linlithgow (que decidiria a entrada em guerra da Índia sem tê-la consultado), no qual se lê a história dos mal-entendidos entre dois povos: "Pesado de corpo e lento de espírito, sólido como uma rocha e quase desprovido de visão, dotado de qualidades e defeitos próprios aos aristocratas britânicos à antiga, ele buscou com muita integridade... um meio de resolver a situação. Mas seus limites eram numerosos; seu espírito não abandonava as trilhas antigas e fugia a toda inovação; as tradições da classe dirigente da qual se originava impunham-lhe viseiras" (DI, 500).

O mais obstinado em suas idéias, porém, foi Churchill, inimigo implacável de Gandhi. Em 1930: "Cedo ou tarde teremos de esmagar Gandhi, o Congresso indiano e tudo o que ele representa". Churchill que, mesmo no momento da guerra, sempre dominado por sua vontade de poder e de grandeza, cego por sua concepção de uma Inglaterra dominando o mundo, não quis compreender que o tempo dessa dominação havia passado e que a hora da independência soara. "Cego às mudanças ocorridas, ele continuava a viver das gloriosas lembranças da época de Wellington, de Lawrence e de Kipling. A Índia que ele servira no 4º batalhão de cavalaria era a do pólo e da caça ao javali, das fogosas expedições aos confins do Império, de um governo paternalista aceito de boa vontade e da grande imperatriz branca, reverenciada como uma deusa misteriosa.[7]" Um homem que (segundo Nehru) "encarnava o século XIX, a Inglaterra conservadora, imperialista, (e que) parecia incapaz de compreender o mundo novo com seus problemas e suas forças complexas e muito menos o futuro que se esboçava" (DI, 501). Foi preciso uma guerra mundial e uma mudança de regime – a chegada ao poder do partido trabalhista – para que se resolvesse finalmente a questão da Índia.

As chaves do governo desse país estavam realmente na Câmara dos Comuns, onde se exprimia a vontade da opinião britânica, e o liberalismo relativo de que Gandhi se beneficiará pode se explicar tanto por essa influência quanto pelo poder dos vice-reis, que tentaram ora utilizá-lo, ora neutralizá-lo.

A Índia, no momento da chegada de Gandhi

> Os homens de nosso país eram triturados e o processo de exploração, inexorável, perpétuo, agravava nossa pobreza, minava nossa vitalidade. Não passávamos de uma nação em ruína.

> Mas que podíamos fazer para inverter esse processo destruidor? Sentíamo-nos indefesos nas garras de um monstro todo-poderoso: nossos músculos estavam paralisados, nossos espíritos paralisados (DI, 406).

Medo, ausência de razões de esperar, exploração sob todas as suas formas – a sorte do artesanato e dos têxteis indianos era um dos pontos mais negros. "O ofício do tear manual e da roca de fiar, que produzia miríades de tecelões e fiandeiros, era o pivô da estrutura dessa sociedade. Desde tempos imemoriais, a Europa recebia os admiráveis tecidos de fabricação indiana, enviando em troca seus metais preciosos e fornecendo assim a matéria-prima aos ourives, esses membros indispensáveis da sociedade indiana... Os invasores ingleses minaram os ofícios de tear dos indianos e destruíram suas rocas. A Inglaterra começou por excluir os tecidos de algodão indianos do mercado europeu, para depois passar a exportar do Hindustão os fios de tear e finalmente inundar de tecidos de algodão a pátria dos tecidos de algodão"[8], isso para que os capitães da indústria do Lancashire e de Manchester vivessem melhor.

Artesãos sem trabalho ou proletarizados, lavradores incapazes de pagar o imposto e expulsos de suas terras: a base do problema da miséria na Índia. "O pedaço de terra que cada família camponesa possuía era muito pequeno para alimentá-la decentemente. A pobreza e a escassez ameaçavam, mesmo nos melhores períodos. E com freqüência sobrevinha a fome, terríveis doenças propagavam-se e matavam milhões de pessoas... Os camponeses dirigiam-se ao *banya* (o usurário da aldeia)... suas dívidas eram cada vez maiores e toda possibilidade de pagamento, toda esperança se apagavam. A vida tornava-se um encargo pesado demais para ser suportado. Tal era a condição de vida da grande maioria da população indiana sob a dominação britânica, no século XIX" (GWH, 433). Milhões de pais não tinham como alimentar seus filhos famintos, e, por ocasião das grandes fomes, estes acabavam morrendo (no entanto, uma certa redistribuição dos víveres, de região a região, teria sido às vezes possível, se o sistema em vigor não se opusesse a isso).

Que a exploração dos artesãos e dos lavradores não conhecesse freio algum, que todo costume e regra antigos, por ruins que fossem, tenham deixado de funcionar, que os esquemas tradicionais tenham sido minados, suprimidos, sem que em nenhum momento se pensasse que continham a identidade de um povo, eis o que fazia parte do crime. E a interdição implícita de substituir a antiga identidade de artesão por novas identidades, inerentes aos métodos novos, apenas reforçava essa perda, essa ausência.

Durante a guerra, a política britânica mudou e a indústria prosperou, ao mesmo tempo em suas atividades antigas (indústria da juta e do têxtil) e em setores novos ligados à produção de material de guerra: indústria do ferro e do aço. Os ricos ficaram mais ricos, capitalistas ingleses ou indianos; os operários, que estavam na origem desses benefícios enormes, permaneceram numa condição terrível. A situação da massa da população deteriorara-se ainda mais. Em Bombaim, o "capital indiano adquiria grandes proporções"; em Calcutá, era o capital britânico que reinava como mestre. Aos pobres, "choupanas repugnantes, sem janela, sem luz, sem água corrente" serviam de moradia. "Lembro-me de ter visitado algumas dessas favelas habitadas por operários. Sufocado, com a respiração presa, sempre saía de lá aturdido, tomado de horror e de cólera" (DI, 406). E milhões de homens morriam de fome, sem emprego. Numa tal miséria, que base podiam encontrar o sentimento de identidade e o orgulho a ele ligado? É essa dignidade que Gandhi vai querer restituir a seu povo, junto com o trabalho.

Esse sentimento fora perdido também pelas classes médias, "imaturas e frustradas", sem nenhum objetivo social, vivendo em plena derrocada. Alguns tentavam se agarrar às "formas findas do passado", outros se transformavam em "cópias pálidas e vãs do Ocidente". A própria intelectualidade estava imersa nas "trevas invasoras" e os "intelectuais *des-*

classificados, sem nenhuma ligação com a terra e incapazes do menor trabalho manual ou técnico, iam engrossar os batalhões de desempregados". Um quadro, traçado por Nehru, que pode servir de pano de fundo à ascensão do nacionalismo.

No plano político, quando Gandhi sai da sombra em 1919, o Congresso nacional indiano (fundado em 1885), no qual ele desempenharia um papel tão importante, era a expressão desse nacionalismo e a principal tribuna da elite instruída das classes médias. Todo o leque das tendências políticas estava ali representado, do extremismo religioso militante ao liberalismo moderado à inglesa, de modo que o Congresso dificilmente podia pretender a eficácia de um instrumento de batalha. Nessa época, dois líderes emergiram: Tilak, um radical que utiliza as motivações religiosas para estimular o entusiasmo das multidões – sua imagem está em toda parte, ele é adorado, divinizado –, e a inglesa Annie Besant, adepta da teosofia, seduzida pela metafísica hindu, que dedica sua vida inteira – de escritora, oradora, de militante nas fileiras do Congresso – a tentar obter para a Índia a maior autonomia possível, embora mantendo a amizade entre os dois povos (ela também popular, ainda que sua sustentação política comece a declinar no momento em que Gandhi aparece). Tendo Tilak partido para a Inglaterra, o caminho fica desobstruído. Além disso, o Congresso está então em plena efervescência e a necessidade de um chefe se faz sentir (uma aproximação imprevista ocorreu – a propósito da Turquia, em guerra contra a Grã-Bretanha – entre duas comunidades antagônicas, hindus e muçulmanos: o Congresso e a Liga muçulmana, que posteriormente serão inimigos ferozes, decidiram fazer frente comum contra os ingleses e assinaram um pacto cujo objetivo é obter para a Índia o estatuto de domínio autônomo [dentro da Commonwealth]. O choque entre governo colonial e movimento nacionalista só é evitado pelo relatório Montagu-Chelmsford, em 1918, que propõe o princípio da "diarquia" ou partilha das responsabilidades). É nesse momento fatídico, quando a guerra – que mudou a percepção que os povos colonizados tinham da civilização européia – e a revolução russa, com a influência profunda exercida por suas idéias sobre os nacionalismos anticolonais, atingem em cheio a Índia, que Gandhi, o futuro "Pai da nação" para a grande massa dos indianos, faz sua entrada na cena política. Ele seria o catalisador da situação nova e, como escreveu Nehru*, faria nascer o povo nele mesmo.

Enquanto espera o momento de agir, Gandhi se ocupa de alojar os discípulos e amigos que o seguiram. Uma parte da "família", dirigida por Charles Andrews, encontrou refúgio no célebre *ashram* de Tagore, em Shantiniketan, Bengala. Gandhi vai até lá num vagão de terceira classe, para se aproximar do povo miúdo e escutá-lo, chega ao *ashram* – onde não pode deixar de ensinar aos mestres e discípulos a arte de "ajudar-se a si mesmo" (o que significa cozinhar e, mais importante, escolher uma alimentação favorável à boa saúde do corpo e do espírito) –, mas é obrigado a partir de volta às pressas, tendo chegado a notícia da morte de Gokhale.

Reencontrando finalmente suas raízes, isto é, o Gujarat, lugar que conhecia melhor e onde poderia melhor servir, pois lá utilizaria sua língua natal, ele estabelecerá seu próprio *ashram* em Ahmedabad. A cidade praticava os métodos mais modernos da indústria têxtil, ao mesmo tempo em que era um centro antigo de tecelagem à mão (a tecelagem que continha uma parte tão grande da identidade tradicional e que Gandhi, por essa razão, queria revalorizar: segundo ele, a roca de fiar devia tirar os camponeses da miséria e tornar-se símbolo nacional). Duplo objetivo para Gandhi, que haveria de agir em dois planos: recuperar certos aspectos da antiga estrutura social e, ao mesmo tempo, emancipar (de certo modo, modernizar) as consciências.

---

* Muitos historiadores pensam que Nehru, por razões políticas, tendeu a favorecer a transformação de Gandhi em ícone. Preferi, porém, reportar-me aos testemunhos e descrições contidos em seus livros, que são, aliás, contraditórios e revelam sua discórdia, suas hesitações e suas raivas, assim como sua afeição a Gandhi. (N.A.)

Antes, ele havia ido de barco a Rangoon, depois, de trem a Calcutá, de Calcutá a Haridvar, ao pé do Himalaia, aonde levou sua família em peregrinação – tudo nas piores condições, muitas vezes "amontoados em vagões de carga ou de animais, com a cabeça exposta à violência do sol do meio-dia, com os pés ardendo no piso de ferro" (EV, 497), em suma, milhares de quilômetros, a volta à Terra em terceira classe –, primeira experiência do nomadismo de Gandhi, que não mais cessará, a pé ou de trem, de se deslocar através da Índia. Em Haridvar, onde se comprimem um milhão e meio de peregrinos, ele propõe encarregar-se com sua família do trabalho de varrer as ruas; encontra-se imobilizado em sua tenda, exposto aos fiéis que vêm contemplar sua imagem (*darshan*) e não lhe dão um momento de paz; compara os méritos do anonimato e da "santidade" (Tagore lhe dera o título de Mahatma, a Grande Alma, destinado a fazer fortuna), para concluir que, apesar dos inconvenientes, era ainda cem vezes melhor sofrer o assédio penoso da multidão. De resto, a "santidade", sob a forma dos muitos *sadhus** que vão ali se erigir, que vivem apenas "para usufruir as coisas boas da vida", parece-lhe o cúmulo da hipocrisia ou mesmo da impostura.

O *ashram* de Sabarmati

Um *ashram*, ele escreverá mais tarde, é "uma vida de grupo vivida num espírito religioso". Religioso? Não se trata de ritos, mas de algumas regras de conduta simples e de pronunciar votos (inspirados por alguns daqueles seguidos pelos jainismo, religião muito praticada no Gujarat natal de Gandhi): verdade, não-violência, não-roubo, não-posse (as necessidades devendo ser reduzidas ao mínimo), castidade (como parte de uma disciplina mais vasta que conduz ao desapego e é apoiada num regime dietético estrito, no trabalho

---

* *Sadhu*: homem de bem, homem santo.

manual, no serviço social, na oração e no sono – o que não impediu alguns críticos de verem aí uma exigência ditada antes de tudo pela desconfiança de Gandhi em relação à sexualidade). Uma vida austera, ativa, colocada sob a direção de Bapu, o pai, título que ele preferia ao de Mahatma. O *ashram* era o lugar da experiência no domínio espiritual, mas também o campo de treinamento dos soldados da não-violência: Gandhi formaria ali os *satyagrahi* que, na Índia inteira, com os "companheiros" que soube atrair e escolher, o secundariam no momento das campanhas ou espalhariam sua influência e seus métodos – seu programa construtivo – até nas aldeias mais remotas.

> Ele nos enviou às aldeias e os campos passaram a zumbir com a atividade dos inúmeros mensageiros do novo evangelho de ação. O camponês, galvanizado, pôs a cabeça para fora de sua concha de passividade. Sobre nós o efeito foi diferente, mas igualmente profundo, pois vimos, pela primeira vez, o aldeão na intimidade de sua choupana de barro amassado com palha, assediado sem descanso pelo espectro descarnado da fome (DI, 411).

Seus discípulos? Tanto crianças quanto velhos, universitários americanos, europeus, impregnados do sentido do absoluto ou tingidos de ceticismo, pessoas de castas diversas. Uma família de intocáveis foi admitida, um gesto verdadeiramente revolucionário da parte de Gandhi. Aliás, muitos problemas surgiram desse fato, os recursos financeiros foram interrompidos e somente uma intervenção milagrosa (mais uma vez) salvou o *ashram*: a de um desconhecido que depositou uma soma suficiente para que ele vivesse por um ano; tratava-se, na verdade, de um industrial têxtil, um homem notável que se tornou amigo de Gandhi.

Durante seu ano de experiência, Gandhi mantivera-se afastado da política. No final desse período, observou um retiro por mais algum tempo. Prudentemente, ele recusara a oferta de entrar na sociedade dos Servidores da Índia. É evidente que o estilo e as perspectivas dos diversos movimentos presentes em cena eram menos exigentes e audaciosos que os dele. Mais valia agir sozinho do que desempenhar um papel secundário na sombra.

> Nesse estágio da minha vida, quando minhas idéias se definiram num certo número de pontos, eu só poderia entrar num organismo para influir sobre sua política, não para ser influenciado por ela. O que não significa que eu não tivesse o espírito aberto e não pudesse receber novas luzes. Insisto apenas no fato de que essas novas luzes deveriam ser especialmente brilhantes para me deslumbrar (MG, 99).

Ou seja, ele não tinha nenhuma intenção de colocar-se sob uma autoridade, qualquer que fosse; seu primeiro objetivo: familiarizar a Índia com o método que ensaiara na África do Sul, verificar até que ponto, na Índia, a aplicação desse método seria possível.

Ele recusou também participar do lançamento do movimento pela autonomia (Home Rule League) dirigido por Annie Besant, cuja doutrina teosófica ele havia descoberto em seus anos de estudante em Londres. Em 4 de fevereiro de 1916, desconhecendo certamente os objetivos dele, ela o convidara para a inauguração da universidade hindu de Benares, que havia fundado. Estudantes, marajás mecenas, *pandits** de sobrecasaca enchiam a sala e o pódio. Gandhi, em seu discurso, escolheu causar escândalo – dizendo a cada um sua verdade. Foi interrompido antes de poder terminar. Aos príncipes cobertos de jóias: "Não há salvação para a Índia a menos que tireis essas jóias e as deis em guarda ao povo da Índia". Aos grandes proprietários de terras: "Não pode haver verdadeira autonomia se tirarmos dos camponeses, ou deixarmos que os outros lhes tomem, o resultado de seu trabalho. Nossa salvação só pode vir do pequeno agricultor. Não

---

* Título honorífico dado a homens de grande conhecimento e sabedoria. (N.T.)

são nem os advogados, nem os médicos, nem os proprietários ricos que farão isso." Aos estudantes: "Para mim é uma grande vergonha e uma humilhação profunda... ter que me dirigir esta noite a meus compatriotas numa língua que me é estranha". Continuou por mais algum tempo, dizendo à distinta assembléia que não era o dinheiro que lhes daria a independência, nem as belas palavras, nem a arrogância, mas o exemplo: o fato de saber dominar-se a si mesmo, coisa que estavam longe de alcançar e cujas provas ele enunciava. Um discurso no qual Gandhi queimava seus navios e que devia contribuir para assentar sua reputação. A de um reformador social que punha o dedo nas feridas de seu país, com a vontade de melhorar as coisas – o que lhe reconheciam, não podendo ainda levá-lo a sério. "Ele se veste como um *coolie*, renuncia a toda promoção pessoal, vive com nada ou muito pouco e é um puro visionário", escreveu Edwin Montagu em seu diário, em 1917.

Três causas iam dar-lhe a ocasião de demonstrar o contrário. O distante Bihar, nos contrafortes do Himalaia, ao norte de Ahmedabad, forneceria o quadro de sua primeira tentativa de campanha *satyagraha*.

Rajkopumar, um dos muitos pequenos camponeses que sofreram com a lei "*tinkathia*" no Estado do Bihar (lei que obrigava os camponeses a plantar anileiras em três vinte avos de suas terras, deixando o benefício do índigo [anil] aos proprietários, plantadores ingleses), pôs na cabeça que Gandhi era seu salvador, que ele apagaria a "mancha do índigo". Rajkopumar o perseguiu sem descanso de Lucknow (onde Gandhi assistia ao Congresso) a Ahmedabad, e de Ahmedabad a Calcutá, até o momento em que Gandhi consentiu em acompanhá-lo até o distante Bihar.

Gandhi começa por cercar-se de uma pequena equipe de jovens instruídos, juristas em sua maior parte, impõe-lhes, como a si mesmo, uma disciplina monástica – de modo que todos vivam à maneira dos camponeses pobres que eles vão defender –, reúne os fatos junto aos interessados, percorre o distrito de Champaran, as aldeias, recolhe milhares de testemunhos e acumula um número considerável de informações. Logo lhe fazem saber que deve fugir ou preparar-se para ser detido. Como de hábito, ele recusa ceder e, diante do tribunal onde o acompanham milhares de camponeses, declara-se culpado: submete-se sem protestar às punições por desobediência, observando ao mesmo tempo em que não infringiu as ordens dadas por falta de respeito, mas "para obedecer a uma lei superior do nosso ser – a voz da consciência". Uma afirmação propriamente revolucionária. A incitação (inadmissível) à responsabilidade na ação (o que alguns ativistas contemporâneos confundiram erradamente com a rejeição de toda autoridade – atitude não-gandhiana).

Os camponeses, com os quais nenhum líder nunca se preocupara, exultam. Primeira lição em desobediência civil e pleno sucesso. Lição quase fácil demais: o governo da Índia, temendo a agitação, anula as ordens locais e dá a Gandhi liberdade para prosseguir sua investigação, atribuindo-lhe depois um assento na comissão que é formada. Os oficiais cedem-lhe espaço e deixam-no "controlar as massas" (o que os movimentos revolucionários não lhe perdoaram) – "uma prova evidente de que a autoridade deles fora abalada" –, enquanto o povo, celebrando-o, "obedecia apenas ao poder do amor".

"Podemos considerar o sr. Gandhi como um idealista, um fanático ou um revolucionário, segundo nossas opiniões. Mas, para os *rayiats* (camponeses), ele é o libertador e eles lhe atribuem poderes extraordinários... ele inflama diariamente a imaginação dessas multidões ignorantes com as visões de um próximo milênio" (MG, 107), escreve um oficial britânico. Tendo reunido os testemunhos de oito mil camponeses, não havia um único aspecto do problema agrário que Gandhi não conhecesse. Seu arrazoado obteve a aprovação, o sistema "*tinkhatia*" foi abolido e a mancha do índigo, apagada. Os plantadores tiveram de engolir a derrota. O rumor de que os pobres eram agora defendidos viajou de boca em boca, atingindo o vasto público das massas indianas. Em vão a imprensa, informada pelos relatórios de Gandhi, recebeu ordens de "não publicar"; Gandhi passou a ser um personagem político nacional.

Agora estava provado que seu método funcionava. Ele não havia de modo algum falado de política, não havia buscado convencer os camponeses "do alto", a partir de discursos teóricos: tinha vivido entre eles, como eles, defendendo seus interesses, ensinando-os simplesmente a não ter mais medo. Tinha examinado a situação de uma ponta a outra, expondo as queixas com franqueza e simplicidade, formulando exigências restritas e precisas – sempre com a ameaça de recorrer ao *satyagraha*. Os líderes políticos, que nada tinham a ver com ele, julgaram, alguns pelo menos, sua conduta perigosa e seu estilo antiquado. Mas os jovens, que tinham necessidade de se entregar inteiramente a uma causa, lançaram-se com entusiasmo atrás desse peregrino da verdade que se vestia como um pobre.

Primeiro jejum

Gandhi está ainda muito ocupado em melhorar as condições de vida no distrito de Champaran quando recebe notícias inquietantes de Ahmedabad, junto de seu caro *ashram*. O povo protesta. Os operários das fábricas têxteis se queixam do salário e enfrentam os patrões. O recebedor de Ahmedabad escreve então a Gandhi para pedir-lhe que obtenha um acordo. Ambalal Sarabhai, grande industrial e chefe de uma família bem conhecida, homem de espírito independente (que não carece de generosidade, pois foi ele quem socorreu Gandhi no momento das dificuldades criadas pela acolhida no *ashram* de uma família de intocáveis) e que desde então se tornou um amigo do Mahatma, é uma das partes envolvidas. Sua irmã, Anasuya, já engajada em atividades sociais, irá defender Gandhi por ocasião da greve. Uma situação que envolve difíceis questões emocionais. Mesmo assim Gandhi convence as duas partes a procederem a uma arbitragem. Mas o processo é interrompido sob um pretexto menor.

Gandhi decide então lançar uma campanha: Ahmedabad, com todas as associações ligadas a esse lugar, será o terreno onde ele vai experimentar o poder do *satyagraha* em matéria social. A seu conselho, os operários entram em greve. Diariamente, sentado sob uma grande figueira às margens do Sabarmati, Gandhi, auxiliado por Anasuya, os exorta à paciência e ao controle de si, lembrando-lhes seu juramento. Mas os proprietários não cedem e não se fala mais de arbitragem. Com o passar do tempo, os operários, privados de salário e logo de alimento, cansam-se e Gandhi sente o desgaste do movimento. E se os operários finalmente cedessem sem nada ter obtido, perdendo assim não apenas a batalha, mas a dignidade? Um pensamento insuportável. "Era o orgulho ou meu amor pelos trabalhadores e meu cuidado apaixonado pela verdade que estavam por trás desse sentimento? – quem podia dizer?" Uma manhã, durante a reunião ritual sob a figueira, quando ele "ainda tateava e não conseguia ver claramente o caminho", uma luz subitamente se fez dentro dele. "As palavras me vieram espontaneamente aos lábios." Se os trabalhadores não recuperarem seu domínio, lutando até a conclusão de um acordo, ele cessará de alimentar-se; momentaneamente, a fim de ajudá-los, eles serão contratados no *ashram* para trabalhar nas fundações da escola de tecelagem. E assim, dia após dia, vê-se uma interminável fila de trabalhadores, com cestos de areia sobre a cabeça, saindo do leito do rio, enquanto Gandhi, estendido sobre sua esteira, procura poupar forças prevendo um jejum de longa duração. Mas o vício particular desse jejum, o primeiro feito por uma causa pública (e o primeiro de seus numerosos jejuns "até a morte"), é que ele se assemelha muito, como observa o próprio Gandhi, a uma chantagem ou, pelo menos, a uma forte pressão exercida sobre a parte adversária, quando a simples greve deveria bastar: os patrões industriais são seus amigos. Desses amigos, o mais próximo – e o mais teimoso – é Ambalal. "Era um verdadeiro prazer combater contra ele." Mas não se trata mais de um combate leal, e o meio adotado não é inteiramente digno da causa: a afetividade e a angústia misturam-se, e Gandhi sente-se mortificado não sob o efeito da fome, mas da divisão de seus deveres, pois seu jejum era na verdade dirigido contra a fraqueza dos operários, e não contra os patrões, como se poderia pensar agora.

Essa primeira greve revelava de forma aguda um mal-entendido que não cessaria de estar presente: o jejum seria considerado pelos inimigos de Gandhi como uma chantagem vulgar, uma forma de coerção, quando sua intenção era, como ele dizia, agir sobre suas tropas, fazê-las refletir, trazê-las de volta à razão – eventualmente expiar por elas uma falta.

Por ora, enquanto anunciava a solução em vista, Gandhi estava exposto à dúvida, fatigado, abatido e deprimido. "Se comparo minha situação à das almas iluminadas, sinto-me um tal anão que nem sei o que dizer."

Após três dias de jejum, os proprietários cedem e uma arbitragem tem lugar. A decisão é tomada em favor dos operários, que vêem atendido seu pedido de aumento. Gandhi, "por amor aos operários", havia engolido sua "vergonha" de *satyagrahi*. Mas parece que cada campanha (e cada uma mereceria por si só um livro inteiro) lhe custou um tormento imenso antes de se lançar na ação e, na maioria das vezes, dúvidas consideráveis quanto à justificação do que fazia.

Desse simples ensaio em família, por assim dizer, ao grande *satyagraha* que ocorrerá justamente um ano mais tarde, em 1919, o primeiro em escala nacional, no qual centenas de milhares de indianos se mobilizarão, no qual o poderoso império britânico será o adversário, no qual a opinião mundial vibrará como um único espectador, a distância não era grande. Mas antes um passo decisivo devia ser dado: a rebelião de Gandhi contra o império.

Engajar-se na guerra?

Enquanto se travavam essas escaramuças, a Inglaterra estava em guerra. Gandhi não tinha a menor intenção de enfraquecer o governo: esperava que os indianos se tornassem, a partir do fim do conflito, em razão de sua participação no esforço de guerra, parceiros do império, a exemplo de outros domínios autônomos, e que as "distinções raciais pertenceriam ao passado". Além disso, uma atitude cavalheiresca se impunha: "Na minha opinião, não se devia tirar proveito das dificuldades que a Inglaterra atravessava". Em tempo de guerra, era mais "conveniente e mais avisado" não fazer valer suas reivindicações. "Tirando conclusões dessas idéias, eu convidava os voluntários a se alistarem." A Índia devia ser capaz de combater, de ter armas, de utilizá-las. Gandhi recaíra nos conflitos interiores que o haviam agitado na África do Sul, quando estava dividido entre a necessidade de oferecer ajuda e socorro, naquele período de prova, à autoridade britânica (na qual Erikson vê uma espécie de "corpo parental") e a necessidade oposta de combatê-la; dividido entre seu desejo de obter para a Índia um governo autônomo, o que implicava, ele supunha, dar prova de lealdade, e seu horror profundo à violência, sua fidelidade ao *satyagraha*. Isso sem contar as críticas que receberia da parte daqueles que ainda recentemente havia doutrinado. Diante dessa contradição, ele não procura se esquivar: "Certamente eu não ignorava que o fato de participar de uma guerra nunca poderia ser compatível com a *ahimsa*. Mas nem sempre é fácil saber exatamente onde está o dever. Muitas vezes estamos reduzidos a tatear na escuridão. Mesmo se nos juramos fazer de tudo para ver a verdade". Verdades conflituosas, uma escolha difícil.

Mais tarde, ao falar desse período, da Guerra dos Bôeres, da revolta dos zulus, da Primeira Guerra Mundial, das quais tomou parte, ele explica que nem cogitou recusar seu apoio ao governo: a partir do momento em que aceitava viver "sob um regime fundado na força, beneficiando-me conscientemente" das facilidades e dos privilégios que oferecia, seu dever era ajudar esse regime da melhor maneira possível. Foi muito diferente na Segunda Guerra, quando Gandhi lutava contra esse mesmo poder. "Minha posição é completamente distinta em relação a essa instituição. Sendo assim não serei mais voluntário para participar de uma guerra na qual esse governo estiver envolvido."

Mas, por enquanto, ele escreve ao vice-rei uma carta cheia de zelo e respeito, expondo-lhe o desejo de independência da Índia, difundido, como ele pôde verificar, em todas as camadas da população; assegura-lhe os sacrifícios que o país está disposto a efetuar, menciona seus próprios serviços no Champaran e no Kheda, onde a população, longe de maldizer o governo como fazia até então, sente agora que é ela que "detém o poder" (um argumento que dificilmente convenceria o vice-rei), e assinala, sem todavia insistir, que tal é sua própria contribuição "bem definida e muito particular" à guerra: "Se eu pudesse tornar popular o emprego da força de alma (que não é senão um outro nome para a força do amor), em vez da força bruta, sei que estaria em condições de vos oferecer uma Índia capaz de desafiar todas as forças más do mundo" (EV, 575). E termina assim a carta: "Escrevo estas palavras porque tenho amor pela nação inglesa e porque meu desejo é evocar em todo indiano a imagem da lealdade do povo inglês". (Um amor, mantido com grande dificuldade, que em breve daria lugar à atitude radicalmente oposta: "Não posso ter respeito nem afeição por um governo que cometeu uma injustiça após a outra para defender sua imoralidade", escreveria ao vice-rei em 1920, ao devolver-lhe suas medalhas.)

Há uma carta também ao secretário do vice-rei, para propor-lhe tornar-se seu "principal agente recrutador".

E ele se lança à batalha. Os camponeses do Kheda, aos quais recentemente explicara que era preciso, diante dos funcionários britânicos que os pressionavam com impostos, resistir, por certo, mas comportar-se com cortesia, não lhe dão ouvidos quando o ouvem dessa vez incitá-los a serem bons soldados ingleses. Ele encontra a recusa em toda parte, agita-se, perde a cabeça, trabalha dia e noite, com desespero e furor, percorre às vezes 32 quilômetros a pé por dia – e sem grandes resultados. "Não fez o voto da *ahimsa*? Como pode nos pedir para pegar em armas?" Gandhi acabará adoecendo, derrubado por um ataque de disenteria e uma temperatura elevada. Pela primeira vez na vida, a doença o coloca à beira da morte.

Mas ele recusa todo medicamento e está cada vez mais exausto. Quer punir-se, sofrer, como escreveu, "a sanção de sua tolice"? Não consegue mais escrever nem andar (o que se prolongará durante meses), não consegue ler nem quase falar. Na verdade, como ele diz, mergulhou numa "depressão nervosa", perdeu "todo interesse pela vida, nunca tendo gostado de viver por viver", e prepara-se para morrer. Uma última mensagem é apresentada aos membros de seu *ashram*.

Até o dia em que um médico meio doido, diz ele, apelidado "doutor gelo", vem aplicar-lhe gelo no corpo. Esse remédio, junto com um pouco de leite de cabra que lhe aconselhara Kasturbai, a tentadora (a quem pôde assim recriminar a ruptura de seu voto), restituiu-lhe um pouco as forças. "O gosto das atividades públicas" fez o resto.

A SOMBRA DE AMRITSAR

Na verdade, a motivação mais forte para se recompor lhe foi dada pelo governo da Índia. Os "Rowlatt Bills"*, que atacavam as liberdades civis quando os indianos, no final da guerra, esperavam o gesto contrário – um gesto em favor do qual Gandhi advogara e combatera –, devolveram-lhe o espírito de luta. "Se eu não tivesse de guardar o leito, travaria a batalha sozinho, na expectativa de ver meu exemplo imitado." Ele organiza uma reunião no *ashram*, para a qual são convoca-

---

* Esses projetos de lei visavam a fazer perdurar em tempos de paz as medidas repressivas excepcionais dos tempos de guerra. (N.A.)

dos cerca de vinte de seus companheiros; durante a sessão, um juramento de *satyagraha* é redigido. A imprensa é notificada e uma organização é fundada, o "*satyagraha sabha*"*: reuniões públicas, comunicados, assinaturas... Essa nova atividade marcha "a toque de caixa". O próprio Gandhi escreve ao vice-rei uma carta atrás da outra, argumenta, ameaça – em vão. O governo se apressará a fazer do projeto uma lei.

Gandhi, que não se havia recuperado da doença e mal podia fazer-se ouvir em público, começa então a percorrer o país, secundado por seus auxiliares e militantes. Estava em Madras, interrogando-se ainda sobre um modo possível de desobediência civil, quando as leis Rowlatt foram oficialmente anunciadas. "Naquela noite, adormeci refletindo sobre a questão. Ao amanhecer, despertei um pouco mais cedo que de costume. Estava ainda nesse estado de claro-escuro entre a vigília e o sono, quando subitamente uma idéia me atravessou como um raio – quase como um sonho" (EV, 589). De manhã, explicou a seu anfitrião que lhe viera em sonho a idéia de convocar o país inteiro a observar um *hartal* (uma greve). Suspensão de toda atividade, o jejum e a prece em protesto contra a lei odiosa. "A luta que travamos é um combate sagrado; parece-me mais do que apropriado inaugurá-la por um ato de purificação do ser." A idéia do *hartal*, como sinal de luto ou de protesto, não era nova na Índia; mas fazer disso uma jornada de greve nacional era um lance de gênio.

O empreendimento, improvisado, era uma aposta, mas o voto "tocou a imaginação religiosa de um povo inteiro" e o país fez greve como um só homem. Gandhi experimentou uma divina surpresa. "Quem poderia dizer como isso aconteceu? A Índia inteira, de uma extremidade a outra, cidades e aldeias, observou um *hartal* completo naquele dia. Foi um espetáculo dos mais extraordinários" (EV, 590). Dia 30 de março em Délhi, 6 de abril em Bombaim, a data tendo sido mudada. Hindus e muçulmanos numa união sagrada. Era mais do que o governo podia suportar. Em Délhi, a polícia deteve a procissão do

---

* *Sabha*: conselho, assembléia. (N.A.)

hartal e abriu fogo contra a multidão – primeiro incidente que pode ter constituído um aviso de cautela contra o que viria a seguir.

Aquele a quem chamavam agora, de forma oficial, o Mahatma participou da manifestação de Bombaim. Bem antes de raiar o sol, a multidão começou a se reunir na praia de Black Bay; Gandhi foi um dos primeiros; sentou-se num banco, tendo a seu redor uma centena de *satyagrahi*. Os que chegavam tomavam um banho purificador e depois vinham sentar-se junto dele. "Assim a multidão aumentou cada vez mais e tornou-se uma enorme massa humana." Gandhi dirigiu-se então familiarmente a todos, referindo-se aos recentes incidentes em Délhi, explicando o que era o *satyagraha* (em Délhi, a falta consistira em recusar dispersar-se, em resistir à prisão, quando o objetivo buscado era justamente esse), dizendo-lhes também que deviam adquirir os hábitos de disciplina e controle de si necessários à desobediência coletiva. Incitou-os, portanto, à obediência a fim de melhor desobedecerem juntos, e a multidão dispersou-se calmamente, mas quase sufocando o Mahatma num impulso de amor, o que aconteceria com freqüência a seguir.

À noite começou a desobediência civil proposta: nas esquinas vendiam-se livros proibidos, especialmente a adaptação por Gandhi de *Unto the Last* de Ruskin e seu manifesto, *Hind Swaraj*; publicava-se, em desafio à lei de imprensa, um jornal, *Satyagraha*, lançado por Gandhi. Todos os livros foram vendidos, apesar do risco de prisão: "Naquele momento, a prisão não lhes causava mais medo".

Em 8 de abril, Gandhi parte para Délhi. Ele compreendera que, se podia controlar a multidão agora imensa de seus adeptos, o movimento estava ameaçado, no entanto, por grupos marginais e violentos, bem como pela repressão das autoridades que punha em pânico o impulso insondável das massas. Antes mesmo de chegar a Délhi foi detido; mais que qualquer outro, ele podia manter a paz, mas as autoridades, assustadas pela agitação popular, cederam ao temor e mandaram-no de volta a Bombaim. Gandhi, que relata com humor essa série de episódios em sua autobiografia, estava certamente encantado: sua prisão (ele se recusara a retroceder) revelaria quem era o verdadeiro malfeitor e não lhe podia causar, a ele que se deliciava nessas semanas com "o amor infinito", mal algum, pois seu espírito estava sereno. O que ele ainda não suspeitava é que a notícia de sua prisão provocara a cólera popular e "a levara ao auge de um frenesi furioso". A violência explodia em toda parte. Assim que chegou a Bombaim, a multidão, ao vê-lo, foi tomada de uma alegria delirante. A procissão que o cercava logo deparou com um cordão policial. Como em Délhi, a polícia atacou. "Houve uma extrema confusão e debandada. Pessoas pisoteadas; outras mutiladas, esmagadas... Os lanceiros investiam às cegas contra a multidão... O espetáculo oferecia um aspecto horrível. Cavalos e pessoas misturados formavam um caos insensato" (EV, 597).

Também em Ahmedabad haviam surgido distúrbios, contra todas as previsões de Gandhi, que zelava por essa cidade. Ao comissário de polícia que o avisou: "O povo está fora de controle... é incapaz de compreender que seu dever é manter a calma... seguirá seu instinto natural", Gandhi, animado de otimismo, responde que o instinto natural do povo era, ao contrário, ser pacífico. Ora, em Ahmedabad um oficial britânico fora assassinado, a população entregava-se a atos criminosos, causando a morte de cinquenta pessoas (em sua maioria indianos). Gandhi pediu autorização para fazer uma reunião pública em seu *ashram* de Sabarmati. Não podia suportar que os operários, que ele formara e dos quais "esperava o melhor", tivessem participado das violências – e sentia-se culpado com eles. Tomando a falta sobre si mesmo, começou um jejum de três dias e decidiu, em 18 de abril, interromper "temporariamente" toda campanha. Ele se dava conta de que a preparação ao *satyagraha* não fora suficiente, de que lançara ao povo "o apelo à desobediência civil antes que este estivesse qualificado para responder" e, sobretudo, de que necessitava de um enquadramento mais aguerrido ("Se aqueles entre os quais trabalhei e de quem esperava que estivessem prontos à não-violência e ao sofrimento para si mesmos eram incapazes de não-violência, então, sem dúvida alguma, o *satyagraha* não era possível" [EV, 601]): ele cometera, segundo uma expressão que fez fortuna, um "erro de cálculo do tamanho do Himalaia". Uma confissão que, diz ele, o cobriu de ridículo, mas devolveu-lhe um pouco de paz, pois "sempre afirmei que é somente quando vemos nossos próprios defeitos através de um vidro convexo, e fazemos exatamente o inverso no caso dos outros, que somos capazes de chegar a uma avaliação justa tanto dos primeiros como dos segundos" (EV, 602). Mostrar-se aos outros em seus movimentos mais íntimos, em suas derrotas e vergonhas, não deixar que ignorem nenhuma de suas dúvidas, não por exibicionismo, mas por preocupação com a verdade, e porque é assim, nessa revelação, nessa nudez, que podia estar verdadeiramente próximo deles e em concordância consigo próprio. Veja-se esta confissão, em fevereiro de 1936, em *Harijan*, quando tinha sessenta anos e, observando um repouso forçado, foi perturbado pelo desejo: "Não posso me lembrar de nenhum exemplo, durante 36 anos de esforços constantes, de uma (tal) agitação mental... Eu estava desgostoso comigo mesmo" (GI, 237). E a conclusão esperada: "A confissão dessa infeliz experiência me trouxe um grande reconforto".

O reconhecimento de seu "erro himalaico" não apaziguou, porém, aqueles de seus partidários que viram na campanha um fracasso. Teriam razão esses impacientes que pensavam que, se fosse esperada a ordem e a calma em toda parte, nenhum *satyagraha* de massa jamais seria possível? Um dos problemas maiores de Gandhi foi lançar movimentos populares, evitando ao mesmo tempo que degenerassem em violência desorganizada; então o governo teria condições de responder pela repressão a mais sangrenta e de assegurar desse modo uma vitória maciça. No caso em questão, as autoridades haviam se mostrado brutais, em pânico, e acabaram perdendo o prestígio. Gandhi, por sua vez, demonstrara que era capaz de lançar – e de deter – um movimento de uma amplitude sem precedente. Era conhecido no país inteiro e saía engrandecido do confronto. O governo, reconhecendo o poder de Gandhi de acalmar as multidões, irá tratá-lo daí por diante como um caso especial, e não como um agitador ordinário, para tentar utilizar sua influência.

Esses acontecimentos desencadearam uma onda de medo entre os britânicos. Medo que se encarnou na pessoa de um general de brigada. Em dez minutos históricos, este haveria de dar ao mundo um modelo de infâmia destinado a marcar o curso do colonialismo.

A detenção de Gandhi havia agitado a população do Penjab. Vexação suplementar, dois líderes locais foram presos e, em Amritsar, a multidão se enfureceu, incendiando prédios, cortando fios telegráficos, molestando alguns europeus. Era 10 de abril de 1919. O general Dyer, enviado em socorro, mandou proibir toda reunião. Uma ordem que não foi conhecida imediatamente.

Em 13 de abril de 1919, dia do festival de Baisakhi, a multidão se reuniu, homens, mulheres e crianças, para celebrar e festejar, sem armas evidentemente, nas ruínas de um parque público chamado Jaliyanvalabagh, que era cercado de muros altos. A história entrou nos anais sob o nome de "massacre de Jaliyanvalabagh" – um trauma irreparável. Em realidade, foi uma matança a sangue-frio. Dyer e suas tropas entram no parque. Colocam-se num terreno um pouco mais elevado, a cerca de 150 metros da multidão: mais de dez mil pessoas amontoadas no interior do recinto, encurraladas "como ratos numa armadilha". Sem advertência, Dyer ordena às tropas que disparem. São 1.650 tiros em dez minutos; 379 mortos, 1.137 feridos. Números. Atrás do cano de um fuzil, do alto de um avião, tornou-se fácil matar, e o resultado desses atos "virtuosos", efetuados no quadro de uma missão, são essas mortes em massa, abstratas, por assim dizer, reduzidas a números. Citemos aqui Erik Erikson para dizer com ele que "o que caracteriza a ação do Mahatma, em 1919, é ter considerado uma humanidade não-violenta como alternativa a essas aberrações": "Numa época em que orgulhosos homens de Estado podiam falar de uma 'guerra para acabar com as guerras'; em que os superpoliciais de Versalhes podiam se espojar na glória de uma paz que tornaria o mundo 'mais seguro para a democracia'; em que os revolucionários na Rússia podiam alimentar a crença de que o terror seria o começo da 'queda' final do Estado – um homem na Índia propôs ao mundo, com força, um novo instrumento político que, dotado de uma nova espécie de fervor religioso, deixaria ao homem uma alternativa" (VG, 374).

Após essa ação de impacto, a repressão no Penjab atingiu o auge. "Foram detidos os chefes políticos; proclamou-se a lei marcial (em outras palavras: a ausência de leis); instituíram-se tribunais de exceção" (EV, 605). Um dos achados do general Dyer foi obrigar os indianos a rastejar de barriga "como vermes", na rua onde uma mulher branca fora atacada (uma daquelas situações, segundo Gandhi, que revoltavam ainda mais que a matança e diante das quais "só se pode enfrentar renunciando à vida"). Em suma, não apenas se condenava, se flagelava, se matava, se metralhava, como se praticavam inúmeras outras humilhações para lembrar aos indianos que eles eram párias.

O governo lançou um véu discreto sobre a tragédia do Penjab. Nomeou um comitê, dirigido por lorde Hunter, para investigar a origem dos distúrbios, mas essa comissão, julgada suspeita pelos dirigentes políticos indianos, seria boicotada e Gandhi, com alguns advogados eminentes (entre os quais Motilal Nehru, pai do futuro primeiro-ministro), se encarregaria de proceder a um outro inquérito. Assim ele pôde constatar "até que extremos o governo britânico era capaz de ir e que atos inumanos e bárbaros era capaz de perpetrar para manter sua dominação" (EV, 612). Ele agora se tornara plenamente o Mahatma, ao mesmo tempo um chefe e um salvador, impondo em breve ao mundo a imagem de um confronto inédito: um "combate entre uma alma e um governo", como escrevera Gilbert Murray no *Hibbert Journal* de Londres, em 1918. Gandhi, ele predissera, seria "um inimigo perigoso e incômodo, pois seu corpo, que pode facilmente ser vencido, pouco permite chegar à sua alma".

UMA OUTRA TRANSFORMAÇÃO: O REBELDE

À medida que Gandhi avançava em sua investigação, recolhendo relatos de atrocidades inimagináveis, ele se familiarizava com "a tirania governamental e o despotismo arbitrário dos funcionários". Estava "terrivelmente aflito" com isso, "surpreso" de que essa província, que fornecera o maior contingente de soldados durante a guerra, pudesse ter sido martirizada a tal ponto, surpreso também de que ela não tivesse "levantado a cabeça". Quanto aos oficiais responsáveis por esses horrores, fora passada uma esponja sobre sua ação e o próprio general Dyer continuava a ser festejado como herói em alguns salões ingleses. Eis como Dyer resumiu o massacre: "Pensei que aquilo lhes fosse dar uma sagrada boa lição". E esta frase (ouvida muitas vezes desde então, com algumas variantes) pronunciada por um general sediado em Délhi e citada no relatório Hunter: "A força é a única coisa que um asiático respeita". Existia, perguntava-se Gandhi, algum código de conduta secreto, particular às autoridades na Índia, diante do qual "a fina flor da grande nação britânica teria se prosternado"?

Com reticência, teve de renunciar à convicção que por muito tempo alimentara: o sistema não tinha necessidade de reformas, era preciso acabar com ele. O amor que professava pelo império, a admiração e a lealdade que lhe conservava, o desejo de ser reconhecido, aceito, tratado como igual por seus dignitários, toda a sua vontade profunda de igualdade e pertencimento dissipavam-se, dando lugar à rebelião. Em abril de 1915, ele havia declarado: "Descobri que o império britânico tinha certos ideais pelos quais me apaixonei, o menor deles não sendo a liberdade concedida a cada súdito desse império de cultivar como quiser suas possibilidades, sua energia, seu senso da honra e tudo o que lhe permite sua consciência" (MG, 128). Esses ideais de liberdade, mantidos pelo Ocidente, haviam-lhe possibilitado reivindicar os direitos dos indianos; é a eles que queria se apegar, não à realidade da dominação que percebia em toda a sua ferocidade, como o prova o manifesto que escreveu já em 1909, *Hind Swaraj*.

Trata-se aí de um ataque de extrema violência dirigido à Inglaterra conquistadora, mas também à "civilização moderna", responsável, por sua rapacidade e seu materialismo desenfreado, por numerosos males – entre outros a colonização, vista como a conseqüência direta de tendências inerentes a essa forma de modernidade. É o espírito dessa civilização que era questionado, mais ainda do que os países ou as instituições, e é em primeiro lugar desse espírito que era preciso libertar-se. O ataque inspirava-se diretamente em textos do final do século XIX, em particular os de Ruskin e Tolstói, que procediam a uma crítica profunda à industrialização em nome da ética e da estética. As ferrovias, os tribunais de justiça, o sistema educativo que impusera ao país a língua inglesa em detrimento das línguas maternas eram outros tantos meios empregados pela potência ocupante para estrangular o país. E o anátema é lançado contra todas as formas de progresso, todas as formas de vida moderna que asseguram o domínio sobre a colônia, tanto o Parlamento inglês (uma prostituta), os médicos (ninhos de serpentes) e os hospitais (instituições para propagar o pecado), quanto os homens da lei (que atiçam as dissensões), as máquinas (e sua dominação), os advogados e os magistrados (cuja profissão é tão degradante como a prostituição)... Exageros, certamente, mas não é com palavras mornas que se poderia abalar a admiração que os indianos tinham pelos ingleses: ela minava o orgulho nacional, afastando as elites de sua cultura e de suas tradições, às quais era preciso voltar. Quanto aos ingleses, eles mereciam, a seu ver, mais piedade do que ódio, pois estavam enfermos de sua "civilização satânica" (que de civilização, aliás, tinha somente o nome), eram vítimas desta nova escravidão voluntária que se espalhara pelo mundo: a do dinheiro e "das coisas supérfluas que o dinheiro compra". Portanto, antes mesmo da Inglaterra, o inimigo da Índia era a civilização moderna fundada na competição (que implica a violência feita ao outro) e no culto do dinheiro – diríamos hoje: do "lucro". Os males a combater eram múltiplos e deviam ser atacados na raiz. Em 1920, quando decide lutar contra o império, Gandhi se dirigirá primeiro contra esse espírito do qual se originara e que ameaçava destruir a Índia, com sua cultura antiga – o espírito de lucro e de conquista, os dois marcham juntos. A emancipação política e econômica passava necessariamente pela liberdade espiritual. O problema era colocado em termos de ética. A liberdade interior, romper com a antiga sujeição do espírito, era também a liberdade política: romper com a submissão a leis injustas. Swaraj (*raj*: governo, *swa*: de si mesmo), ou Home Rule, o sentido é igual: para governar um país, é preciso poder governar-se a si mesmo. "*Real Home Rule is self rule.*"

Na Índia, Gandhi não era o único a denunciar esse "vasto empreendimento de fornecedores" que se tornou a civilização, inteiramente ocupada em manter "festins permanentes a uma população de glutões" que, para melhor se empaturrarem, semeiam a morte a seu redor. "Uma civilização animada de um apetite anormal deve fazer inúmeras vítimas para subsistir, e essas vítimas se encontrarão nas partes do mundo onde a carne humana não vale muito. A felicidade das populações na África e na Ásia é sacrificada para fornecer aos caprichos da moda uma série sem fim de respeitáveis dejetos.[9]" Em sua crítica ao egoísmo dos povos ricos, Tagore, no mesmo momento, acusa o funcionamento das sociedades ocidentais nas quais a cupidez se desenvolve sem controle, estimulada e mesmo admirada, enquanto o sistema deixa suas numerosas vítimas nas margens da estrada: "O que no Ocidente chama-se democracia... assemelha-se a um elefante, destinado unicamente aos passeios e às diversões dos mais hábeis e dos mais ricos." Também aí, é o espírito de lucro que é acusado. Da mesma forma que Gandhi, ele não acreditava o Ocidente de posse da "verdadeira" civilização ("Não me oponho ao progresso, mas se, por amor a ele, a civilização deve vender sua alma, prefiro permanecer no estado primitivo"). Fundada na idéia de cupidez, essa visão profética não seria recusada pelos ecologistas de hoje: "As depredações desta raça (de aproveitadores) ultrapassaram rapidamente as forças de recuperação da natureza... Na desordem, eles zombaram de todas as leis morais e viram na satisfação sem escrúpulos de seus desejos o sinal de uma superioridade racial", a tal ponto que "reduziram a superfície de seu planeta ao estado de um deserto semeado de abismos. Esvaziaram seu interior... como um fruto cuja carne foi devorada pelos insetos que abrigava".

Diante dessa concepção do progresso, era urgente retornar à indianidade, à realidade antiga e familiar de Bharat Mata, de nossa Mãe, a Índia. Com a palavra "*satyagraha*", já se voltava à grande busca dos Upanixades; também com a palavra *ahimsa*, "virtude das virtudes, dever supremo para toda a tradição indiana"[10], será reencontrada uma noção profundamente enraizada na moral indiana. O gênio de Gandhi foi estender o campo de ação dessa regra antiga – originalmente uma questão individual, portanto religiosa em essência – ao domínio da vida política e social: fazer de um ideal pessoal um ideal coletivo.

O DESPERTAR DA CONSCIÊNCIA

Gandhi compreendeu muito cedo, na África do Sul, o partido que podia tirar da imprensa em seu papel de reformador. Em 1919, adquiriu o controle editorial de dois jornais, *Young India* e *Nevajivan*, que deveriam substituir o *Indian Opinion* publicado em Ahmedabad. Esses jornais lhe ofereceriam uma tribuna onde expor suas idéias, uma "plataforma de visibilidade", como diríamos hoje; eles recusariam toda publicidade e seriam, assim, independentes diante de pressões comerciais ou financeiras. Gandhi vai transmitir ali suas idéias e dirigir-se diretamente ao povo.

Ele queria despertá-lo para a consciência, tirá-lo da inércia, da passividade, restituir-lhe o sentimento de sua responsabilidade, isto é, de sua dignidade. Dessa nova consciência nasceria a rebelião (e pensamos na análise de Hannah Arendt, em *The Hidden Tradition* [*A tradição escondida*], demonstrando, a propósito de Bernard Lazare, que a consciência, "que definia a condição do judeu emancipado em relação à existência inconsciente do pária", devia conduzir à rebelião). Educar, ensinar a não mais ter medo, a não mais se curvar: ensinar a pôr sobre si um outro olhar. Os camponeses, que haveriam de apoiá-lo de forma maciça, aprenderam a ver-se diferentemente: não mais como párias, esmagados pelo ocupante, pela miséria ou pelas forças naturais, impotentes, passivos e esquecidos pela tradição, mas como membros integrantes da nação, uma classe que lhe era necessária e que era vital que participasse da luta nacional. Recuperar a dignidade era o essencial, sem o que a libertação tornava-se impossível. Por esse apelo revolucionário à ação, por esse simples reconhecimento de sua dignidade humana, Gandhi conquistou a gratidão inesgotável das massas – a fonte principal de sua fenomenal popularidade.

> Pela ação em escala nacional... ele buscou transformá-las, de uma massa tímida, sem força moral e sem esperança, maltratada e oprimida pelos poderes estabelecidos, num povo que tivesse respeito e confiança em si mesmo, que resistisse à tirania e fosse capaz de agir e sacrificar-se por uma causa. Ajudou-as a pensar nas questões econômicas e políticas; cada aldeia, cada mercado fervilhava de discussões e debates sobre as idéias novas, e as pessoas estavam cheias de esperança.[11]

Foi aí o começo da revolução operada por Gandhi, para quem o inaceitável era precisamente a condição de pária. Que houvesse indivíduos cujo nascimento condenava a ser humilhados, oprimidos – como os intocáveis –, isso era, para ele, uma grave perversão do hinduísmo e de toda a sociedade indiana. A tal ponto que, para a grande aflição dos militantes nacionalistas, ele às vezes pôs o combate contra a intocabilidade à frente do da independência. "Não quero renascer. Mas, se isso acontecer, gostaria de estar entre os intocáveis a fim de partilhar os desgostos, os sofrimentos e as afrontas que lhes causaram. Assim talvez me fosse dada a ocasião de libertá-los, a eles e a mim, dessa condição miserável" (SB, 238). A própria libertação da Índia só seria possível, segundo ele, depois que ela se livrasse dessa vergonha e os párias fossem libertados. Pois, para ser capaz de governar-se, um país devia antes ter vencido a "maldição" que o marca.

É significativo que, em sua luta pela emancipação, Gandhi tenha se dedicado a inverter alguns dos valores mais enraizados na sociedade, a modificar os pontos de referência acima e abaixo, elevando o que era considerado como baixo, rebaixando o que estava no alto. Ir para a prisão não era mais uma vergonha, e sim uma honra (e os indianos mais eminentes disputarão em ardor para se fazerem encarcerar), ao passo que as condecorações e as honrarias dadas pela sociedade tornavam-se uma marca de vergonha: as pessoas passaram a restituí-las ou, pelo menos, a escondê-las, o próprio Gandhi devolveu as medalhas obtidas por suas lutas na África do Sul. "Desapareceu o respeito popular de que gozavam os títulos dados pela Inglaterra; eles se tornaram símbolos da degradação. Foram instituídos novos critérios e novos valores; a pompa e o esplendor da corte do vice-rei e dos príncipes, que tanto impressionavam, pareceram de uma hora para a outra perfeitamente ridículos e vulgares, na verdade desprezíveis, cercados como eram pela miséria do povo" (DI, 411).

Esse espírito revolucionário (pressentido pelos ingleses, já que haviam proibido *Hind Swaraj*), Gandhi, que atingia sua plena estatura e todo o poder de ação, ia doravante dedicar-se a fazê-lo soprar sobre o país, atacando todos os domínios nos quais se exercia a opressão: ensino, justiça, política, economia – recusando, por exemplo, os têxteis ingleses e o espírito de competição a todo custo que o produzia. Não se tratava mais de ver os bons aspectos de um sistema e de esperar corrigir os maus: todo regime tem aspectos positivos, mesmo os de Nero ou de Mussolini, mas, "uma vez decidida a não-cooperação com o sistema, é o todo que se deve rejeitar... As instituições benéficas do governo inglês são como a serpente da fábula que traz na cabeça uma coroa de jóias, mas cujas presas estão cheias de veneno" (*Young India*, 31 de dezembro de 1921).

No entanto, essa ruptura não levou Gandhi a proclamar sentimentos antibritânicos: essa é uma de suas originalidades profundas. Se as instituições eram comparadas a uma serpente venenosa, nem por isso os que as dirigiam eram odiados. Para além do que representavam, Gandhi via neles indivíduos com os quais podia manter boas relações e até mesmo laços de amizade – uma atitude de princípio que uma esperança reforçava: conquistá-los a seu ponto de vista e também evitar o encadeamento da repressão e da violência.

"SWARAJ NO ANO"

O pretexto para a segunda campanha conduzida por Gandhi, de uma envergadura bem diferente da primeira, foi fornecido pelo movimento dito do Califado, em 1919. A entrada em guerra da Turquia ao lado da Alemanha, em 1915, criara uma dificuldade para os países muçulmanos controlados pelos Aliados, e esse mal-estar emergiu no final da guerra, no momento das negociações. Para apaziguar a agitação dos muçulmanos indianos solidários aos turcos, os dirigentes ingleses haviam assegurado que as prerrogativas do califado turco (os soberanos do império otomano tinham o título de califas, ou comandantes dos crentes) seriam respeitadas. Mas a derrota da Turquia, em 1919, deu ensejo a uma verdadeira liquidação do poderio otomano no Oriente Próximo. A Grã-Bretanha era a principal beneficiária desse desmembramento, e os muçulmanos indianos, sentindo-se traídos pelos britânicos e atingidos pela humilhação que sofreu o califa, partilhavam agora o ressentimento dos hindus em relação aos ingleses (um rancor também agravado pelo relatório Hunter).

Gandhi viu aí uma ocasião providencial para aproximar hindus e muçulmanos numa luta comum – uma união que sempre buscou manter e sobre a qual repousava, segundo ele, a independência do país. Além disso, essa aproximação lhe fornecia a plataforma desejada para fazer os indianos aceitarem seus métodos de luta não-violenta.

Em 24 de novembro de 1919, por ocasião de uma conferência relatada por Gandhi em suas experiências de verdade, um certo número de resoluções foram adotadas; uma delas pedia que as duas comunidades pronunciassem o voto de *swadeshi** e boicotassem as mercadorias estrangeiras. É nesse momento que Gandhi, presente, é claro, foi tomado por uma de suas famosas inspirações. Ele não sabia nem exatamente o que queria, nem como exprimi-lo, pois carecia ainda de um vocabulário preciso para descrever as novas noções. Finalmente, para traduzir uma idéia ainda vaga e da qual não avaliava todas as implicações, veio-lhe a palavra não-cooperação, diretamente traduzida do inglês. "O único modo de resistência verdadeira ao governo era cessar de cooperar com ele."

Gandhi apresentou seu programa de não-cooperação durante uma sessão extraordinária do Congresso, em 1920, em Calcutá. Se o acompanhassem em todos os pontos, o *swaraj* seria obtido no ano ("uma promessa não apenas pouco prudente, mas infantil", comentou Subhas Chandra Bose). Gandhi triunfou por uma pequena margem de votos. Em li-

---

* *Swadeshi*: feito no próprio país (*home made*); proteção do que é nativo. (N.A.)

nhas gerais, tratava-se de boicotar as instituições coloniais e os produtos europeus, isto é, pôr em dificuldade os interesses econômicos britânicos – o nervo da questão – e paralisar o governo. Na prática, se procederia por etapas. As primeiras: boicote das escolas britânicas (escolas nacionais eram propostas em seu lugar, onde seria oferecido um ensino de acordo com as necessidades específicas da Índia); boicote dos tribunais oficiais (os litígios seriam resolvidos de forma amigável por arbitragem); boicote dos produtos de origem estrangeira; boicote dos novos conselhos legislativos criados pela reforma Montagu-Chelmsford. Depois, numa etapa superior, boicote dos impostos que não seriam mais pagos; boicote do exército e da polícia, que os indianos desertariam. Uma recomendação final: o retorno à fiação e à tecelagem à mão, o que permitiria fazer reviver o artesanato das aldeias e dar trabalho aos camponeses desempregados que morriam de fome. Outra vantagem desse trabalho manual: ensinar a cada um a humildade e o domínio de si, virtudes tipicamente gandhianas. "*Khadi*", isto é, o tecido feito à mão, tornava-se uma palavra de ordem. Uma simples palavra para simbolizar a libertação da tutela econômica inglesa. Com *swaraj*, que significa emancipação política, Gandhi encontrava então duas palavras intercambiáveis (como o eram Deus e Verdade) para traduzir de maneira simples aspirações vastas e complexas.

O programa insistia também na supressão da intocabilidade e na união hindu-muçulmana.

Gandhi anunciara que a não-cooperação entraria em efeito em 1º de agosto de 1920, precedida de um dia de jejum e de preces. Nesse dia, Tilak, o único verdadeiro rival de Gandhi, morre, deixando-o senhor da cena. Certamente o Mahatma perdera sua "mais sólida fortaleza", como exclamou ao tomar conhecimento dessa morte, mas por isso mesmo tornava-se o chefe incontestado do nacionalismo indiano, o líder do Congresso, o símbolo da independência. Tinha doravante o campo livre, o apoio da jovem geração fascinada, o dos grandes industriais e comerciantes, que o julgavam capaz de livrá-los da tutela econômica inglesa (sem condenar, como o fazia a intelectualidade, sua ideologia "obscurantista"), e, por ora, o dos muçulmanos.

Ele planejara o movimento com cuidado, por região, por etapas, a fim de evitar a desorganização e a violência. De seu posto central, à escuta do povo, ligado a ele por antenas ultra-sensíveis, captava o rumor profundo e também emitia a energia necessária ao movimento, mesmo em suas ramificações mais distantes – energia e convicção sem as quais não teria podido exigir e sustentar tão grandes sacrifícios.

"Esse programa era totalmente diferente do que o Congresso fizera até então; na verdade, era novo para o mundo inteiro, pois o *satyagraha* na África do Sul tivera apenas um campo de ação limitado" (GWH, 741). Os veteranos do Congresso hesitaram. Mas os mais jovens, assim como o homem da rua e as massas indianas, foram tomados de entusiasmo. "Gandhi quase os hipnotizava e, com grandes gritos de *Mahatma Gandhi Ki jai*, eles saudaram o novo evangelho não-violento da não-cooperação. Os muçulmanos estavam tão entusiasmados quanto os demais... Em breve o fervor das massas e os primeiros sucessos do movimento arrastaram a aliança dos veteranos do Congresso..." (GWH, 741), escreve Nehru, então com apenas trinta anos de idade, um homem brilhante, recém-saído da universidade inglesa.

OS COMEÇOS DE GANDHI NA POLÍTICA

Até então, diz Gandhi, ele não havia desejado outra coisa no Congresso senão ser um "simples soldado", suas aptidões principais sendo, segundo ele, angariar fundos – o que ele chamava, gracejando, "ordenhar a vaca", atividade na qual cedia em excelência apenas ao "príncipe dos mendigos" – e exprimir-se de maneira clara num mínimo de palavras, hábito adquirido mediante longa prática. A isso deveria ter acrescentado notáveis dons de organizador. Ora, os estatutos do Congresso, legados por Gokhale, não eram mais suficientes para enfrentar a complexidade das situações novas. Ele foi encarregado então de duas tarefas, arrecadar fundos para o Tilak Swaraj Fund (em homenagem ao líder desaparecido) e redigir novos estatutos. O resultado trouxe-lhe certa satisfação. Por um lado, a subscrição reuniu uma soma considerável que ia assegurar uma base financeira ao movimento; por outro, ele fazia do Congresso um organismo estruturado e hierarquizado, dotado de um executivo poderoso e de uma base ampla, com uma multidão de comitês locais e provinciais – estrutura capaz de sustentar campanhas de grande envergadura. "Considero esses estatutos com um certo orgulho... Foi ao assumir essa responsabilidade que estreei realmente na política do Congresso." Mais do que tudo, o Congresso deixava de ser o terreno reservado das classes médias anglicizadas para abrir as portas ao povo das aldeias cuja consciência política estava agora desperta: "Gandhi entrou para o Congresso e logo modificou completamente sua constituição. Fez dele uma organização democrática de massa... Os camponeses participavam e, sob seu novo aspecto, o Congresso começou a se assemelhar a uma vasta organização camponesa permeada de uma boa camada de classes médias" (DI, 410). A atividade política estava agora ao alcance da população rural. Os novos líderes, que provinham das classes de camponeses ricos e traziam "ao movimento nacional o vasto universo de suas redes locais de poder", tinham sobre as massas uma influência tanto maior quanto, na esteira de Gandhi, seu engajamento político possuía um caráter de devoção e abnegação religiosas próprias a impressionar a imaginação – "uma sacralização do engajamento político que explica em parte que tantos interesses diferentes tenham podido se fundir sob o rótulo da organização nacionalista e que as oposições de classe, em particular, tenham ficado adormecidas"[12]. A unidade acima das diferenças: "Gandhi parecia manter enfeitiçadas todas essas classes, todos esses grupos de seres, arrastando-os e fundindo-os numa única multidão variegada, todos lutando no mesmo sentido" (vp, 84).

Assim revisada, a constituição foi aprovada na sessão de Nagpur. Alguns delegados, confusos diante da emergência das massas, mostraram-se reticentes em adotá-la (em particular Jinnah, o líder muçulmano, um brilhante advogado de Bombaim, cuidadoso de sua elegância, muito anglicizado, visceralmente oposto a Gandhi, e de quem foi dito que utilizava a religião para saciar uma ambição política desenfreada). Mas uma onda de solidariedade varreu o país inteiro. Dessa data até sua morte em 1948, apesar dos períodos de retirada vigilante, Gandhi haveria de permanecer a influência dominante do Congresso.

Um "camponês"

A elite intelectual hesitou às vezes em seguir Gandhi, o que não é surpreendente. Segundo Nehru, Gandhi, sem ser ele próprio um camponês, representava as massas camponesas da Índia: "Um homem de uma inteligência poderosa, de visão ampla; muito humano, um asceta, porém, que dominou suas paixões e emoções, as sublimou e canalizou para a espiritualidade; dotado de uma personalidade extraordinária, atraía as pessoas como um ímã... tudo isso vai muito além da natureza camponesa" (vp, 221). No entanto, acrescenta Nehru, "apesar de tudo ele era um grande camponês, um homem que via como camponês as questões deste mundo e que, diante de certos aspectos da vida, tinha a cegueira do camponês". Em suma, um lado teimoso, limitado, que ele próprio reivindicava – o "arcaísmo" que muitas vezes lhe reprovaram (muito embora, em vez de representar um recuo na tradição, suas idéias em matéria religiosa e social haveriam de inovar profundamente, ao conciliarem o antigo e o novo, ao proporem "uma linguagem nova na vida pública e um novo conjunto de valores políticos e sociais"[13], ao reformarem os ritos e instituições que definem a identidade e o *status*). Mas eram essas afinidades com a população dos campos ("A Índia, mesmo a Índia citadina, mesmo a nova Índia industrial, traz nela a marca do camponês") que faziam de Gandhi, sempre segundo Nehru, "um ídolo e um chefe bem-amado". Quanto aos intelectuais, muito poucos tiveram claramente consciência, na época, das mudanças que sua visão ia operar. Claro que eles, intelectuais, estavam afastados das atitudes camponesas: "Os velhos modos de pensamento, os costumes ancestrais, a religião de nossos pais, tudo isso se tornara estranho para nós. Éramos 'modernos' e pensávamos em termos de 'progresso', de industrialização e de elevação do nível de vida. Considerávamos o ponto de vista dos camponeses como reacionário; e eram cada vez mais numerosos aqueles de nós que se voltavam com esperança para o socialismo e o comunismo. Como se explica que chegamos a nos associar politicamente com Gandhi, a nos transformar com freqüência em discípulos zelosos de sua ação?" (VP, 222) Sim, como se explica? Evidentemente, havia sua personalidade, sua irradiação, sua faculdade de adaptar-se a cada um. Seu magnetismo – "essa força indefinível, estranha, que se exerce diretamente sobre a alma dos outros". Mas a explicação não bastava. "Seus opositores não estavam de acordo com sua filosofia de vida, nem mesmo com uma boa parte de seu ideal. Com freqüência não o compreendiam" (VP, 222). Então? Uma parte do segredo residia, talvez, na ação: após tantos anos de impotência e de inércia, enfim uma abertura; após o imobilismo de dirigentes bloqueados por seus preconceitos, por sua educação, por seus ideais, enfim um homem dotado de uma criatividade política considerável e que conduzia à ação. "Uma ação corajosa e eficaz, aureolada de ética, (que) tinha um poder irresistível tanto sobre a inteligência quanto sobre as emoções." Além disso, o poder mesmo de Gandhi sobre as massas tinha algo de convincente (se a figura do líder político caiu desde então em desgraça, devemos nos recolocar no contexto da época e pensar que Gandhi utilizou essa influência não para tomar um poder institucional, que ele não desejava, não para exercer melhor a tirania – milhões de mortos, o assassínio de massa: as principais barbáries da história moderna aconteceram enquanto ele vivia –, mas para assegurar sua "missão de serviço"). "Sempre tivemos a impressão de que, embora nosso espírito fosse mais lógico, Gandhi conhecia a Índia bem melhor que nós." Conhecimento que era necessário para agir. E o essencial, para além de suas "excentricidades", não era sua vontade de mudança? Nehru, reconhecendo esse duplo caráter perturbador, afirma: "A despeito de suas concepções camponesas, ele era um rebelde nato, um revolucionário que queria uma mudança em profundidade e que nenhum medo das conseqüências podia deter" (VP, 223). (Esse caráter verdadeiramente subversivo, muitos conservadores hindus – entre eles o assassino de Gandhi – o pressentiram, apesar da "simplicidade sem ameaça aparente de suas afirmações".) Assim, a despeito de expressões contestáveis como *Ram Raj*, a idade de ouro à qual era preciso voltar, a despeito do vocabulário religioso (no qual escolheram ver o "gênio de ir direto ao coração do povo") e da insistência nas qualidades da alma e não num programa concreto, os intelectuais, considerando a eficácia de seu método não-violento, num primeiro momento juntaram-se a Gandhi.

Este, por sua vez, sem ser contra os intelectuais, desconfiava do papel de vanguarda que eles se atribuíam facilmente na defesa do povo, temendo que esses militantes "de idéias avançadas", "com suas motivações de ordem ideológica, perpetuassem sua própria posição dominante em nome do pobre e do explorado". Assim, segundo Ashis Nandy, que, em sua análise da dimensão política do assassinato de Gandhi, examina as relações do Mahatma com a intelectualidade, "a primeira coisa que ele tentou foi desintelectualizar a vida política indiana". Uma tentativa à qual podemos ligar o emprego desse vocabulário, ao mesmo tempo novo e antigo, que tanto surpreendeu seus pares e com freqüência os irritou. Gandhi, portanto, apoiou-se preferencialmente nas massas, tomando dos meios "não-brâmanes, dos comerciantes e camponeses de condição inferior, muitos de seus traços culturais" que ele fez passar como hinduísmo autêntico (o que Nandy chama: "Fazer de alguns aspectos periféricos da cultura hindu o centro mesmo dessa cultura").

Na multiplicidade das tarefas que ele se impôs, não faltaram situações instáveis em relação à elite intelectual, e sua posição viu-se fragilizada com isso. Conhecendo seu poder junto ao povo, os dirigentes do Congresso às vezes o utilizaram, ignorando-o também, com tato, quando as prioridades dele pareciam muito afastadas das suas; mas Gandhi acomodava-se a esses altos e baixos com um realismo sorridente, não se importando de ser posto de lado contanto que o deixassem prosseguir a obra de sua vida – que era construir uma sociedade não-violenta por meios variados que não diziam respeito necessariamente à política –, sabendo bem, como político inteligente, que retomaria o comando quando fosse preciso.

Mas em 1920, galvanizada pela novidade de suas idéias, a elite o seguiu com entusiasmo, abandonando dinheiro, medalhas e posição social, logo buscando a honra de ir para a cadeia. "Meu Deus, que experiência! Sinto tanto amor e afeição pelas pessoas comuns, grupo do qual agora é uma honra fazer parte. Foi o traje de faquir que rompeu todas as barreiras", escrevia de sua aldeia um ex-presidente, rejuvenescido de vinte anos, dizia ele. E Motilal Nehru, que renunciou a seu prestigioso cargo de advogado e a um estilo de vida dispendioso: "Que queda, meus amigos! Mas, em realidade, nunca aproveitei melhor a vida". A felicidade estava na não-posse, a liberdade, entre as quatro paredes de um cárcere. Milhares de pessoas fizeram então a mesma experiência. Um frenesi de sacrifício apoderou-se delas. "Quase cheguei a esquecer minha família, minha mulher, minha filha", escreverá Jawaharlal Nehru.

Os anos de luta
1920-1928

Gandhi viajava sem descanso. Sete meses no calor e no clima úmido a percorrer a Índia. Trens desconfortáveis, assediados dia e noite por uma multidão que exigia vê-lo: o equivalente, para sua salvação, de uma viagem a Benares. Um dia os habitantes de uma aldeia remota afirmaram que, se o trem de Gandhi não se detivesse em sua pequena estação, eles se deitariam nos trilhos e se deixariam esmagar. O trem fez assim uma parada; por volta da meia-noite, Gandhi, tirado do sono, apareceu. A multidão, até então ruidosa, caiu de joelhos e chorou. Uma outra versão menos edificante dessa anedota bem conhecida diz que a massa, em vez de se calar, invadiu o compartimento onde dormia o desafortunado Gandhi, iluminando a noite com suas tochas e berrando o mais alto que podia: *Mahatma Gandhi Ki jai*. Manifestações de amor que exauriam seu objeto. "A alegria deles é minha dor." Continuar a crer que, apesar dessas manifestações, apesar do título que levava, ele era nada. "Se até agora esse fardo não me esmagou, é graças ao sentimento que tenho de ser nada, e porque estou consciente dos meus limites" (MT, II, 425). Ser nada, a humildade: "Tão logo imaginamos ser alguma coisa, há egoísmo". No entanto, o amor e o apoio das massas eram necessários à sua missão.

Sem possuir um dom de orador especial nem uma voz imponente, ele se dirigia a assembléias imensas, mais de cem mil pessoas às vezes, que, obviamente, não podiam ouvi-lo, mas ainda assim esperavam ser tocadas pela influência de seu espírito. Em companhia de Mohamed Ali*, aconselhava as pessoas a renunciarem às roupas de proveniência estrangeira. Por que não se livravam delas desde já? Seria feita uma

---

* Os irmãos Ali eram militantes muçulmanos cuja amizade Gandhi buscava. (N.A.)

grande pilha, na qual se poria fogo (como ele fizera para os certificados de registro na África do Sul). Camisas, casacos, calças, chapéus, calçados e roupas de baixo – em alguns casos as pessoas ficavam nuas –, as mercadorias importadas ardiam numa grande fogueira de festa, enquanto Gandhi pregava o retorno à roca de fiar: não se devia comprar os produtos das fábricas, mesmo indianos, mas aprender a fiar e a tecer as próprias roupas.

Diante desses autos-de-fé, Tagore, o poeta, ficou horrorizado. Viu nisso um retrocesso, uma falta de espírito científico gerador de progresso, um desperdício devido ao efeito de uma velha superstição. Em seu desejo de "recolocar a razão sobre seu pedestal perdido", ele, Tagore, insurgia-se contra o sobrenatural, as revelações místicas e outras balelas que afligiam a Índia e que um gesto como aquele lhe parecia reforçar. "Fiem e teçam", era esse "o chamado da nova Era"?

Sentado frente à sua roca (segundo sua própria confissão, ele não tinha visto ainda esse instrumento em 1915, ao retornar da África do Sul), Gandhi fiava diariamente. Tratava-se de um rito, de um sacramento, de uma prece. O ritmo da roca harmonizava-se com o canto repetitivo e monótono: "*Rama, Rama, Rama...*". Em breve, todos passariam a fiar, todos se vestiriam de *khadi* [tecidos feitos à mão]. Ele desenhou a bandeira do Congresso: no centro havia uma roca de fiar, uma *charkha*. Em setembro de 1921, a fim de usar apenas *khadi*, a fim de alcançar uma maior simplicidade, muda mais uma vez de vestuário e adota a tanga como única vestimenta – sua "roupa de mendigo" –, o que provocará a incredulidade divertida dos amigos e das multidões londrinas em 1931, ao vê-lo, apesar do frio e da umidade, desembarcar nesse traje reduzido.

Essa quase-nudez o unia ao povo, aos que nada possuíam. Por seu corpo, de forma visível, direta, ele se juntava ao sofrimento dos outros; também por seus jejuns que, por duas vezes pelo menos, quase o levaram à morte. E, pela ausência de sinais de riqueza sobre o corpo, ele se associava à pobreza, não possuindo mais que um mendigo, nada que pudesse diferenciá-lo. Aplicar em sua própria vida os preceitos que ensinava: "*Creed and deed*", como foi dito num jogo de sonoridades do inglês: crer e agir. Nenhuma distância entre os dois. Amar e partilhar: nenhuma distância tampouco. Viver no próprio corpo – único modo de acompanhar verdadeiramente, de partilhar até o fim –, sentir na própria carne a condição dos miseráveis. O povo não se enganou, ele que viu nessa nudez um ato de amor e de confiança. Citemos ainda Tagore, reconciliado: "O Mahatma Gandhi apareceu, de pé na soleira de milhões de destituídos da Índia, vestido como um deles, falando a língua deles... Quem mais aceitou assim sem reserva, *como sua carne e seu sangue*, as imensas massas do povo da Índia?... Assim que o amor se apresentou às portas da Índia, estas se abriram amplamente. Toda avareza interior desapareceu[1]". E ele conclui, maravilhado com "essa descoberta de si mesmo pelo país": "Os espíritos que a mentira corrompeu não podem compreender o sentido do grande amor aceso no coração do povo pelo amor do Mahatma".

UM SÍMBOLO CONTESTADO

Enquanto o povo, em companhia de Gandhi, elevava-se aos cumes do amor, como reagia o governo britânico?

Logo de início, fez ouvidos moucos, pensando que um plano tão absurdo como a não-cooperação desmoronaria por si mesmo. Em abril de 1921, lorde Reading sucedeu a lorde Chelmsford como vice-rei. Em setembro, os irmãos Ali foram presos por se oporem à lealdade do soldado indiano. Um manifesto foi imediatamente assinado, incitando todo soldado ou civil que trabalhasse com o governo a renunciar a seu cargo.

Diante dessa rebelião, a Grã-Bretanha utilizou um argumento de peso: enviou à Índia o príncipe de Gales. Foi então que a força do movimento demonstrou-se de maneira espetacular. Assim como as mercadorias inglesas haviam sido boicotadas, o príncipe e seu cortejo foram desprezados, ignorados: em 17 de novembro de 1921, observou-se uma greve maciça, Bombaim estava deserta para acolher o príncipe e seu cortejo; a contestação atingia o núcleo da realeza e seu símbolo. Houve mesmo alguns distúrbios (58 mortos, 381 feridos), diante dos quais Gandhi, que nesse dia se ocupara em fazer queimar o algodão inglês, decidiu jejuar até que cessassem. Cinco dias. Os espíritos se acalmaram.

O governo ia reagir pela repressão. Entre dezembro de 1921 e janeiro de 1922, cerca de trinta mil pessoas foram presas; diariamente a pena do chicote era aplicada, tanto na prisão como fora. "Dura, selvagem, primitiva, cruel", tal foi, segundo os termos de Gandhi, a resposta do governo. A imprensa estava amordaçada, as reuniões, proibidas. No entanto os nacionalistas se agitavam e exigiam um fortalecimento da ação, pressionando de todos os lados Gandhi, a quem o Congresso dera todo o poder em dezembro de 1921.

Este propôs então tentar uma desobediência civil de massa (o que imaginava como uma formidável comoção no plano político), mas numa região precisa, e não em escala nacional: o condado de Bardoli, perto de Bombaim. Em 1º de fevereiro de 1922, como de costume, ele cortesmente pôs o vice-rei a par de seu plano. A escolha era entre "a desobediência civil de massa e a repressão ilegal das atividades legais do povo". A esse "ultimato" foi respondido que, em realidade, a escolha se situava entre a ausência de leis, com as conseqüências previstas, e a "manutenção dos princípios que estão na base de todo governo civilizado" (conforme o uso da palavra "civilização" ao longo de décadas).

Bardoli: uma região simples, mas disciplinada, decidida e não-violenta. Em 5 de fevereiro, porém, em Chauri Chaura, uma pequena aldeia situada a mil e trezentos quilômetros de Bardoli, policiais, que haviam disparado contra uma procissão, foram atacados e queimados vivos pela multidão enfurecida quando não estavam mais armados. A notícia dessa atrocidade perturbou Gandhi a ponto de ele decidir interromper a campanha de Bardoli. E também aí foi seguido, em mais uma prova da extraordinária autoridade moral que conquistara.

Mas o que dizer dos membros do Congresso? Essa súbita interrupção, quando estavam consolidando posições e avançando em todas as frentes, como disse o jovem Nehru, então na prisão, deixou-os furiosos e perplexos. O próprio governo podia ter fomentado aqueles distúrbios, a fim de revelar a ineficácia do *satyagraha*. Devia o movimento se deter por causa de acessos de violência marginais? Podiam "uma aldeia perdida, um bando de camponeses excitados" pôr fim à luta de uma nação pela liberdade? E não contavam nada os sacrifícios e a prisão onde ainda vegetavam inúmeros *satyagrahi*? Por que esse esforço imenso, se se aceitava interromper tudo com o risco de desencorajar as tropas mais fiéis? Era o Congresso uma instituição política, ou um lugar onde exprimir suas torturas interiores? Sem dúvida alguma, o governo, depois de meses de ansiedade, ia respirar mais livremente e retomar a iniciativa (de fato, Gandhi, que fora poupado por medo das conseqüências, seria em breve detido).

Em 16 de fevereiro de 1922 aparecia no *Young India* um artigo que Romain Rolland, que publica uma grande parte dele em sua biografia de Gandhi, chama sua "*mea culpa*", sua confissão pública. "É preferível mil vezes faltar à verdade aos olhos do mundo do que faltar à sua própria verdade", escrevia Gandhi. "Devo sofrer uma purificação pessoal. *Devo ser capaz de registrar melhor a mais leve variação da atmosfera a meu redor.**" Rolland, que se extasia com o "poder misterioso dessa alma, na qual se inscrevem os frêmitos de seu povo", vê aí um ato de um valor moral excepcional, ainda que politicamente desconcertante. Esse último aspecto, Gandhi o sublinha desde o início, colocando o problema em termos religiosos: "A inversão radical do programa ofensivo é talvez pouco sábia no plano político, mas não há dúvida alguma de que é sábia no plano religioso". Os dois planos, sempre. Mas, longe de se limitar a estabelecer uma hierarquia, ele procura expor de forma realista os perigos de prosseguir a ação em

---

* Grifo meu. (N.A.)

circunstâncias adversas. A Índia, agitada por violências esporádicas, não está pronta. A ordem religiosa harmoniza-se, na verdade, com a sabedoria política. No acontecimento, Gandhi vê uma significação superior em que esses diversos aspectos se acham reconciliados (os que o acusam de hipocrisia fariam bem em meditar sobre esse artigo, no qual se observa a maneira como trabalha seu espírito); sua conclusão se apóia num princípio familiar à Índia: "O incidente prova, queiramos ou não, a unidade de toda a vida". Unidade do Ser para além dos choques e da divisão. Pois, na repressão que se seguirá, as conseqüências negativas se encadearão necessariamente, uns pagando pelos outros. A suspensão do ato e a penitência terão por efeito anular moralmente um tal encadeamento: elas "nos trarão de volta à posição que ocupávamos antes da tragédia".

"Se não tivéssemos interrompido tudo", escreveu Gandhi a Nehru, "garanto-lhe que não é uma luta não-violenta que teríamos conduzido, mas essencialmente uma luta violenta." E Nehru, mais tarde: "É quase certo que, se o movimento tivesse persistido então, os atos de violência teriam se multiplicado. O governo teria agido de forma sangrenta e o terror teria reinado..." (vp, 96). Chauri Chaura fora a gota d'água que fez transbordar o copo. Gandhi pressentira as correntes subterrâneas. "Graças a uma longa e íntima associação com as massas, ele parecia ter adquirido (como ocorre muitas vezes com grandes chefes populares) um sexto sentido; ele *sentia* as massas, adivinhava seus atos, suas possibilidades de ação. Reagindo a esse instinto, modelava seus atos em conformidade; e a seguir, dirigindo-se a seus colegas estupefatos e furiosos, tentava vestir sua decisão com um manto de lógica" (vp, 95). A dúvida, torturas interiores. Charles Andrews, grande amigo de Gandhi, que o viu após os distúrbios de Bombaim, conta que ele estava "espantado e pálido, como alguém que tivesse atravessado o vale das sombras".

Em sua biografia de Gandhi, Rolland cita longamente a declaração de 2 de março de 1922, feita quando Gandhi sentia de forma aguda seu desacordo com o país. "Sempre que o povo cometer faltas, continuarei a confessá-las. O único tirano que reconheço neste mundo é 'a pequena voz silenciosa' que está dentro de nós. E, mesmo se devesse considerar uma minoria de um só, eu teria a coragem de pertencer a essa minoria desesperada." A não-violência continuava "à flor da pele". "O governo alimenta a violência por seus atos insensatos. Quase se diria que ele deseja ver o país coberto de homicídios, incêndios e rapinas, a fim de poder afirmar que é o único capaz de reprimi-los." A Índia à beira da explosão e do caos; somente o temor retinha as multidões, mas à menor ocasião o desejo de vingança se liberaria. "Será que a não-violência voluntária pode sair dessa não-violência forçada dos fracos? Não é uma experiência vã que estou tentando?... E se, quando o furor explodisse, nem um só permanecesse indene, se a mão de cada um se levantasse contra seu próximo, de que serviria então o jejum até a morte após um tal desastre? Se vocês não são capazes da não-violência, adotem lealmente a violência! Mas hipocrisia, não!"

Gandhi seria em breve detido. "Era a noite do jardim das Oliveiras", escreve Rolland, que prossegue sua comparação implícita com Cristo. "Quem sabe se, no fundo do coração, ele não acolheu o acontecimento como uma libertação?" Em seu *ashram*, Gandhi espera entre seus discípulos. Havia previsto a prisão. Pouco depois da prece, chega a polícia. "O Mahatma entregou-se entre suas mãos."

O "GRANDE PROCESSO"

Em 18 de março teve início, diante do juiz de Ahmedabad, o que se costuma chamar o "grande processo". Para o juiz e o acusado, foi a ocasião de um ataque de cortesia cavalheiresca. Gandhi, mais uma vez, assumiu a culpa em todas as acusações. O episódio é provavelmente um dos mais conhecidos da vida do Mahatma, e as palavras que pronunciou nessa ocasião, a explicação que deu de sua "mudança de coração", quando de lealista tornou-se rebelde, permanece em todas as memórias (o filme de Richard Attenborough sobre Gandhi dá um grande destaque a essa cena).

Era em artigos recentemente escritos por Gandhi que se baseava a acusação. Um telegrama de lorde Birkenhead e de *mr.* Montagu, no qual se lia o hábito tranqüilo da arrogância – a maneira sem réplica de afirmar uma relação de superior a inferior –, havia desencadeado sua reação imediata ("Se a existência de nosso império fosse posta em jogo... se imaginassem que cogitávamos retirar-nos da Índia, a Índia desafiaria sem sucesso o povo mais decidido do mundo, que responderia com todo o vigor necessário"). O artigo de Gandhi no *Young India*, em 23 de fevereiro de 1922, era violento: "Nenhum acordo com o Império enquanto o leão britânico sacudir em nossas faces suas garras sangrentas". Depois, ele informava aos ingleses que os milhões de indianos comedores de arroz e miseráveis estavam decididos a tomar nas mãos seu próprio destino, dispensando a tutela britânica, assim como toda arma. "Nunca nenhum império embriagado pelo poder e pela pilhagem das raças mais fracas durou muito tempo", observava Gandhi. "O combate que começou em 1920 é um combate até o fim, dure ele um mês, um ano, meses ou anos..."

Gandhi, no momento em que tomou a palavra, não tinha mais dúvida nem hesitação; suas angústias das últimas semanas quanto à justeza das decisoes tomadas haviam se dissipado; ele estava firme e sereno. Depois, leu uma declaração escrita.

"Minha vida pública começou em 1893 na África do Sul. Meu primeiro contato com as autoridades britânicas nesse país não foi feliz. Descobri que, enquanto homem e enquanto indiano, não tinha nenhum direito. Melhor dizendo, descobri que não tinha nenhum direito enquanto homem porque eu era indiano..." Mas nessa ocasião ele não quis mal ao governo, achando que o tratamento dos indianos era uma excrescência de um sistema intrinsecamente bom. Assim, criticou esse governo ali onde pensava que ele estava errado, mas sem desejar sua destruição. Até 1919 defendera a cooperação. Mas o próprio governo havia rompido os laços com seus súditos, e Gandhi chegava agora à

> convicção de que as reformas mesmas propostas pela Inglaterra seriam mortais para a Índia. O governo se apóia sobre a exploração das massas. A lei é feita para essa exploração. A administração da lei é prostituída a serviço do explorador. Um sistema sutil e eficaz de terrorismo aviltou o povo, ensinou-lhe a dissimulação. A Índia está arruinada, esfomeada, degradada; alguns chegaram a dizer que ela precisaria de gerações antes de ser capaz de governar-se a si própria como um domínio autônomo. Nenhum dos governos que no passado oprimiram a Índia lhe fez tanto mal quanto a Inglaterra. A não-cooperação com o crime é um dever*...

Gandhi assumia toda a reprovação dos "crimes diabólicos de Chauri Chaura", dos "ultrajes insensatos de Bombaim"... Ele era responsável, sim, e pregar a desafeição para com o sistema atual de governo tornara-se nele inclusive uma paixão. Não pedia circunstâncias atenuantes, ao contrário, pedia a mais alta pena que pudesse ser infligida "para o que é, segundo a lei, um crime deliberado e que a mim parece ser o primeiro dever de um cidadão"; quanto ao juiz, se acreditava que o sistema que servia era justo, seu dever era conseqüentemente decidir o castigo mais pesado.

Ao final da declaração, o juiz Broomfield inclinou-se diante do prisioneiro. Começou então uma troca de argumentos histórica.

> "Decidir uma sentença justa", disse o juiz, "é talvez a tarefa mais difícil que um juiz pode enfrentar neste país. É impossível ignorar o fato de que você pertence a uma categoria diferente de todos aqueles que tive de julgar ou

---

* Escolhi dar aqui o resumo feito por Romain Rolland do longo discurso de Gandhi. (N.A.)

> irei julgar. É impossível ignorar o fato de que você é, aos olhos de milhões de homens, um grande chefe e um grande patriota. Mesmo os que não concordam com você em política o consideram um homem de alto ideal, de uma vida nobre e mesmo santa.

Cortesmente, o juiz consultou Gandhi sobre a pena a lhe impor. Seis anos? Mas se o governo achasse bom reduzir essa duração, ninguém ficaria mais satisfeito que ele, o juiz. Gandhi levantou-se e disse que a pena era a mais leve que um juiz podia lhe atribuir e que, em relação a todo o seu processo, não podia ter esperado maior cortesia. Tudo se desenrolara segundo os antigos códigos cavalheirescos. Os dois partidos haviam se elevado à mesma altura. Os amigos de Gandhi caíram a seus pés, chorando. Enquanto o conduziam à prisão, Gandhi sorria.

> Devemos alargar a porta das prisões e nela penetrar como o recém-esposado entrando na câmara nupcial.

OPERAÇÃO E JEJUM

Kasturbai transmitiu a notícia numa mensagem digna, pedindo que as pessoas se concentrassem agora, com calma, no programa construtivo de Gandhi. Enquanto isso, Gandhi, na prisão, estava feliz (segundo Charles Andrews). Havia pedido que não viessem vê-lo, que o deixassem sozinho. Ele rezava, purificava-se, fiava diariamente na roca. A sentença foi acolhida com tranqüilidade. A Índia, que em 1919, à notícia da prisão de Gandhi, inflamara-se, dessa vez observou o silêncio. Lorde Reading, em vez de ver nisso o efeito do progresso da não-violência, considerou que Gandhi, por sua reviravolta insensata, perdera todo crédito junto à população – ele "se colocara num impasse enquanto homem político" –, o que exemplifica os mal-entendidos que podem se instaurar entre culturas diferentes. Equivocando-se ainda mais, o filho de lorde Reading disse que "o simples fato de o sr. Gandhi ter sido preso como qualquer outro mortal indisposto com a lei é em si um sério golpe desferido contra seu prestígio" (LMG, 185).

Em 12 de janeiro de 1924, Gandhi é levado às pressas da prisão de Yeravda ao hospital de Poona. Sofria de uma crise de apendicite aguda e devia ser operado imediatamente. Quando soube da notícia, a Índia inteira foi tomada de "um delírio de ansiedade". O presidente do Congresso pan-indiano, Mohamed Ali, decretou preces nacionais no país. De todos os lados pedia-se a libertação de Gandhi. Sua vida estava então por um fio e os ingleses temiam que viesse a morrer em suas mãos, causando uma sublevação da Índia. Por razões tanto políticas quanto médicas, ele foi solto em 4 de fevereiro.

E a Índia celebrou sua libertação: dia de ação de graças, encontro de trinta mil pessoas em Bombaim, procissões e festas, "torrentes de amor despejadas sobre Gandhi". Uma página comovente de Romain Rolland o descreve em seu leito do hospital, "sempre tranqüilo, senhor de si, obrigando-se a falar longamente aos visitantes. Está emagrecido, enrugado... Mas quem o ouve falar, com sua voz doce e calma, com sua afetuosa cortesia, é tocado até o coração por sua serenidade... Antes da prisão, e apesar de sua força de alma, viam-no contristado de preocupações. Agora ele é todo luz".

Durante sua ausência, as dissensões no seio do Congresso haviam se aprofundado. A irrupção de entusiasmo dos anos 1919-1920 parece extinta, desaparecido o grande *élan* de unidade. Com seus chefes aprisionados, a organização perdeu boa parte do prestígio, e os líderes rurais, sem mais confiança, abandonam o Congresso, ocasionando, assim, a desmobilização das massas. A essa perda de impulso somam-se divisões graves: tendo sido suprimido o califado por Mustafá Kemal, em 1924, a motivação da união sagrada contra os ingleses desaparece e o velho antagonismo entre hindus e muçulmanos irrompe novamente; conflitos entre comunidades multiplicam-se; cada religião põe em evidência sua especificidade (o hinduísmo estando muito presente no discurso de Gandhi, que evoca o advento do *Ram Raj*, o reino de Deus na Terra; o Islã, por seu lado, retomando um novo impulso sob a influência de Jinnah, que fortalece a Liga). E o próprio Congresso está dilacerado entre os que apóiam uma linha dura – os gandhianos ortodoxos (chamados "*no changers*") – e os partidários de uma estratégia política mais conciliadora, que reconsideravam a decisão de boicotar as assembléias eleitas (os swarajistas, dirigidos por C. R. Das e Motilal Nehru).

O quadro era sombrio, a campanha desembocava na violência: muitos dos que "seguiam" Gandhi escapavam agora a seu controle; e muitos de seus aliados, que em 1920 haviam sido atraídos por seu método novo, estavam agora convencidos de que este, na verdade, os enfraquecia, impedindo-os de adotar as estratégias mais eficazes.

Ao ser libertado, Gandhi compreendeu que o clima político mudara. Para evitar que se deteriorasse ainda mais, porque sabia muito bem avaliar a relação de forças em confronto, assinou o pacto Gandhi-Nehru-Das, aceitando um certo número de concessões que, para seus partidários, tinham um triste sabor de derrota. E que, para o vice-rei, tinham um aspecto cômico: "Gandhi está agora a reboque de Das e de Nehru, embora estes se esforcem ao máximo para fazê-lo crer que é um dos líderes, quando não o líder". Um tipo de observação que "mostrava a ignorância crassa dos ingleses frente à opinião pública indiana", e Nehru dirá na mesma ocasião: "Em nenhum momento a popularidade de Gandhi junto às massas cedeu" (vp, 126).

Mais grave ainda do ponto de vista de Gandhi era a degradação das relações entre hindus e muçulmanos. Nas páginas do *Young India* – um número inteiro foi dedicado ao problema –, ele escreveu que as tensões entre as duas comunidades jamais teriam tomado essa forma se o país tivesse realmente compreendido seu método. Pois a não-violência era a chave não apenas da emancipação política do país, mas da paz entre as comunidades.

A despeito de seus apelos ao bom senso, a calma não voltava. Em setembro de 1924, por ocasião de um conflito em Kohat, 150 hindus foram mortos e toda a população hindu foi expulsa da cidade. Essa carnificina aterrorizou Gandhi. A energia que ele ativara mostrava sua face destrutiva. Então, em sua angústia, começou a jejuar, o remédio habitual à aflição. A reação do país foi imediata. Em Délhi foi realizada uma conferência em favor da união: trezentos delegados, os principais líderes do país reunidos, resoluções tomadas: um grande impulso de boa vontade. E, ao cabo de 21 dias, ao som da recitação do Alcorão e dos Upanixades, aos quais se misturavam hinos cristãos, Gandhi cessou de jejuar. Sem ilusões, porém. Os chefes das duas comunidades combatiam, como os cães da fábula, "não por um osso, mas por sua sombra".

REMONTANDO A PARTIR DA RAIZ

Durante os anos que seguiram, Gandhi retirou-se das controvérsias da política. Consagrou-se à tarefa de suprema importância que, segundo ele, determinava a independência: reconstruir o país. Tratando os males pela raiz.

> Trabalharei pela criação de uma Índia na qual os mais pobres se sentirão em casa, em seu país, onde terão sua palavra a dizer, onde não mais existirão classe alta nem classe baixa, uma Índia onde todas as comunidades viverão em perfeita harmonia... Nessa Índia, não pode haver lugar para essa maldição que é a condição de intocável, o flagelo do álcool e das drogas... As mulheres gozarão dos mesmos direitos que os homens... Eis aí a Índia dos meus sonhos (DI, 413).

Há uma tendência a passar um pouco apressadamente sobre os períodos em que Gandhi esteve retirado da vida pública – meditações no *ashram*, anos de prisão, meses ou semanas num leito de enfermo –, como se esses momentos, é o que pensavam os administradores ingleses na época, fossem de inatividade e vazio. Lorde Birkenhead, secretário de Estado na Índia, comentava com uma sombria satisfação, em 1925: "Esse pobre Gandhi está decididamente bem morto! Tão patético com sua roca de fiar quanto os últimos trovadores com sua harpa e nem sequer capaz de reunir e seduzir um auditório.²" Ou lorde Irwin, embora tivesse mais afinidades com Gandhi, considerando que seu poder político declinava: é uma força esgotada "agora longínqua, evoluindo numa atmosfera rarefeita e alheia aos elementos concretos da situação", mais interessada pelas questões sociais do que pela política.

No entanto esses retiros representam, na verdade, um avanço espiritual. Nenhum resultado espetacular, é verdade, mas momentos tão densos, tão produtivos quanto os outros, quando estava engajado num trabalho frenético. De seus anos de prisão (1922-1924) até 1928, ele não esteve, por certo, no primeiro plano da vida política. A prisão, a má saúde, o ano sabático que concedeu a si próprio em 1926, no *ashram* de Sabarmati, a distância preservada em relação ao compromisso político, tudo isso o afastou da posição central ocupada no início da década, em 1920-1922.

Tirando partido de uma situação que estava em seu desfavor, ele se ocupava em recuperar seu centro, suas raízes. Refletia sobre os dias passados, enquanto prosseguia a redação de sua autobiografia e de *Satyagraha in South Africa*. E meditava sobre as fontes religiosas que o haviam nutrido, como se constata nos discursos e escritos dessa época.

Onde estavam suas prioridades? Que conclusões podia tirar da luta dos últimos anos? A introspecção era um hábito em Gandhi. Mas não se tratava apenas de reencontrar a si mesmo, e sim de dar uma nova força à sua visão, de recarregá-la de esperança. Antes mesmo que fosse preso, e mais ainda depois de sua libertação, ele pudera constatar em seu próprio meio que o espírito de sacrifício estava ausente, que o interesse pessoal prevalecia em muitos casos, que sua maneira moral e religiosa de considerar a política estava longe de ser unânime. O *Swaraj* não fora obtido no ano, como ele prometera, e muitos dos que haviam seguido o movimento de não-cooperação o fizeram por cálculo, porque julgavam o método eficaz, não por convicção profunda, porque acreditassem nas virtudes da não-violência. À saída da prisão, grassava a batalha entre as diversas facções políticas, e as comunidades hindu e muçulmana se dilaceravam com uma violência crescente, anunciadora da tragédia. Outros tantos sinais alarmantes.

Swaraj: a emancipação política, certamente, mas sobretudo, aos olhos desse visionário, um estado de perfeição, uma Índia sonhada, mas possível. Como atingir esse ideal? Libertando-se da escravidão que produzia danos sob diversas formas, pois as religiões, manchadas de superstições, a sociedade, com o flagelo dos intocáveis, as aldeias e as mulheres eram vítimas dessa escravidão. Realizar a unidade religiosa, abolir a intocabilidade, pôr fim à dependência das aldeias, ao iletrismo reinante, à opressão da mulher, aos casamentos entre crianças – tal era o seu programa. Primeiro atacando os problemas imediatos, os da vida prática: alimentação, higiene, vestuário, não há detalhe que, em sua atenção meticulosa às tarefas cotidianas, ele tenha deixado de lado. Em suas diretivas figuram lado a lado temas políticos da ordem do dia e indicações sobre a limpeza dos banheiros, disposições quanto à maneira de sentar-se, beber, comer, considerações sobre os diversos regimes alimentares, o registro preciso das contas...

Geralmente os britânicos, quando não consideravam Gandhi como um político astucioso, viam nele um fanático, um santo, certamente, mas bizarro, para dizer o mínimo, incapaz de bom senso ("Que catástrofe esses santos fanáticos! Gandhi não faria mal a uma mosca e é tão honesto quanto possível, mas lança-se com leviandade num tipo de ação que é a negação de todo governo..."[3], escreve um vice-rei exasperado). Gandhi, ao contrário, pensava com razão que era provido de um grande senso de realidade. "Tenho a pretensão de ser um idealista dotado de senso prático."

Ele foi comparado aos grandes místicos, Santa Teresa de Ávila, Juan de la Cruz, não por seu misticismo, mas por sua aptidão a aliar, como esses visionários, o chamado da contemplação e a necessidade da ação – a capacidade de entregar-se a um trabalho quase frenético. "Mas – como nesses seres de visão e de ação – a exaltação e a convicção tinham seu avesso: períodos de desespero, fases de depressão profunda e uma tendência ao esgotamento tanto físico quanto emocional.⁴" O homem Gandhi, o visionário combatente, prossegue Judith Brown, é mais acessível durante esses períodos de retiro deliberado da vida política, quando reorienta sua energia para uma mudança social radical – mesmo se, para ele, reforma social e liderança política não fossem senão aspectos diferentes de um mesmo trabalho, um mesmo *dharma*, a mesma busca de uma visão da verdade.

"A ESPOSA DE MIL BÊBADOS"

A liberdade política dependia do progresso econômico, que dependia do esforço do povo inteiro. Ou seja, de uma tomada de consciência que se baseava na participação de todos os ramos de atividade.

Nos discursos e artigos desse período, dois temas retornam: a intocabilidade e a roca de fiar. Certamente o *khadi*, o tecido feito à mão, figurava no programa de não-cooperação, mas, nesse período em que pensava menos na política, Gandhi fez do uso da roca um verdadeiro culto. Fiar, uma atividade paciente e monótona como a prece, que requeria o domínio de si necessário ao apaziguamento das paixões: um exercício de não-violência. Uma mania, pensavam os indianos ocidentalizados e mesmo os seus mais ardorosos partidários no Congresso.

Se esses indianos, como os britânicos (antes que estes vissem aí um símbolo de sedição), achavam pelo menos estranha a obsessão por esse instrumento arcaico, a roca, é que tanto uns quanto os outros viviam muito distantes da realidade das aldeias. Uma pobreza esmagadora que nenhuma fé em Deus podia, segundo Gandhi, iluminar: "Para os homens e as mulheres que morrem de fome, Deus e a liberdade são apenas letras enfileiradas e sem nenhum sentido; o libertador dessa pobre gente seria aquele que lhes trouxesse um pouco de pão". Camponeses sem terra, aniquilados pela miséria, passando seis meses do ano em desemprego forçado. Sua renda irrisória, pensava Gandhi, poderia ser melhorada por pequenas indústrias aldeãs; fiar e tecer em casa eram atividades de um magro rendimento, mas mesmo assim acrescentariam algumas rúpias mensais às três rúpias que eles ganhavam. O colono, o camponês deviam fiar por razões econômicas; para o habitante das cidades, que devia também fiar, as razões eram de ordem moral ou, segundo os termos de Gandhi, espiritual. Participar de um mesmo trabalho era uma forma de estar unido, de conhecer o Outro partilhando sua atividade ou, pelo menos, de tomar consciência de sua existência – da infelicidade de sua existência. A roca tornou-se o meio de diminuir um pouco o abismo existente entre ricos e pobres. Se, enquanto solução aos problemas essenciais de nossa época, não se podia tomar isso a sério, disse Nehru, o efeito psicológico foi, no entanto, importante: "Não sem sucesso, lançou-se uma ponte entre a cidade e a aldeia, entre a intelectualidade burguesa e o campesinato" (vp, 367). Já que a vestimenta influi sobre a psicologia de quem o usa, como também sobre a do espectador, "a adoção do *khadi*, em sua branca simplicidade, repercutiu contra a vulgaridade e a ostentação do gosto burguês e reforçou o sentimento de comunhão com a massa... Não foram somente os pobres que se beneficiaram moralmente com ele" (vp, 368).

Aos poucos, a roca passou a ser o centro do programa econômico de Gandhi; é em torno dela que ele vai organizar os melhoramentos previstos em matéria de higiene, doenças endêmicas, criação do gado... as mil e uma atividades que constituem a vida de aldeia e que ele não negligenciou, nenhuma.

Seu ardor confinava com a angústia. A pobreza das aldeias o atormentava. Quando um dia lhe sugeriram a paciência, respondeu: "Peçam à mulher de um bêbado para ser paciente! Eu sou a esposa de mil bêbados e não posso ser paciente."

Com a tanga branca amarrada à cintura, descalço ou calçando sandálias, um sorriso radioso na face, ele avançava a passos largos em direção ao estrado, nas reuniões, e formulava seu pedido. "Vim a negócios, para recolher fundos para a roca. Quem sabe, esta poderia ser minha última visita...", e percorria a multidão de seus fiéis pedindo "uma prova em moeda sonante" de sua devoção. Como um feirante ganancioso, fazendo e refazendo as contas, preocupado com o menor centavo, coletava dinheiro e jóias, sorria a suas admiradoras, revendia em leilão os suntuosos cofrinhos de ouro e prata e revertia os benefícios para os fundos do *khadi*.

No *ashram* de Sabarmati fabricavam-se rocas (um dia houve tantos pedidos que a oferta não foi suficiente); nas páginas do jornal *Young India* apareciam listas de ganhadores na roca, tecelões eméritos, com o número exato de metros produzidos; e, nas reuniões do Congresso, "brincava-se" de roca: os delegados chegavam munidos do que parecia ser um estojo de violino, dali tiravam uma roca em miniatura e fiavam diligentemente durante a sessão. Gandhi havia lançado uma moda. Todos passaram a usar o *khadi*, "a libré da liberdade", como disse Nehru.

PERSUASÃO OU AUTORIDADE?

Diante de uma influência tão poderosa, interrogamo-nos: que tipo de poder era esse? Pressão ou persuasão? Gandhi recusava-se a utilizar a coerção. Mas era ela evitável? O método que tinha por finalidade converter o adversário exercendo uma ascendência sobre ele não podia ser estritamente antiautoritário. Em realidade, a não-violência podia implicar uma obrigação moral extrema. Orwell analisa assim as posições de Gandhi e de Tolstói: "Alguém que se infiltra no interior de nosso cérebro e nos dita pensamentos até em seus menores detalhes". Nehru, em seu exame da não-violência gandhiana, mostra-se consciente de um tal perigo, contra o qual ele mesmo precisou lutar: "Pode-se conceber coerção maior do que essa obrigação psíquica pela qual Gandhi reduzia muitos de seus discípulos e colegas ao estado de papa mental?" (vp, 373). Que Gandhi tinha consciência desse poder, é evidente; do mesmo modo avaliou seus riscos, como o provam seus freqüentes acautelamentos. "Gostaria que o leitor tirasse a moral de que nunca deve aceitar o que quer que seja como o evangelho da verdade, mesmo se vem do Mahatma, a menos que esteja convencido tanto em seu coração como em seu espírito" (gi, 337). O apelo à razão, tanto quanto à fé. Que tenha achado bom, às vezes, usar dessa influência, e mesmo abusar dela, é o que se constata também. Em relação a seus próximos, ele podia ser implacável.

> Esse homem doce (segundo um discípulo do *ashram*) pode ser terrivelmente duro e assim é, sobretudo, para os que lhe são mais próximos. Exige deles tanto mais quanto lhe são mais caros. Exerce sobre eles um controle inflexível que se estende, para além de suas palavras e atos, sobre seus pensamentos. É em relação a seus maus pensamentos que se mostra mais implacável; e não tem necessidade sequer de que lhe confessem, pois os lê dentro deles, arranca-os do fundo da alma antes que tenham falado. Todos têm medo, mas todos lhe querem bem (rj, 100).

Como ferreiro das almas, ele tomava "uma peça de ferro grosseira" para transformá-la num "belo objeto útil", processo que exigia algumas "vigorosas marteladas". Mas ao mesmo tempo incitava os discípulos a uma maior independência. Suas relações com *miss* Slade oferecem o exemplo de um equilíbrio tanto mais difícil de atingir quanto, nas mulheres como nos homens, esse estado precário era ameaçado por uma veneração excessiva. *Miss* Slade, inglesa, filha do almirante Slade e "filha espiritual" de Romain Rolland, abandonara tudo para seguir o Mahatma, instalando-se no seu *ashram* e tornando-se sua filha adotiva sob o nome de Mirabehn* (nome de uma lendária princesa apaixonada pelo deus Krishna). Na verdade, Mira era uma mulher apaixonada que zelava ciosamente pelo mestre. "Ela é íntima de Gandhi", escreve Romain Rolland. "Ela vem fazer seus votos definitivos na presença dele, banhada em bem-aventurança... Ao conhecer Gandhi, ao desposar sua fé, ela encontrou seu verdadeiro caminho" (RJ, 447). E Mirabehn escreverá a Romain Rolland, em 12 de novembro de 1925: "Ah, meu pai, eu não podia imaginar o quanto ele é divino! Esperava um Profeta e encontrei um Anjo." Um anjo que precisou chamar à razão sua adoradora mais fervorosa; ela se desesperava quando não o via, ou falava de suicídio por "uma simples observação" dele. Segundo Gandhi, essa dependência era uma doença, a idolatria. "Se não é esse o caso, por que desejar a tal ponto minha companhia? Por que tocar ou beijar meus pés, que um dia serão frios como a morte? O corpo é nada. A verdade que represento está diante de você... Por que depender tão desesperadamente de mim? Por que fazer tudo com a idéia de me agradar? Por que não independentemente de mim e até mesmo contra a minha vontade? Não pus nenhum limite à sua liberdade, a não ser aqueles que consentiu. Quebre o ídolo, se puder e quiser..." (GI, 107). Ele terminava a carta encorajando-a a sair do torpor para não mais recair. Em suma, Gandhi desejava que se combatesse a seu lado por uma causa maior, em vez de ficar encerrado em si e no seu amor: "Fico feliz que as pessoas sigam minhas idéias, mas não que me sigam". Seguir idéias é um apelo à compreensão, portanto à razão; seguir uma pessoa é um apelo à fé, muitas vezes cega. "Não quero ser um objeto de devoção, o que uma tal fé exprime, mas quero, isso é certo, que sigam minhas idéias com devoção" (GI, 7). Entre a ascendência obtida pela razão e a pressão exercida pela vontade, a linha

---

* O romance de Sudhir Kahar, *Mira et le Mahatma*, conta essa história (Seuil, 2006) (N.A.)

divisória é estreita e sempre questionada, sendo frágil a diferença, da parte do discípulo, entre a convicção autêntica e a fascinação pelo mestre.

Retorno à política

Durante um ano (1925), quando havia aceitado a presidência do Congresso, Gandhi percorreu o país, pregando às multidões fascinadas "seu credo não-violento, conservador e anarquista". Em toda parte onde ia, era cercado por hordas. Louis Fischer, um de seus biógrafos*, que o conheceu bem, conta que à noite seus pés e suas pernas estavam cobertos de arranhões infligidos pela veneração de seus adoradores: vê-lo, santificar-se por sua visão, mais ainda, curvar-se diante dele, tocá-lo... Seus auditórios eram tão vastos que precisava dirigir-se a eles de pé, para depois contorná-los à esquerda e à direita, esperando que as pessoas permanecessem sentadas e não o sufocassem, o que várias vezes por pouco não aconteceu. Começavam a deificá-lo. Uma tribo, os gonds, o adorava e prestava-lhe um culto, superstição que ele rejeitou severamente.

Em vários momentos de sua vida haveria de atravessar assim o país, de trem, de carro ou a pé, lentamente ou mais depressa, sem poder repousar. Nehru, que o compara aos peregrinos de outrora, animados de uma necessidade infinita de errância, diz que desse modo ele adquiriu um conhecimento único da Índia, "milhões de pessoas o viram e entraram em contato com ele". "Em 1929, ele veio às Províncias Unidas [Uttar Pradesh, norte da Índia] para falar do *khadi*. Acompanhei-o durante alguns dias e, embora já tivesse feito a experiência, não pude deixar de ficar maravilhado com a imensidão das multidões que atraía... enxames humanos que pareciam nuvens de gafanhotos. Enquanto atravessávamos de carro

---

* O filme *Gandhi*, de Richard Attenborough, baseou-se nessa biografia. (N.A.)

as regiões rurais, víamos, a intervalos de alguns quilômetros de distância, reuniões de dez a 25 mil pessoas, a reunião principal da jornada contando às vezes com mais de cem mil" (VP, 176). Naquele tempo não havia microfone e essas multidões não podiam ouvi-lo, prossegue Nehru, mas o objetivo não era esse: bastava-lhes vê-lo. "Gandhi dirigia-se brevemente a elas, evitando despender de forma inútil suas forças. Caso contrário, lhe teria sido absolutamente impossível continuar naquele ritmo hora após hora, dia após dia."

Essas turnês esgotavam Gandhi: três ou quatro discursos por dia, um local diferente onde dormir cada noite, uma enorme correspondência que ele jamais negligenciava, os artigos a escrever por montes e vales, inúmeras conversas com homens e mulheres que vinham consultá-lo, os conselhos que dava sobre os menores problemas domésticos.

Em novembro de 1925 empreendeu um novo jejum, de sete dias dessa vez. A Índia indignada e inquieta protestou: por que jejuar ainda? "O público deverá resignar-se a negligenciar meus jejuns e a não mais se preocupar. Eles fazem parte de mim. Os jejuns são tão importantes para mim quanto são meus olhos." Este nada tinha a ver com a política, seu objetivo era pessoal; Gandhi tornara-se "propriedade pública", mas deviam tomá-lo como era, "com todas as suas faltas", e às vezes deixá-lo a sós e com suas privações, ele precisava disso para pensar. "Sou um buscador de verdade. Minhas experiências são, a meu ver, muito mais importantes que as mais bem equipadas expedições ao Himalaia." Descobertas com as quais "nunca havia sonhado", eis o que lhe traziam, entre outras coisas, seus jejuns.

Em dezembro de 1925, Gandhi, no limite das forças, faz eleger uma amiga e discípula, Sarojini Naidu*, à chefia do

---

* Uma poetisa, célebre por sua fé militante e seus talentos líricos (foi apelidada "o rouxinol de Bengala") e que participou do movimento gandhiano desde a origem. No momento da marcha do sal, quando Gandhi foi preso, assumiu a liderança com o filho deste último e conduziu o exército pacífico até os bastões mortíferos da polícia. Em 1947, tornou-se governadora das províncias unidas. (N.A.)

Congresso e decide retirar-se em seu *ashram* para observar um ano de silêncio político.

Só haveria de deixá-lo em dezembro de 1926 para recomeçar a percorrer o país. Sete comícios por dia. Às vezes contentava-se em erguer a mão esquerda; a cada dedo correspondia um objetivo: "igualdade para os intocáveis", "utilização da roca de fiar", "nem álcool nem ópio", "união entre hindus e muçulmanos", "igualdade para as mulheres"; o punho, que ligava a mão ao corpo, era a não-violência. Outras vezes, muito fatigado para falar, permanecia sentado em silêncio diante de um auditório que podia contar até com duzentas mil pessoas, e a multidão imensa rezava em silêncio com ele; juntava as palmas e a abençoava, depois ia embora. Um exercício de silêncio que representava um passo a mais no domínio de si.

De Calcutá ao Bihar e ao país dos Marathes [região do atual Estado de Maharashtra], depois a Bombaim, Poona novamente, de trem até Bangalore, finalmente um giro no sudeste da Índia... Exausto, Gandhi sofre um desmaio. Diagnosticam-lhe um ligeiro ataque cardíaco e o médico ordena-lhe o repouso. Ele continua a escrever artigos, propõe com humor consertar rocas de fiar. Em realidade, espreita e se prepara. Nem as críticas acerbas de que era objeto, nem as preocupações do trabalho o afetavam, declarou um médico, mas o tormento que precedia uma grande decisão, somente isso fazia subir sua tensão. Desde sua saída da prisão em 1924, Gandhi esperava, na verdade, o momento de agir. O jogo político no qual seus amigos do Congresso se envolveram lhe parecia estéril (o partido swarajista havia perdido, naquele momento, suas ilusões quanto aos métodos de luta parlamentar, o que favoreceu o retorno de Gandhi ao seio do Congresso). Faltava-lhe apenas a ocasião para retomar o movimento de não-cooperação.

Essa ocasião, os britânicos a forneceram.

Em 2 de novembro de 1927, alguns dirigentes indianos, entre os quais Gandhi, foram convocados em Délhi por lorde

Irving, o novo vice-rei, que sucedera a lorde Reading em abril de 1926. Um documento lhes foi entregue anunciando a vinda de uma comissão encarregada de examinar a possibilidade de uma nova reforma constitucional (ela tomaria o nome de seu presidente, John Simon). O que mais chocou os dirigentes é que a comissão era inteiramente composta de "brancos", nenhum indiano fazia parte. Exclusão. O que dava a esse procedimento o caráter de uma inspeção em território conquistado – de um insulto, em realidade. Decidiu-se assim boicotar a comissão. Ao chegar à Índia, Simon foi acolhido por bandeiras negras e portas fechadas.

A partir de 1930 a situação mudaria completamente. Não se falaria mais de excluir, mas de negociar duramente. Sem dúvida os indianos ainda não seriam livres na prática, mas o espírito do país se modificaria imperceptivelmente, a obediência cega pertenceria ao passado. Os anos de 1928, 1929 e 1930 seriam decisivos e haveriam de transformar a Índia e sua relação com o ocupante.

Toda a longa luta de Gandhi na África do Sul e todo o seu paciente trabalho na Índia desde 1915 iam chegar à vitória obtida nas campanhas da virada da década.

O apogeu
1928-1934

BARDOLI

Ano de 1928, Bardoli. Gandhi preparava-se para a batalha lentamente, seguramente. Tinha agora quase sessenta anos. Seis anos antes, em 1922, o assassinato de policiais pela multidão fizera-o suspender a campanha de desobediência civil em Bardoli. Foi em Bardoli, em 12 de fevereiro de 1928, que ele decidiu retomar o *satyagraha*. Um teste numa região, antes de levantar o país inteiro.

O objetivo: recusar um aumento de taxas de 22% decretado pelo governo. Sardar Vallabhbhai Patel, um dos fiéis lugares-tenentes de Gandhi, foi encarregado de dirigir-se ao local para conduzir a revolta dos camponeses. Oitenta e sete mil deles, que marcharam como um só homem, recusando pagar o imposto enquanto a taxa não fosse suprimida. Os coletores apoderaram-se de búfalos, depois instrumentos de trabalho, depois utensílios de cozinha, depois cavalos e charretes, finalmente da terra... Os camponeses não tinham mais nada e permaneciam estóicos. No *Young India*, Gandhi escrevia: "Eles terão perdido todas as suas posses, mas conservam o que o homem tem de mais precioso: sua dignidade". Meses se passaram e os camponeses não cediam. Centenas deles foram encarcerados, aldeias dizimadas. O irmão de Patel, que era presidente da Assembléia Legislativa, escreveu ao vice-rei que "as medidas adotadas ultrapassavam os limites da lei, da ordem, da decência". Enquanto isso, doações enormes afluíam da Índia inteira.

Em 12 de junho, Gandhi fez observar um *hartal* [greve] em honra de Bardoli. Percorreu a pé a região em meio ao entusiasmo geral. Mas ele recusava ainda estender o *satyagraha* às outras regiões da Índia, como o pressionavam a fazer. O momento não havia chegado, o limite de resistência não fora atingido: "O limite será fixado pela capacidade dos indianos em seu conjunto de suportar o sacrifício e o sofrimento". Ele queria, sobretudo, poder escolher a hora e o local da batalha.

Em 6 de agosto, o governo capitulava. As prisões soltaram os camponeses cativos, animais e terras foram restituídos, a nova taxa foi abolida. A vitória alcançada por Gandhi, Patel e seus aliados era completa.

Uma atmosfera de crise reinava no país. A sessão do Congresso devia ter lugar em Calcutá, em dezembro. O *pandit* Motilal Nehru, então na chefia, mandou chamar Gandhi. Os delegados se opunham: de um lado, os mais jovens, como Jawaharlal Nehru e Subhas Chandra Bose, profundamente influenciados pelo marxismo e muito poderosos no Congresso, exigiam que o movimento, pela primeira vez em sua história, pedisse a independência completa do país; de outro, os mais moderados, como Motilal Nehru e Gandhi, contentavam-se em reclamar o estatuto de domínio autônomo (o objeto do "relatório Nehru"). Gandhi propôs um compromisso sobre o qual se chegou a um acordo: se em um ano esse relatório não fosse aceito, uma nova campanha de não-cooperação seria lançada, dessa vez tendo a independência como meta.

Para todos, era evidente que Gandhi dirigiria a luta. Assim, ao chegar ao fim sua condenação a seis anos de prisão (ter sido solto por razões de saúde não o desobrigava de uma sentença que ele aceitara), Gandhi, "moralmente" libertado, retornava à política. Isso num período em que a conjuntura, muito afetada pela depressão mundial, era favorável à retomada da agitação.

UM ANO DE PRAZO

Durante esse ano de 1929, ele retoma o circuito da Índia. Incita as pessoas a fiarem e a tecerem, a queimarem os tecidos estrangeiros. Em março de 1929 está em Calcutá, animado em alimentar uma imensa fogueira. "Os cassetetes de centenas de policiais não conseguirão extinguir as fogueiras que acendemos nesse dia no parque Shraddhanand. Pois o fogo do *dharma* é inextinguível. Uma vez manifestado no coração do homem, ele não morre mais, mesmo se o corpo vier a morrer" (GI, 97). A preparação ao combate assume um caráter solene, alegre, sagrado. Nesse meio-tempo, a agitação social recrudescera: greves, terrorismo, repressão, um encadeamento bem conhecido; algumas bombas explodem, anarquistas são presos, imediatamente transformados em heróis populares. Inquieto com o nascimento, em 1924, de um movimento comunista, com a amplitude das greves e a agitação operária, o governo prende, em março de 1929, 31 líderes sindicais (decapitando assim o movimento sindical de orientação comunista), mas, escrevia Gandhi, "o motivo era menos matar o comunismo do que instalar o terror". O governo mostrava suas "garras ensangüentadas que normalmente mantinha escondidas".

Inquieto, atormentado pelas greves e pelo terrorismo, ameaçado pelo vencimento do prazo que se aproximava, lorde Irwin vai à Inglaterra a fim de consultar o novo governo. Uma mesa-redonda, reunindo representantes ingleses e indianos, estava sendo cogitada; além disso, Irving previa em sua declaração que uma nova constituição deveria resultar no estatuto de domínio para a Índia. Gandhi e os dirigentes mais moderados declararam-se favoráveis a essa solução. Em 23 de dezembro, eles deviam se encontrar com o vice-rei.

Mas em Westminster, a Câmara dos Comuns, onde os trabalhistas não tinham uma nítida maioria, se opôs a toda reforma: não se considerava mais nenhuma mudança radical na política britânica na Índia. Em 23 de dezembro, Jinnah, Gandhi, Sapri, Motilal Nehru e Patel entraram no gabinete do vice-rei. Podia lorde Irwin comprometer-se em marcar uma conferência na qual seriam traçadas as grandes linhas de uma constituição que desse à Índia o estatuto de domínio, prevendo o direito de separar-se do império? Mas lorde Irwin, devidamente instruído pelo debate no Parlamento, foi incapaz de dar a garantia exigida.

No momento da sessão do Congresso em Lahore, no final de 1929, era evidente para todos que Gandhi devia ser escolhido como presidente. Ele recusou essa honra, pedindo que Jawaharlal Nehru fosse eleito em seu lugar. Nehru assumiu assim as funções não pela porta principal, nem mesmo por uma porta de serviço, mas, segundo suas próprias palavras, por "uma porta secreta". Um golpe de mestre da parte de Gandhi: um ano antes, somente um compromisso definido por ele tinha podido evitar a cisão. Nesse período de recomeço, o Congresso precisava de um homem novo em sua chefia: aos 42 anos, Jawaharlal era, segundo a descrição de Gandhi, "puro como um cristal... de uma sinceridade acima de qualquer suspeita... um cavalheiro sem medo e sem mácula". Gandhi via em Nehru seu herdeiro político. Um sucessor que às vezes teve dificuldade de seguir as decisões do mestre. Contrariamente a esse mestre espiritual, que acreditava em Deus e desconfiava da ciência, Nehru era firmemente leigo, opunha de bom grado razão e religião (na qual conviviam, segundo ele, "um elemento de magia e uma credulidade cega") e afirmava seu apego a um progresso fundado no conhecimento científico. Esse abismo intelectual entre os dois homens não cessou de evoluir, aprofundando-se ou estreitando-se, nunca preenchido, sem que sua grande afinidade nem sua lealdade fossem afetadas.

A MARCHA DO SAL

Em 1920-1922, Gandhi procedera com prudência, passando meses a planejar sua campanha, repartindo minuciosamente no tempo o programa de não-cooperação, reticente em engajar-se num movimento de massa. Em 1930, tudo se passou mais rápido, como se a década o tivesse aconselhado. Um ano de liderança inconteste, dois anos de prisão, anos de

retiro e de introspecção, um ano silencioso, meses de doença...
uma vida itinerante dedicada à "reconstrução" e às reformas,
de aldeia em aldeia, através da Índia inteira. Uma trégua, de
certo modo, antes de apostar tudo num *satyagraha* em escala
nacional: o *satyagraha* do sal. "O apelo de 1920 fora um apelo à preparação. O de 1930 é um apelo ao engajamento no
conflito final."

Mas onde e como começar? Tagore, que Gandhi venerava, veio visitá-lo em seu *ashram* em 18 de janeiro. Quais
eram os planos de Gandhi? "Penso nisso noite e dia e não
vejo nenhuma luz nas trevas que me cercam." Certamente
esperava que se pronunciasse a "voz interior", que nada tinha a ver, ele insistiu, com o fenômeno bem conhecido dos
místicos; em realidade, Deus e o diabo lutavam dentro dele,
pois ambos estão presentes no homem. "Somente a ação determina a natureza da voz."

Essa voz deve ter-se feito ouvir, pois em 27 de fevereiro
o jornal *Young India* publicava na capa um editorial de Gandhi,
"Quando eu for detido", com uma análise detalhada das injustiças da lei sobre o sal. No número seguinte, as sanções
previstas por essa lei. O imposto sobre o sal, relativamente
pequeno, era tirado, no entanto, do suor dos mais pobres e
de um produto, fornecido pela natureza, que se podia encontrar em abundância em qualquer costa da Índia. Gandhi decidiu infringir essa lei. Gesto de um alcance simbólico considerável, como os acontecimentos iam demonstrar, mas que, à
primeira vista, explicava-se mal. Tanto as manufaturas como
as minas de sal estavam em pontos afastados do litoral indiano, e como fazer um *satyagraha* a partir desses lugares improváveis? "Bruscamente, a simples palavra *sal* passou a ser
uma fórmula mágica, carregando-se de um poder misterioso.
Era preciso atacar o imposto sobre o sal, infringir a legislação
do sal. Estávamos estupefatos e não podíamos compreender
bem a ligação entre a luta pela independência nacional e o sal,
esse produto ordinário" (vp, 190). Nehru não compreendia
tampouco o anúncio feito por Gandhi dos "onze pontos",

uma lista de reformas sociais e políticas que, embora muito válidas, não diziam a que vinham, quando se falava de independência.

Uma pequena cidade, Dandi, próxima de Jalalpur, isto é, a uns 450 do *ashram* de Sabarmati de onde deviam partir Gandhi e seus peregrinos, ia tornar-se o palco de um gesto libertador.

Como de costume, Gandhi fez questão de prevenir o vice-rei.

"Caro amigo[1]...", ele escreveu. E começa por assegurá-lo de toda ausência de ódio, a base mesma de sua atitude. "Não farei, por nada no mundo, mal ao que vive, menos ainda a um ser humano, mesmo se ele fizer a mim e aos meus a maior ofensa... Não quero, portanto, causar mal a um único inglês ou prejudicar seus interesses legítimos na Índia."

A carta prosseguia com franqueza: "Considero que a administração britânica é uma maldição; mas nem por isso acho que os ingleses sejam piores do que qualquer outro povo na Terra." As razões de um tal julgamento? "Ela empobreceu a multidão muda por um sistema de exploração progressiva, uma administração civil e militar absolutamente ruinosa que o país não pode apoiar. Ela nos reduziu politicamente à escravidão. Ela destruiu as fundações de nossa cultura. E, por sua política de desarmamento, nos degradou espiritualmente..." Gandhi enumera a seguir as injustiças mais gritantes e conclui: "O sistema britânico parece concebido com a única finalidade de sobrecarregar de impostos os pobres até a morte". Mesmo o sal é taxado, um produto que lhes é necessário, bem mais que aos ricos, e assim são eles, os pobres, que pagarão caro. Hábil em contabilidade, Gandhi lembra ao vice-rei que seu salário de administrador inglês é mais de cinco mil vezes superior à renda média de um indiano. Ao fazer isso, não quer ofendê-lo, pois respeita-o muito enquanto homem, sabe que o vice-rei não tem necessidade do salário que recebe... Mas o sistema que organiza esse tipo de distribuição merece ser destruído sem maiores considerações, pois o que é verdade sobre o salário do vice-rei vale para a administração inteira.

Em conclusão, ele escrevia, "não se trata mais de convencer por argumentos. Trata-se de opor a força à força. A Grã-Bretanha defenderá seu comércio e seus interesses por todos os meios de que dispõe. A Índia deve então encontrar, ela própria, a força (não-violenta) que a livrará dos braços da morte". Fazendo assim, ela correrá um grande risco e sofrerá muito para "amolecer um coração de pedra"; mas o que está em jogo, que é a conversão de uma nação, vale a pena.

"Utilizo deliberadamente a palavra conversão. Pois minha ambição vai até aí: converter o povo britânico pela não-violência e fazê-lo ver assim o mal que nos causou. Não quero prejudicar vosso povo. Quero servi-lo, como quero servir o meu."

A essa carta, não-habitual – é o mínimo que se pode dizer – no campo da política, Sua Excelência o vice-rei contentou-se em responder, por intermédio de seu secretário, que lamentava saber que *mr.* Gandhi...

Na noite de 11 de março, Gandhi reuniu seus discípulos para uma última prece. "Nossa causa é forte... Rezo pela batalha que começa amanhã." Nessa noite, o Mahatma foi provavelmente a única pessoa que dormiu no *ashram*. Às seis e meia da manhã do dia seguinte devia começar a longa marcha rumo a Dandi, na costa do golfo de Cambay.

Dessa vez Gandhi dispunha de um exército de *satyagrahi* treinados em controlar grandes massas, 78 membros do *ashram* unidos por um juramento comum e pelas regras da comunidade: rezar, fiar, manter um jornal e, também, enfrentar a polícia e o exército – indianos uniformizados, muitos deles instigados por seus oficiais a reprimir com crueldade essa revolta de civis, sem armas mas com militantes, dispostos a cair sob os golpes, uma onda após a outra.

Gandhi previra outros grupos em quase toda parte, outros líderes para tomarem as medidas que se impunham em outras regiões: Patel em Ahmedabad, Rajagopalachari* em Madras, Nehru em Allahabad... "Depois de fazer os últimos preparativos, dissemos adeus a nossos companheiros do Comitê Central, pois ninguém sabia quando voltaríamos a nos ver, nem mesmo se voltaríamos a nos ver", conta Nehru. Antes da batalha, ele foi com seu pai até junto de Gandhi. "Vimo-lo afastar-se em direção à próxima etapa, à beira do mar, acompanhado dos seus. Foi minha última visão dele, um bastão na mão, marchando à frente de sua pequena tropa, com um passo firme e tranquilo, inexorável. Era um espetáculo comovente..." (VP, 192).

Um espetáculo sabiamente orquestrado e encenado (e uma prova suplementar dos talentos de Gandhi nessa arte). Para vê-lo, jornalistas tinham vindo de toda a Índia, e correspondentes estrangeiros, que repercutiam dia após dia as notícias no mundo inteiro. Na véspera de 12 de março, milhares de pessoas, amigos e simpatizantes, cercavam o *ashram*, passando a noite deitados no chão. Telegramas chegavam de toda parte. "Deus vos guarde", dizia uma mensagem de Nova York. A excitação conquistava um país depois do outro.

Em 12 de março, após ter feito as preces em comum, Gandhi – que não haviam detido ("o governo está embaraçado e perplexo") – pôs-se a caminho com os *satyagrahi*. Vinte quilômetros por dia, sem bagagem, uma "brincadeira de criança", disse ele. Vinte e quatro dias para atingir a costa. Os camponeses saíam de suas casas para acolhê-los, aspergiam as estradas e as juncavam de folhas, tornando assim a marcha mais suave, ajoelhavam-se ao longo de todo o caminho, e os peregrinos os exortavam a romper a lei do sal, chegado o momento. As aldeias estavam embandeiradas e toda essa marcha tinha um caráter de festa.

---

* Chakravarti Rajagopalachari (1878-1972), jurista brilhante que foi, antes da independência, um dos cinco líderes do partido do Congresso (com Jawaharlal Nehru, Rajendra Prasad, Sardar Vallabhbhai e Maulana Abdul Kalam Azad) e que permaneceu próximo de Gandhi. Foi o segundo governador geral da Índia livre após Mountbatten, depois ministro-chefe do governo de Madras. (N.A.)

O exercício convinha a Gandhi, que tinha então 61 anos. Ele se levantava às quatro horas, pronunciava a prece em comum, discursava nas aldeias, trabalhava diariamente na sua roca, escrevia seus artigos, respondia a seus correspondentes e... marchava. Anunciando a todos que não voltaria a seu *ashram* antes que fosse abolida a taxa sobre o sal. E as pessoas, ganhas pelo entusiasmo, juntavam-se a ele. Em 5 de abril, quando atingiu Dandi, o pequeno grupo do *ashram* transformara-se num exército de vários milhares de pessoas.

Durante toda a noite de 5 de abril, os discípulos rezaram. Ao amanhecer, acompanharam Gandhi ao mar. Ele se banhou para purificar-se, voltou à praia e ali recolheu um pouco de sal deixado pelas ondas. A lei que, entre outras interdições, proibia tocar nos depósitos naturais nas praias era assim infringida: o monopólio sobre o sal, rompido. A esse sinal, milhares de indianos, um pouco em toda parte no país, contanto estivessem nas proximidades do oceano, jovens, mulheres, pessoas de todas as origens sociais, efetuaram o mesmo gesto. O sal foi trazido para o interior do país, preparado em caçarolas nos terraços das casas, vendido aqui e ali por ambulantes. E boicotavam-se cada vez mais as mercadorias inglesas. A Índia inteira havia se levantado.

"Em toda parte no país, nas cidades e nas aldeias, a produção de sal era o assunto do dia; achávamos os meios mais estranhos de fabricá-lo. Como nada sabíamos da questão, informávamo-nos da melhor maneira possível, imprimíamos folhetos com receitas e reuníamos todo tipo de recipientes; no final, conseguimos obter um produto muito pouco saboroso que exibíamos triunfalmente e era vendido às vezes em leilão a preços assombrosos..." (vp, 193). Assim os incrédulos tiveram de constatar "o quanto as pessoas estavam entusiasmadas, o quanto essa maneira de produzir sal ia se impondo aos poucos". E Nehru fará uma retratação pública: "Sentimo-nos um pouco confusos e envergonhados por ter duvidado da eficácia desse método quando foi proposto por Gandhi" (vp, 193). Não havia como não se surpreender de novo com "o gênio inacreditável desse homem para encontrar o gesto que atingia a multidão e para levá-la a agir dentro da ordem e da disciplina". "Havia nisso algo que quase nos hipnotizava."

A desobediência civil como técnica de ação fizera suas provas. "Uma confiança tranqüila conquistou o país, amigos e inimigos, juntos, marchávamos rumo à vitória." Mesmo nas prisões, corria o boato de que o *swaraj* [a emancipação política] estava próximo.

Nehru foi preso, Patel antes dele, e Rajagopalachari, J.M. Sen Gupta, Devadas e Ramdas Gandhi, Mahadev Desai... Diante da obstinação dos indianos, de sua não-violência determinada, a resposta foi uma repressão selvagem, total. Estudantes e professores, ricos e pobres, operários e capitães de indústria, por grupos inteiros, foram lançados na prisão. Sessenta mil indianos presos. Nas aldeias, milhões de camponeses não paravam de fabricar seu sal; ao contrário, os centros de produção se multiplicavam. E, sob a pressão popular, os indianos com cargos oficiais se demitiam.

Na noite de 4 de maio, Gandhi foi detido. Na prisão, trataram-no bem. Ele podia recuperar-se de sua fadiga, escreveu, e sentia-se "verdadeiramente feliz".

Antes dessa detenção, havia planejado uma fase mais agressiva da campanha. Tratava-se de tomar as fábricas de sal de Dharsana. Em 21 de maio, 2,5 voluntários atacaram os depósitos sob a liderança de Sarojini Naidu e de Manilal Gandhi (um filho de Gandhi; dois outros, Devadas e Ramdas, já haviam sido detidos).

Estimulada certamente pela ausência de resistência, a polícia notabilizou-se nesse dia por sua infâmia. O episódio, que haveria de mudar para sempre o rumo dos acontecimentos, foi relatado, num artigo que ficará célebre, por Webb Miller, um jornalista britânico. Era, no fundo, um modelo de *satyagraha*, segundo a exigência de Gandhi.

"Num silêncio perfeito, os homens de Gandhi se aproximaram e se detiveram a uma centena de metros da paliçada.

Uma coluna selecionada saiu da multidão, atravessou o fosso e se aproximou da cerca de arame farpado." A polícia ordenou que se retirassem. Eles continuaram a avançar. "De repente, a uma palavra de ordem, dezenas de policiais nativos lançaram-se sobre os manifestantes que avançavam e passaram a bater com seus bastões guarnecidos de aço. Nenhum dos manifestantes ergueu o braço para se defender dos golpes. Caíam como peças de dominó. Do lugar onde eu estava, ouvia o ruído repugnante dos porretes sobre cabeças sem proteção. A multidão dos manifestantes à espera gemia e retinha a respiração, participando por simpatia do sofrimento de cada golpe. Os que haviam sido atingidos caíam desacordados ou torcendo-se de dor, com crânios e ombros fraturados... Os sobreviventes, sem sair das fileiras, continuaram a marchar em silêncio e obstinadamente até serem abatidos... marchavam com um passo regular, a cabeça erguida, sem o encorajamento de música ou aclamações e sem a menor possibilidade de escaparem a sérios ferimentos ou à morte. A polícia continuou batendo, de maneira sistemática e automática, contra a segunda coluna. Não houve nem combate nem luta; os manifestantes simplesmente avançavam até serem abatidos..." (vg, 424).

Depois disso, os policiais enraivecidos, embriagados de sangue ou de sadismo, obedecendo à sua função e a seu uniforme, passaram a desferir, contra os homens sentados, "pontapés no abdome e nos testículos" (sempre segundo o testemunho de Webb).

"Hora após hora, os padioleiros levavam uma série de corpos inertes e ensangüentados."

As mesmas cenas repetiram-se por vários dias. As mulheres participavam ativamente do movimento. À medida que os homens eram detidos e levados à prisão, elas tomavam seu lugar. Logo foram tão duramente reprimidas quanto os homens, espancadas até sangrarem, atacadas a pontapés ou a coronhadas no ventre ou no peito: "Nenhuma se mexeu, todas ficaram sem fraquejar nos seus postos". "Nesse combate, as mulheres indianas haviam se tornado as iguais dos homens... Gandhi, ao convocar as mulheres, dissera: 'Elas são os melhores símbolos da humanidade. Todas têm as virtudes de um *satyagrahi*', o que nos enchera de uma imensa confiança em nós.²" O amor incondicional, liberto do egoísmo, e a capacidade de sofrer: as qualidades exigidas de um *satyagrahi*. Segundo Gandhi, essas qualidades definiam a mulher. Visão idealizada e ligada à sua concepção da mãe e que talvez o sustentou em seu discurso a favor da igualdade e da liberdade das mulheres.

> O acontecimento mais marcante do ano foi o despertar notável da mulher indiana. A maneira como centenas delas tiraram o véu e, deixando seu lar protegido, desceram à rua e à praça do mercado para combater ao lado de seus irmãos, a quem davam um exemplo, é algo em que dificilmente acreditariam os que não viram com seus próprios olhos (GWH, 755).

O que haviam demonstrado, esses *satyagrahi*? Não que o sal pertencia a todos, isso não era o essencial. Mas que a "civilização" não estava do lado onde supunham estar. O que estava ali era a barbárie. E que a "verdadeira civilização", para retomar as palavras de Gandhi, residia noutra parte que não na força das armas. Tagore declarou:

> A Europa perdeu definitivamente o prestígio que possuía na Ásia. Não a consideram mais no mundo como o campeão da justiça e o detentor de princípios elevados, mas como o defensor da dominação da raça branca, o explorador dos que vivem fora de suas fronteiras (*Manchester Guardian*, 17 de maio de 1930, LMG, 253).

O *satyagraha* do sal oferecera ao mundo a demonstração perfeita de que havia uma nova arma de militância pacífica. "Para a Europa", continuava Tagore, "é uma grave derrota moral." A Ásia, materialmente fraca, incapaz de se proteger contra as agressões exteriores, podia agora permitir-se "olhar a Europa do alto, quando outrora a olhava de baixo". Em outras palavras, a relação de forças se invertera, a superioridade moral – a do espírito – prevalecia sobre a superioridade física – a da força bruta.

À saída da prisão, Gandhi reuniu-se com o vice-rei. Churchill, desdenhoso, ofendido em seu orgulho de casta e de raça, indignara-se com o "espetáculo repugnante e humilhante desse faquir sedicioso escalando seminu os degraus do palácio para negociar e tratar como igual com o representante do Rei-Imperador". Mas era com esse faquir seminu que o império britânico devia compor. Lorde Irwin, aliás, descreve essa ocasião como "o encontro pessoal mais dramático entre um vice-rei e um líder indiano de toda a história atormentada do Raj [Governo]". Quando lhe ofereceram uma taça de chá, Gandhi tirou um saquinho de papel de seu xale, um pouco de sal (isento de taxa), e disse sorrindo: "Vou despejar um pouco em meu chá em lembrança do famoso Chá de Boston".

No mesmo ano, o Mahatma, no apogeu da popularidade e do prestígio, iria a Londres para participar da mesa-redonda, na qualidade de único delegado eleito do Congresso.

EM LONDRES, A MESA-REDONDA

Gandhi percebera a possibilidade que lorde Irwin lhe oferecia de negociar um acordo. Por que essa pressa, por que essas concessões?

Os nacionalistas extremistas o reprovaram duramente a seguir, em particular Subhas Chandra Bose, que mais tarde haveria de se impor como um rival possível de Gandhi. Em primeiro lugar, é provável que Gandhi tenha temido uma radicalização violenta do movimento, se viesse a se prolongar. Embora sempre tenha mantido o seu controle, alguns excessos não tinham podido ser evitados, sobretudo confrontos em Peshawar (onde os soldados hindus haviam se recusado a disparar contra a multidão de insurretos muçulmanos). Além disso, elementos terroristas, aproveitando-se da agitação, também haviam voltado a agir, recorrendo à violência: ataque ao arsenal de Chittagong, batalha campal com o exército e a polícia, explosões aqui e ali (em abril de 1929, o revolucionário Baghat Singh lançara uma bomba na Assembléia Legislativa de Nova Délhi; ele e seus companheiros foram condenados à forca). Essas manifestações descontroladas inquietavam certamente os nacionalistas moderados, bem como os comerciantes ricos e os industriais indianos, influentes no seio do Congresso.

Gandhi e Irwin começaram suas negociações em 17 de fevereiro. Elas duraram até 5 de março, quando foi assinado o "pacto Gandhi-Irwin". Ele punha fim ao movimento de desobediência civil em troca de concessões menores (mas os prisioneiros políticos foram libertados e a manufatura do sal, autorizada). Segundo todas as aparências, Gandhi saía perdendo; para os líderes do Congresso, ele fizera um mau acordo. Diversas interpretações foram feitas, algumas apontando a influência que teria exercido sobre ele o mundo dos negócios, outras evocando a estratégia gandhiana que consistia em alternar pressões e compromissos. Outros ainda, como Nanda, pensam que Gandhi acreditou seriamente nas intenções britânicas (ou quis testá-las) e que viu nesse pacto uma mudança de orientação nas relações entre governo e Congresso. O *satyagraha*, lembram, considerava o compromisso com o adversário não como uma traição, mas como uma etapa necessária. "Rezo a Deus para que a amizade a que tende um tal acordo se transforme numa aquisição permanente."

Em 29 de agosto, Gandhi embarcava a bordo do *Rajputana*. Acompanhavam-no Sarojini Naidu, que sabia resistir ao "mestre"; Pyarelal Nayyar, seu biógrafo e discípulo; G.D. Birla, um rico industrial, também discípulo de Gandhi nas horas vagas; Mahadev Desai, que relatava a vida do Mahatma, mais detalhadamente ainda do que o fez Boswell em relação ao dr. Johnson; *miss* Slade, que não podia abandoná-lo.

Gandhi e seus companheiros chegaram a Londres em 12 de setembro. Ele ficaria na Inglaterra até 5 de dezembro. Nas fotos da época, vemo-lo, desdentado e sorridente, vestido com sua eterna tanga, os pés em sandálias e os ombros cobertos por um grande xale branco – um objeto de curiosidade vindo diretamente da Índia profunda para a multidão de basbaques amontoados a seu redor. Também aí ele impunha os símbolos escolhidos, rindo com os garotos que gracejavam com ele: "Ei, Gandhi, onde estão suas calças?", aproveitando a oportunidade para ensinar-lhes algumas verdades de base. Não trocou seu traje de pobre nem mesmo quando foi convidado ao Buckingham Palace, para tomar chá com o rei George V e a rainha Mary (como lhe perguntassem, à noite, se estava convenientemente vestido, ele respondeu: "O rei está por nós dois"). Em vez de residir em hotel, escolheu – outro símbolo – ficar no bairro de East End, entre a população pobre, na casa de Muriel Lester, que outrora ele recebera no *ashram*. Para chegar ao local da conferência, tinha de andar oito quilômetros, percorrer ruas margeadas de casebres em torno de Kingsley Hall, cruzar uma multidão de transeuntes que iam para o trabalho e dirigiam-se a ele familiarmente.

Todos os membros da mesa-redonda haviam sido nomeados pelo governo. "Como marionetes, ou sombras sem substância, eles se agitavam na cena londrina, sabendo bem que a luta real se desenrolava na Índia" (GWH, 755). A conferência não avançava, era uma espécie de disputa por "prebendas, títulos, honrarias", perdia-se em discussões motivadas por dissensões religiosas, muçulmanos e hindus mostrando-se igualmente intransigentes. Em matéria de reformas constitucionais profundas, insistia-se no problema dos eleitorados separados – os intocáveis sendo defendidos por seu porta-voz, B.R. Ambedkar, que era a favor dessa solução. Gandhi pronunciou-se de maneira franca. Mas sua força de convicção esbarrava numa idéia que parecia convir a todos: os indianos não estavam preparados para se governar sozinhos, e era a ausência de unidade na Índia, não a reticência do governo inglês, que em realidade bloqueava a independência.

Gandhi compreende a inutilidade dessas negociações e emprega a maior parte do tempo em difundir alhures a boa palavra e o renome da Índia: entrevistas, declarações radiofônicas, encontros, visitas a grandes escolas e universidades; não negligencia nada, vai a toda parte, dos santuários da intelectualidade às vilas industriais atingidas pelo desemprego, fala a cada um, tanto aos professores de Oxford como aos operários do Lancashire, conversa inclusive com uma glória do cinema, Charles Chaplin, com quem aparece sorrindo, numa foto. Nesses contatos, diz ele, consiste seu verdadeiro trabalho: com membros das classes médias e privilegiadas, pois elas determinavam o futuro da Índia; com os artistas e os intelectuais, assim como os políticos e os ministros do culto, pela influência que exercem; e com o povo, a fim de lhe falar e de convencê-lo. Em Oxford, onde passa dois fins de semana, é bombardeado de perguntas, submetem-no a um verdadeiro interrogatório. Sua calma imperturbável acaba por exasperar seus interlocutores esclarecidos. "Veio-me a convicção de que, desde Sócrates, o mundo não conheceu outro igual em matéria de sangue-frio e controle de si", observou um certo professor Thompson; "Uma ou duas vezes me pus no lugar dos que tiveram de enfrentar essa calma invencível e imperturbável, e pensei compreender por que os atenienses fizeram o sofista-mártir beber cicuta" (LMG, 262). No Lancashire ele tem mais sucesso, embora o boicote das mercadorias inglesas tenha causado desemprego na região. Vemo-lo, envolto em seu xale branco, de olhos baixos, entre centenas de mulheres – operárias têxteis – que o cercam e ovacionam de braços erguidos. Expressões de festa, um delírio de entusiasmo. "Vocês têm três milhões de desempregados", ele disse a elas; "nós temos cerca de trezentos milhões, e isso durante seis meses do ano. Vocês recebem setenta xelins de seguro-desemprego. Nossa renda mensal média é de 7,6 xelins" (MG, 218).

Ele devia voltar à Índia. A conferência: um fracasso. "Dividir para reinar", uma fórmula bem conhecida; ao intensificar as divisões entre comunidades, muçulmanos, siques, parses, cristãos, hindus, que pediam todos um regime eleitoral separado, a mesa-redonda traçava o caminho rumo a um futuro trágico. Gandhi, por sua vez, compreendera que os ingleses buscavam, dessa maneira, reforçar as diferenças e elevou-se contra as reivindicações dos delegados: estava determinado a preservar a unidade da Índia (o que haveria de provar novamente em sua oposição decidida a um eleitorado separado para os intocáveis, em 1932, quando a questão se definiu).

Na Índia, as coisas não iam muito melhor. A trégua concluída pelo pacto Gandhi-Irwin ameaçava romper-se. Gandhi declinou assim os convites que lhe fizeram da Europa e da América, escolhendo ir à Suíça, onde o esperava Romain Rolland. No caminho de volta, deteve-se na Itália, onde, como lhe aconselhara Rolland, recusou ser hóspede do governo. Teve um breve encontro com o *Duce*; notou que a personalidade de seu anfitrião, assim como a organização do cenário, eram feitas para inspirar o terror – aquele olhar hipnotizante de gato, aquelas armas em toda parte nos muros. Quanto ao papa, declinou a entrevista proposta. A visita de Gandhi a Roma não foi explorada, a não ser por um jornalista italiano que afirmou ter obtido um encontro no qual ele declarava voltar à Índia para retomar a desobediência civil. Uma declaração imediatamente desmentida por Gandhi. Mas a administração britânica, diante da decepção manifesta do país e da agitação crescente, já havia recorrido a um meio eficaz. "Enquanto esses senhores estavam em Londres, as províncias da Índia, em graus diversos, mas sem exceção, submetiam-se à prova da repressão" (vp, 270).

O JEJUM ÉPICO

Em seu retorno à Índia, em dezembro de 1931, Gandhi ia sentir diretamente os efeitos dessa política. Para lorde

Willingdon, que sucedera a Irwin, o problema indiano exigia antes de tudo a repressão dos causadores de desordem. "Ele era quase incapaz de compreender as raízes emocionais e intelectuais do movimento pela libertação política: o entusiasmo que esse movimento suscitava parecia-lhe uma forma de fanatismo ignorante" (MG, 236), escreve Nanda. Da filosofia de Gandhi, de sua personalidade, ao contrário de Irwin, ele não compreendia nada, de modo que desprezou, segundo *Sir* Samuel Hoare, o poder real do Mahatma.

Dessa vez o governo se organizara e agiu com rapidez. Assim que desembarcou, Gandhi foi detido. O Congresso traçara um plano de desobediência civil: uma *blitzkrieg* foi desencadeada contra ele. Os meios habituais: milhares de detenções (cerca de sessenta mil presos nos nove primeiros meses do movimento, em 1932), partidos e suas organizações interditos, líderes encarcerados, liberdade de imprensa restrita (afinal, ela garantira o sucesso da marcha do sal). Churchill aprovava essas medidas, "as mais duras desde a revolta de 1857", ele disse: a administração sabia mostrar-se firme. A "repressão ultrapassa todos os limites permitidos", escreveu Gandhi, por seu lado. Na prisão, ele terminava um pequeno livro começado no *ashram* de Sabarmati: intitulou-o *From Yeravda Mandir* (Do templo de Yeravda); a prisão, um templo onde rezar a Deus. Lia Goethe e Kingsley, distraía-se com Patel, aprisionado com ele.

O anúncio de seu jejum até a morte ia mergulhar a Índia na estupefação e desviar a opinião de suas preocupações políticas. Nehru escreveu, de sua prisão:

> Nossa rotina de prisão, tranqüila e monótona, seria subitamente interrompida, em setembro de 1932, por uma notícia que explodiu como uma bomba. Gandhi decidira "jejuar até a morte" em sinal de protesto contra a decisão de Ramsay MacDonald de outorgar um sistema de eleitorado separado para os intocáveis. Que capacidade tinha ele de nos causar choques! Durante dois dias fiquei mergulhado em trevas absolutas (VP, 290).

Jejuar pelos intocáveis, que idéia estranha! "Eu estava furioso por ele ter de que ele tivesse escolhido uma questão marginal para oferecer seu sacrifício último." E que efeito teria seu ato sobre o movimento de libertação? Ao pensar nisso, o prisioneiro entrava em desespero. Mas logo a confiança lhe voltou: "Bapu tinha um curioso talento para fazer a coisa certa no momento certo; talvez seu gesto – injustificável do meu ponto de vista – tivesse imensas repercussões, não apenas no domínio estreito a que se destinava, mas até no campo mais vasto de nossa luta nacional" (VP, 291).

Enfim:

> Chegou-nos a notícia de uma formidável agitação em todo o país, de uma onda mágica de entusiasmo que sacudia toda a sociedade hindu: parece que havia acabado a intocabilidade. Que mágico esse pequeno homem, pensei; sentado em sua prisão de Yeravda e sabendo como tocar tão bem o coração das pessoas! (VP, 291)

O que se passara? Em 17 de agosto de 1932, o primeiro-ministro inglês, Ramsay MacDonald, decretou que seu governo concederia eleitorados separados aos intocáveis, como já o fazia para os muçulmanos. "Devo resistir à vossa decisão por meio de minha vida", escreveu-lhe Gandhi. "O único meio de que disponho é declarar um jejum perpétuo até a morte..." Gandhi tentava recuperar a influência e o prestígio que perdera numa campanha de desobediência civil que se exauria, tal foi a reação britânica a essa notícia. Seu jejum era apenas um meio de coerção. Tagore: "A razão da incompreensão deles é que o Mahatma e eles falam linguagens fundamentalmente diferentes". Para Gandhi, tratava-se de despertar as consciências para a realidade de uma tirania por muito tempo aceita, no entanto intolerável – tirá-las de uma longa inércia, de preconceitos enraizados havia milênios, por uma emoção forte que subvertesse os hábitos de pensamento. (Contudo, sua ação no domínio da intocabilidade é ainda hoje controvertida. A partir de 1924, ele colocara sua abolição no centro do programa construtivo, junto com a luta a favor da roca de fiar. Mas ele estava em desacordo com os movimentos radicais conduzidos por intocáveis que não viam fim possível à sua situação a não ser numa ruptura total com o hinduísmo. Ora, para Gandhi a intocabilidade, longe de ser parte integrante do hinduísmo e do sistema de castas, era apenas uma excrescência monstruosa que devia ser suprimida. Ele queria assim reintegrar os intocáveis na comunidade hindu, suprimindo as discriminações de que eram objeto, como não ter acesso a alguns dos maiores templos da Índia, a proibição de tirar água dos poços comunais nas aldeias, de ser admitido nas escolas públicas; uma vez vencida essa etapa, o problema da intocabilidade se limitaria ao da pobreza, que o programa do trabalho construtivo buscava remediar. Os oprimidos não constituiriam uma comunidade separada; para além das diferenças, o país permaneceria unido: tal foi sempre o objetivo de Gandhi – não dividir, mas unir.)

Na mesa-redonda em Londres, ele se chocara de frente com o líder intocável Ambedkar. Este era uma figura notável. Graças à proteção do marajá de Baroda, fizera estudos universitários, primeiro na Índia, depois nos Estados Unidos e em Londres; quando voltou à Índia, diplomado, deparou com as mesmas barreiras que outrora, devido à sua intocabilidade. Em Londres novamente, estudou direito, abriu um escritório de advocacia em Bombaim e consagrou-se à defesa de seus irmãos. O jejum de Gandhi, que haveria de fazê-lo renunciar finalmente aos eleitorados separados em troca de algumas concessões, pareceu-lhe uma chantagem, um "golpe publicitário político", e ele guardou de todo esse confronto um ressentimento profundo. Mas, aos olhos de muitos, o pacto de Poona, que concluiu as negociações, teve o mérito essencial de evitar precisamente eleitorados separados, um modo de representação favorecido pelos ingleses – o que se tornaria ainda mais evidente na década seguinte –, um meio de dividir a Índia num período crucial.

Pouco antes de iniciar seu jejum, Gandhi escrevera a Tagore, pedindo sua aprovação. Tagore respondeu-lhe assim: "Vale a pena sacrificar vossa preciosa vida pela unidade da Índia e sua integridade social...". Então, desencadeado pelo jejum de um só homem, começou um período de efervescência sem igual. No dia em que Gandhi começou o jejum, milhões de indianos jejuaram e rezaram em solidariedade a ele, intocáveis, muçulmanos, homens políticos, industriais e camponeses, unidos numa mesma inquietude. "Uma mãe inclinada sobre o berço de seu filho acometido de uma forte febre não poderia se mostrar mais inquieta do que a Índia inclinada sobre o leito branco do Mahatma enfraquecido... Cada indiano sentia-se pessoalmente responsável por sua vida" (MG, 398). Líderes políticos e religiosos empreenderam uma ação imediata, exigindo a soltura de Gandhi; que os templos fossem abertos aos oprimidos, que lhes dessem o acesso aos poços, às escolas, às vias públicas... e que, por seu lado, os intocáveis renunciassem ao projeto de eleitorado separado. Antes que o jejum começasse, as portas de alguns dos templos mais sagrados da Índia foram abertas aos oprimidos, algumas regiões aboliram toda discriminação de acesso; a mãe de Nehru, uma brâmane ortodoxa muito estrita, fez saber que aceitava alimento das mãos de uma intocável e, no país inteiro, mulheres da casta alta seguiram seu exemplo, enquanto, na universidade de Benares, os *pandits* brâmanes organizavam refeições públicas em companhia de varredores, lixeiros, sapateiros... Gestos simbólicos que significavam que a idéia de impureza, implantada havia três milênios nos rituais, nas tradições, nos hábitos, devia ser revisada, abandonada. "O Mahatma jejua." Os jornais haviam estampado a notícia. E, de cidades a aldeias, transmitidas por comerciantes e viajantes, repercutidas até os campos, essas palavras circulavam causando uma onda de choque. Uma sombra cobria a Índia, "como a produzida por um eclipse do sol", segundo as palavras de Tagore.

Uma luta de velocidade com a morte começou. Salvar o Mahatma. Ambedkar detinha o poder de resolver a situação –

o governo não aceitaria nenhuma solução sem sua concordância –, mas ele se mostrava reticente em rever suas posições. A tensão das negociações e o progresso do jejum esgotavam rapidamente as forças de Gandhi. Em 23 de setembro, quarto dia do jejum, o médico anunciou que ele estava próximo da morte. Ambedkar, submetido a essa pressão terrível, discutiu no mesmo dia com os líderes hindus. Mais tarde, foi ver Gandhi, que mal podia falar. Desacordo. Novos debates com os hindus; nova oposição de Gandhi sobre a questão das eleições primárias que o novo sistema eleitoral previa. Nesse momento, a renúncia ao eleitorado separado já fora obtida. Finalmente, Rajagolapachari, após ter transigido com Ambedkar, conseguiu o consentimento de Gandhi, semi-inconsciente. E o célebre pacto de Poona foi enfim assinado pelos negociadores indianos, que aceitavam, em troca da concessão de Ambedkar, que uma forte proporção de assentos fosse reservada aos intocáveis. Em Londres, Polak, Charles Andrews e os amigos de Gandhi se apressavam junto ao governo: Gandhi recusava interromper seu jejum enquanto o governo não tivesse ratificado o acordo; ele não podia mais falar, estava morrendo. Era domingo, todos os ministros haviam deixado a cidade; eles voltaram às pressas, examinaram o texto até a meia-noite; algumas horas mais tarde, anunciavam que o pacto fora aprovado. Na segunda-feira, em presença de Tagore, de Patel, de Mahadev Desai, da sra. Naidu, dos negociadores e de jornalistas, Gandhi bebeu o suco de laranja que Kasturbai lhe estendia, enquanto Tagore recitava um de seus poemas em bengali.

"O fogo sacrificial, uma vez aceso, não se extinguirá enquanto o menor vestígio de intocabilidade permanecer no hinduísmo" (GI, 190). A "magia" havia triunfado. Mais uma vez. E a razão não obtinha nenhum proveito. (Uma oposição evocada especialmente pelo assassino de Gandhi, que acusou sua política de estar fundada em "velhas crenças supersticiosas, tais como o poder da alma, a voz da consciência... a pureza do espírito". Gandhi morto, "a nação seria doravante livre para seguir *o caminho fundado na razão*".)

> "Uma vez mais, diante da extrema emoção provocada por seu gesto em todo o país, interroguei-me", escreve Nehru: "era essa a boa maneira de agir em política? Tratava-se de pura essência religiosa; diante disso, que podia um espírito lúcido? Absolutamente nada! Toda a Índia, ou quase, olhava religiosamente o Mahatma, esperando dele um milagre atrás do outro: fim dos preconceitos de casta, *swaraj*, etc., mas ela mesma não fazia grande coisa. E Gandhi, por seu lado, não encorajava os outros a pensar: colocava ênfase apenas sobre a pureza e o espírito de sacrifício... É verdade que seu instinto raramente o enganava, mas a fé cega será o bom meio de educar um povo?" (VP, 293)

OS *HARIJANS*

Em 1933, Gandhi, ainda na prisão, prossegue a luta. Uma quantidade de cartas, de declarações à imprensa e de artigos informam os leitores dos males da intocabilidade. Em fevereiro, lança inclusive um jornal hebdomadário, *Harijan*, ou "filho de Deus" (nome pelo qual designará daí por diante os intocáveis – uma nova forma de discriminação aos olhos destes últimos). Mas não se apagam num dia atitudes mentais incrustadas ao longo de milênios, não se suprime num dia uma instituição julgada de essência "divina, tão velha quanto a própria raça". Esse foi um dos mais rudes combates de Gandhi, o que ele travou contra a tirania mais enraizada de seu país.

> O mal é infinitamente pior do que eu imaginara. Não será eliminado pelo dinheiro, por organizações exteriores, ou mesmo por um certo poder político concedido aos *harijans*. Tudo isso é certamente necessário. Mas, para serem eficazes, esses meios devem ser acompanhados por um trabalho... de purificação de si, ou seja, pela prece e pelo jejum (GI, 213).

Tratava-se nada menos que de operar uma "revolução total no pensamento hindu: a erradicação dessa doutrina terrível e vergonhosa da desigualdade inata dos homens, da existência de um alto e de um baixo, que envenenou o hinduísmo e mina lentamente sua existência mesma" (GI, 218). A angústia leva-o novamente a tomar a decisão de jejuar. Vinte e um dias dessa vez. Sua voz interior tornara-se irresistível.

> Na noite em que tive a inspiração, estava às voltas com uma angústia terrível... Não via nenhuma saída. O peso das minhas responsabilidades me esmagava. O que ouvi foi como uma voz vinda de muito longe e, no entanto, muito próxima, tão distinta como uma voz humana que se dirigisse a mim, e irresistível. Eu não sonhava quando ouvi a Voz... Escutei, certifiquei-me de que era realmente a Voz e a luta cessou. Eu estava calmo. A decisão foi tomada de acordo com ela, a data e a hora do jejum fixadas. A alegria invadiu-me (GI, 216).

Ouvir a Voz está ao alcance de cada um, ele afirma, pois ela está em cada um de nós. Mas, como para tudo que é importante, é preciso preparar-se longamente a fim de percebê-la. E, para os que crêem mais na imaginação ou no subconsciente do que nos fenômenos divinos, ele argumenta: "As coisas mais reais só o são relativamente. Para mim, a Voz tem mais realidade do que minha própria existência. Ela nunca me faltou".

Os ingleses logo em seguida o libertam da prisão: se ele deve morrer, melhor que não seja em suas mãos. Mas ele não morre. Durante o verão, dissolve seu *ashram* e o lega à Associação dos servidores dos *harijans*, que fundou. Novamente preso, volta a jejuar e é solto outra vez. Em novembro de 1933, longe das preocupações da vida política que não parecem mais interessá-lo, esse grande nômade põe-se de novo a caminho para defender a causa dos *harijans*. Percorre a Índia até as regiões mais remotas, vinte mil quilômetros durante nove meses. Prega a abertura dos templos, combate a idéia da impureza – como acreditar que a sombra ou o contato de um outro ser humano possa nos macular? –, coleta dinheiro para o Fundo dos *harijans*, é acusado de heresia pelos sanatanistas (os hindus ortodoxos), atrai a ira dos extremistas, a ponto de explodirem uma bomba à sua passagem. Essa viagem não foi um grande sucesso.

Mas Gandhi, se não venceu a intocabilidade apesar do que escreve Rajagopalachari com demasiado otimismo ("A revolução está terminada, restam apenas tirar os detritos"), ao menos colocou essa "maldição" na categoria dos problemas maiores da Índia, quando até então era considerada como uma "questão marginal". Atualmente, os intocáveis têm reconhecidos pela constituição da Índia direitos especiais* e gozam de uma igualdade de princípio. O que não impede que numerosos indianos nas aldeias e pequenas cidades observem as mesmas discriminações que no passado e reprimam ferozmente os *harijans* que têm a pretensão de escapar de um estatuto fixado por toda a eternidade. Os próprios intocáveis (que os militantes chamam "*dalits*") exigem sua separação de uma comunidade hindu odiada, ao mesmo tempo em que rejeitam com força as idéias de Gandhi que consideram como "paternalistas".

Na época também, mas por outras razões, o engajamento total de Gandhi a serviço dos *harijans*, se conveio a alguns membros do Congresso cansados de se arriscar, irritou muitos outros que deploravam esse afastamento da causa verdadeiramente importante: a independência da Índia. Em maio de 1933, o movimento de independência civil foi temporariamente suspenso; em abril de 1934, essa suspensão tornou-se definitiva. "Era penoso assistir à lenta agonia de nosso grande movimento."

---

* Cotas nas universidades, nas administrações e nas assembléias eleitas. (N.A.)

O trabalho construtivo
1934-1939

Em outubro de 1934, Gandhi retirou-se do Congresso. A suspensão da desobediência civil não era o único ponto litigioso. Todo o seu programa construtivo, que ele queria agora acentuar, parecia ao Congresso bastante ultrapassado, com seu retorno a este instrumento antigo, a roca de fiar, quando a elite indiana acreditava no progresso técnico e nos benefícios da industrialização. Apesar de seu respeito pela personalidade de Gandhi, muitos delegados pensavam que ele não tinha mais "a juventude de alma necessária para adaptar-se aos novos problemas sociais: havia cumprido sua tarefa. Cabia a uma nova geração ir mais adiante" (RJ, 473). Em suma, esse "homem do justo meio-termo", que buscava eternamente "o acordo entre os extremos opostos, entre as classes, entre os partidos", que combatia a intocabilidade embora não se opusesse ao sistema de castas, que se interessava pelos operários mas os impedia de se organizarem contra os patrões, que, é verdade, não atacava mais abertamente o maquinismo mas "desviava os esforços de reforma social para seu sistema de indústria doméstica, o qual contrariava os grandes movimentos necessários de industrialização coletiva" (RJ, 475), um homem como esse era um freio à marcha para a frente desejada por líderes mais jovens, menos retidos por princípios religiosos. E no entanto, dizia Nehru, esse homem era mais profundamente revolucionário do que qualquer um dos chefes de partidos que o atacavam.

Julgar as idéias de Gandhi em matéria de economia ou de reformas sociais – domínios nos quais foi mais criticado – é impossível sem reportar-se, como à origem de todo desenvolvimento, à sua doutrina da não-violência forjada na ação: é a partir daí que ele elaborou uma estratégia de conjunto – *satyagraha* tanto ofensivo quanto construtivo – na qual tudo está ligado à mesma idéia central de amor ou de verdade. O *satyagraha* em matéria social e política sendo um novo aspecto de uma mesma visão, "uma nova experiência".

Parece inconseqüente e inútil, tão logo se considera que a não-violência é a base na qual tudo se apóia, reprovar sua atitude sobre determinado ponto particular – sua oposição a um partido político, por exemplo, ou sua concepção da mudança social –, uma vez que o conjunto de sua ação, em sua coerência, remonta a uma certeza única: os meios determinam o fim; meios violentos só podem conduzir a um fim "duvidoso", a saber, perpetuamente questionado pelo desejo de vingança, pelo ressentimento e pelo ódio. É o que Romain Rolland, que era a favor da Rússia comunista e de uma transformação social, resume em algumas frases que captam ao mesmo tempo a abordagem de Gandhi e as razões da crítica que lhe é feita (em 1935, precisamente na época em que Gandhi se retira da vida política): "No fundo, essa atitude de Gandhi entre os partidos procede de seu credo profundo na não-violência, que ele próprio supõe uma concepção religiosa" (RJ, 477). E Rolland, diante da urgência da ação e de uma escolha, acrescenta: "Por mais pura que esta seja, ela é um estorvo à sua liberdade de visão. A experiência social é sempre aberta, está sempre em curso. Não poderia ser subordinada a nenhuma preferência de sentimento, a nenhum credo". Mas Gandhi havia chegado então à convicção de que nada era superior ao credo da não-violência. Sua fé lhe inspirava uma visão ampla e ideal:

> Quando o *satyagraha* for um método aceito em toda a Índia, as reformas sociais e políticas serão efetuadas em muito pouco tempo; a distância entre os que governam e os que são governados se abolirá, a desconfiança de uns em relação aos outros desaparecerá e, em seu lugar, crescerão a confiança e o amor. A mesma coisa se produzirá, estejamos certos disso, entre os diversos setores da sociedade.[1]

Nesse momento, portanto, Gandhi decide de novo tomar uma distância em relação à política para tentar novas experiências.

"Minha presença", ele escrevia a Patel, "presidente do Congresso, afasta cada vez mais os intelectuais do Congresso. Sinto que minha política não consegue convencer a razão deles, muito embora... eu não faça nada que não satisfaça minha própria razão." Ou seja, Gandhi sentia que sua presença impedia esses intelectuais, por causa da lealdade para com ele, de seguir caminhos que teriam facilmente adotado. Além disso, havia a influência crescente dos socialistas (o partido fora criado em 1934), dos quais Nehru era o líder.

> O grupo socialista representa mais ou menos as idéias dele [Nehru]... Acolhi bem esse grupo... Mas tenho divergências fundamentais com ele acerca do programa estabelecido... Eu não gostaria, por causa da pressão moral que posso exercer, de deter o desenvolvimento de suas idéias... Ficar no Congresso equivaleria a exercer esse tipo de pressão... Para mim, continuar a dominar o Congresso, apesar dessas diferenças essenciais, é quase uma forma de violência que devo refrear (GI, 226).

De fato, a lealdade, e mesmo a não-violência, exigia que ele deixasse a organização. Sincero em sua vontade de não-autoritarismo, ao mesmo tempo grande tático, Gandhi permanecia de acordo com seu pensamento. Pois ele continua sendo a autoridade suprema do Congresso, evitando com sua partida os atritos e o ressentimento que sua presença teria causado. Nada de importante se decide sem que ele tenha sido consultado: seu retiro é verdadeiro, mas está longe de ser total. Não, explica Nehru a Romain Rolland, ele não se retirou da política: "É uma aparência. Tudo o que conta na Índia continua a se aconselhar junto dele. O retiro feito nessa ocasião reproduz quase exatamente o que ele fizera em 1923, ao sair da prisão. Ele se recolhe e observa, esperando o momento de agir" (RJ, 479). Ou este outro julgamento: "Há muito ele é mestre consumado na arte de agir sem parecer fazê-lo, de dirigir sem ordenar, ou de modificar sua posição sem renegar suas decisões... Ele vai fazer, bem antes de Mao Tsé-Tung, a experiência da gestão pela ausência[2]". (Entre outras coisas, ele favorecerá a nomeação de Nehru como presidente do Congresso em 1936, enfraquecendo a ala mais radical da esquerda, representada por Subhas Chandra Bose – que Gandhi fará destituir, em 1939. Do mesmo modo, influenciará Nehru a aceitar, depois de promulgado em 1935 o novo Government of India Act, a Constituição proposta pelos britânicos: o Congresso, de início reticente, aceitaria participar das eleições dos governos nas províncias – eleições que marcaram sua vitória incontestável e a derrota de Jinnah e da Liga muçulmana, com o conseqüente início da luta declarada entre as duas organizações. Gandhi também preservará, por meio das nomeações, a unidade do Congresso, pois entre Patel, que representava a "velha guarda" conservadora, e Nehru, a ala esquerda socialista – dois temperamentos que se completavam –, a organização ia atravessar sem divisões maiores o período crucial que ainda separava a Índia da independência. Em junho de 1938, corresponde-se com Jinnah para tentar diminuir a hostilidade entre hindus e muçulmanos. Em novembro de 1938, comenta os acordos de Munique: "A paz que a Europa ganhou em Munique é um triunfo da violência; é também uma derrota". E, em agosto de 1939, aconselha o Congresso a declarar-se a favor das democracias ocidentais, contra a agressão fascista. Depois desse "retiro", ele volta ao centro da cena.)

Dotado de um grande senso político, isso é certo. Visionário, é evidente. Idealista, não há dúvida, "dotado de senso prático" também. O Sábio (como Gandhi chamava Rolland) observara "seu interesse por todas as coisas que o cercam, das menores às grandes". É essa última qualidade que ele colocaria em prática nas aldeias. Identificar-se com um governo, curvar-se às lutas e intrigas da política? Não, o que mais lhe importava era, sem renunciar a nenhuma batalha importante, consagrar-se ao que julgava essencial. Erradicar a intocabilidade, aliviar a extrema pobreza das aldeias. A vida itinerante de um monge mendicante. Marchar, com os pés descalços muitas vezes, de um povoado a outro. De 1933 a 1939, no momento em que a Índia entra em guerra, Gandhi, embora atento à vida política, não se deixaria mais se desviar dessas tarefas.

Um "círculo oceânico"

> Minha aldeia ideal não existe ainda senão em minha imaginação. Afinal, cada ser humano vive no mundo de sua imaginação (GI, 329).

E nessa carta a Nehru, datada de 1945, ele descreve sua visão: "Nessa aldeia dos meus sonhos, não haverá mais camponês tacanho: todos serão plenamente conscientes...". Nessa aldeia ele buscava realizar seu ideal de uma "democracia perfeita, fundada na liberdade individual". Uma utopia? Talvez, como era sua visão de uma sociedade sem classe e sem casta, de uma idade de ouro que ele chamava "*Ram Raj*", o que, "em linguagem religiosa significa o Reino de Deus na Terra e, em linguagem política, uma democracia perfeita na qual desaparecem as desigualdades fundadas na posse e na não-posse, na cor, na raça, na religião e no sexo. Nessa democracia, a terra e o Estado pertencem ao povo, a justiça é rápida, perfeita e pouco onerosa e há liberdade de culto, de palavra e de imprensa – tudo isso graças à lei imposta a si mesmo da obrigação moral" (GI, 328). Uma terminologia enraizada no passado religioso que, se convinha aos camponeses, desagradava à intelectualidade: para modificar a ordem social, o poder dos partidos era mais seguro que um domínio de si sempre incerto (convém lembrar a esse respeito a frase de Orwell sobre a doutrina gandhiana: "A idéia de que os seres humanos podem reagir a um gesto de generosidade deve ser seriamente questionada"). No entanto, admitiu Nehru após a morte de

Gandhi, "o discurso de Gandhi em nome do *Ram Raj* levou de fato a revolução a milhões de lares sem que as pessoas tivessem plena consciência disso". (Do mesmo modo, embora Gandhi raramente tenha condenado o regime de castas enquanto tal, exceto no fim da vida e numa medida limitada, o sistema inteiro, segundo Nehru, foi minado por sua insistência em mudar a condição dos intocáveis.)

Mas o próprio Gandhi, em sua idealização da aldeia, sabia perfeitamente que nem sempre seria seguido. Sua visão era mais forte do que essa certeza:

> É somente na simplicidade das aldeias que pode nos vir esta visão da verdade e da não-violência. A simplicidade reside na roca de fiar e em tudo o que ela implica. Não estou de modo algum assustado pelo fato de o mundo parecer dirigir-se na direção oposta. Em realidade, quando a falena* se aproxima de seu destino, ela gira cada vez mais depressa até o instante de ser consumida. É possível que a Índia não consiga evitar o giro da falena. É meu dever tentar, até meu último alento, salvar a Índia, e o mundo através dela, de um tal destino (GI, 329).

"Simplicidade" era a palavra-chave de uma imagem idílica de paz e de felicidade, de um ideal cujos exemplos eram fornecidos pela ordem antiga e pelas lendas. Um sonho, de certo modo, que medidas muito práticas deviam permitir realizar – mistura de utopia e razão, dupla aptidão de inflamar a imaginação e estimular a esperança pelo ideal, de "tornar possível o improvável" e mudar a realidade pela ação.

Cada aldeia devia ser autônoma, uma "República que teria plenos poderes". Cada aldeia devia bastar-se a si mesma. Independente no que se refere a suas necessidades vitais, cultivando aquilo com que se alimentar e vestir – legumes e algodão –, interdependente quanto ao resto. Suas atividades seriam, na medida do possível, organizadas numa base

---

* Espécie de borboleta noturna. (N.T.)

associativa; cada aldeia teria sua escola, seu teatro, seu local de reunião. A educação elementar seria livre e obrigatória; um *panchayat* [dirigente comunitário] eleito arbitraria as disputas. E Gandhi desenvolve sua visão: não uma pirâmide cuja base sustenta a ponta, mas "um círculo oceânico cujo centro seria o indivíduo, sempre pronto a perecer pela aldeia, esta sempre pronta a perecer pelo círculo das aldeias, até o momento em que tudo se torne uma única vida composta de indivíduos, nem agressivos nem arrogantes, mas humildes e imbuídos da majestade do círculo oceânico do qual são parte integrante[3]".

Mas, em vez desse estado perfeito, Gandhi, ao percorrer o país, vira apenas a miséria extrema, a degradação moral, álcool, droga, violência, uma sujeira que o indignava, o desemprego sazonal... Chorou quando ficou sabendo, ao ler em *Economic History of India,* de R.C. Dutt, de que maneira o artesanato florescente dos campos fora destruído pela Companhia das Índias em proveito da indústria britânica. O centro de gravidade deslocara-se agora das cerca de setecentas mil aldeias, onde vivia a grande maioria da população, para algumas grandes cidades – na verdade, segundo Gandhi, estruturas artificiais que viviam da exploração dos campos, como parasitas a lhes sugar o sangue. As cidades, dominadas por uma classe parasita (a palavra é recorrente) de intermediários que se agitavam entre o ocupante inglês e o povo indiano, funcionavam, na verdade, como transmissoras da influência estrangeira da qual a Índia devia se libertar para se reencontrar – para reencontrar sua verdadeira identidade. Por ocasião do "grande processo", ele havia declarado:

> Nenhum sofisma, nenhum malabarismo com os números pode apagar o fato evidente de que em muitas aldeias os esqueletos mostram-se a olho nu. Não duvido de que a Inglaterra e os habitantes das cidades, se existe um Deus, deverão responder diante Dele por esse crime contra a humanidade que talvez não tenha igual na história do mundo (LGM, 187).

Contra esses males, ele ia propor, por um lado, a descentralização industrial e o renascimento das indústrias aldeãs de fiação e tecelagem, por outro, o retorno à roca de fiar, a *charkha*, uma iniciativa que, após ter conhecido um certo fascínio, acabou não dando certo. Mania de um romântico que sonha ressuscitar o passado, como foi dito? Ou "tentativa concreta para reduzir a pobreza e elevar as condições de vida nas aldeias"[4]? As duas ao mesmo tempo, certamente, e mais ainda: "Essa campanha forçou a Índia a pensar no camponês pobre como um ser humano... e a perceber uma realidade fundamental: o verdadeiro sinal de progresso da liberdade na Índia não é o aparecimento de um certo número de milionários... mas a mudança de estatuto e das condições de vida do camponês" (DI, 464). Critérios do progresso: aparecimento de grandes fortunas ou ausência de pobreza?

Gandhi decidiu instalar-se, ele próprio, numa aldeia. Escolheu Segaon, batizada Sevagram, a "aldeia do serviço", perto de Wharda, onde vivia desde 1933: seiscentos habitantes, uma quitanda, um posto de correio. Morava numa cabana. Os que vinham vê-lo tinham de chafurdar na lama até os tornozelos, pois o clima não era nem um pouco salubre e não havia um aldeão sequer que não sofresse de malária ou disenteria. Aliás, Gandhi adoeceu, mas recusou-se a deixar Segaon. Em breve seus discípulos, em vez de se espalharem pelas aldeias vizinhas – o que ele esperava –, vieram se instalar junto dele. Entre esses discípulos, um certo professor Bhansali, que vagara nu pela floresta, alimentando-se de folhas; um polonês convertido ao gandhismo e aficionado de artesanato; um erudito em sânscrito que tinha lepra e que Gandhi alojou perto de sua cabana para melhor cuidá-lo; um monge japonês que "trabalhava como um cavalo e vivia como ermitão"... Patel, companheiro de Gandhi e membro do Congresso, qualificava Segaon de "jardim zoológico", e o próprio Gandhi, não sem humor, via ali um "asilo para inválidos". Estropiados da vida aos quais se juntaram – o tempo suficiente para se firmarem ou progredirem um pouco, para encontrarem um refúgio por alguns dias, alguns meses – visitantes do mundo inteiro. Assim, Lanza del Vasto, escritor francês de origem italiana que também haveria de fundar uma comunidade na França, viveu em Wharda "para aprender a tornar-me melhor cristão"*. Também o dr. Kallenbach, velho amigo dos dias da África do Sul, trazendo consigo a dor dos judeus perseguidos. De todos os horizontes do planeta, Estados Unidos, Japão, África do Sul, Inglaterra ou Irlanda, Rússia, Birmânia ou França, nesse final inquieto da década, as pessoas vinham ver e pedir o conselho de Gandhi, interrogá-lo sobre o poder da não-violência, pouco antes que o mundo mergulhasse novamente na barbárie.

Outras cabanas implantaram-se em volta de Segaon, e novas instituições destinadas a reconstruir a vida nos campos. A Associação pan-indiana da indústria rural desenvolvia as indústrias de aldeia, abriu uma escola para formar os aldeões, publicava seu próprio jornal... Nada era negligenciado, era preciso melhorar a criação das vacas assim como a educação das pessoas, o ardor pelo trabalho e a dietética – uma das preocupações principais de Gandhi que passou a vida a experimentar em si mesmo, refinando sem cessar seus regimes a fim de obter o máximo com o mínimo. Os camponeses tinham fome, a falta de alimentos era responsável por isso, certamente, mas também – Gandhi descobriu com um choque – seus hábitos alimentares. Imediatamente pediu a alguns especialistas para estudar os recursos do ambiente e sua utilização possível. Ele próprio, enquanto "cozinheiro experiente", estudou o grau de cozimento necessário para não destruir o valor nutritivo das folhas verdes, que podiam oferecer as vitaminas de que careciam os camponeses...

Importante, também, o sistema de educação, errado, segundo ele, porque não estava adaptado às realidades da vida cotidiana e porque contribuía para aumentar as diferenças entre a elite e os demais. Assim o ensino de uma língua

---

* Uma experiência que ele narra em *Le Pélerinage aux sources*, 1943. O livro teve uma repercussão considerável. (N.A.)

estrangeira elevara uma barreira entre os milhões de pessoas nas aldeias e os privilegiados nas cidades. Gandhi convocou uma reunião de especialistas para refletir sobre as necessidades reais da população. Dessas cogitações resultou um programa que provocou acaloradas discussões, mas teve pelo menos o mérito de pôr em questão as idéias aceitas.

Como havia necessidade, apesar de tudo, de uma elite urbana para transformar o mundo rural, Gandhi aconselhou o Congresso a realizar suas sessões em aldeias. Por ocasião do Congresso de Faizpur, o primeiro do gênero, Gandhi notou com satisfação que fora possível trabalhar longe do ruído e da agitação próprios das cidades. Voluntários, eles também retirados de sua vida trepidante, foram despachados por Gandhi aos campos, a fim de sustentarem ou acelerarem a instalação de indústrias locais (pensamos em Tagore, incitando os "letrados, poetas, músicos e artistas" a darem sua contribuição, "caso contrário eles também viverão como parasitas, tirando do povo sua subsistência e nada dando em troca". "Nossa meta", ele escrevia, "é buscar fazer passar a corrente da felicidade no leito obstruído da vida aldeã[5]").

E Sevagram tornou-se o centro onde se podia observar uma aldeia modelo em seu harmonioso funcionamento.

O VERDADEIRO SENTIDO DAS PALAVRAS PROGRESSO E CIVILIZAÇÃO

As razões da distância monstruosa existente entre um punhado de ricos (nas cidades) e a grande massa de famintos (nos campos) são, segundo Gandhi, "a dominação estrangeira e a exploração que a acompanha e a civilização industrial capitalista do Ocidente encarnada na máquina" (DI, 461).

Foram muito citadas as diatribes de Gandhi contra a civilização moderna e a máquina. De fato, há muitos textos em que ele as condena sem apelação, o mais violento sendo *Hind Swaraj*. Mas, examinados de perto, é menos a industrialização que é visada do que o espírito que a dirige e sustenta: o espírito de lucro e de competição que alimenta a violência no homem e entre os homens, violência cujas manifestações paroxísticas seriam as guerras e as conquistas coloniais e que se deve começar por extirpar em si mesmo. "A última guerra mostrou a natureza satânica da civilização que domina a Europa hoje. Todas as leis da moralidade pública foram desrespeitadas pelos vencedores, em nome da virtude. Nenhuma mentira foi vista como demasiado ignóbil para ser utilizada. Por trás de todos esses crimes, o motivo é grosseiramente material... A Europa não é cristã. Ela adora Mammon...", escreveu Rolland em 1924 em sua biografia de Gandhi.

Numa carta célebre endereçada a lorde Ampthill (30 de outubro de 1909), Gandhi dá este conselho polido: "O povo britânico parece-me obcecado por seu egoísmo comercial... A Índia sofre ainda mais, na medida em que é explorada no interesse de capitalistas estrangeiros. O verdadeiro remédio, em minha humilde opinião, seria a Inglaterra desviar-se da civilização moderna que está contaminada por esse espírito egoísta e materialista". (Na mesma carta, ele afirmava renunciar aos métodos de oposição violentos, pois estão de acordo com "a civilização moderna e, portanto, com o espírito de competição e a conseqüente destruição da verdadeira moralidade".) Ele vê a competição como uma forma de violência que ergue os homens uns contra os outros no desejo, jamais saciado, de ter mais, ou de ser mais. Fundar uma economia sobre a competição é estabelecer, ou reforçar, relações de força. Gandhi via a lógica que subjaz tanto a essa forma de economia como às guerras de colonização: a violência. Violência que ele buscou barrar remontando às origens.

Lutar contra a civilização moderna e o espírito de lucro, contra essa motivação única, obsessiva, redutora. Mudar, portanto, o espírito das coisas. O que não significa necessariamente recusar o progresso, mas realizá-lo sob certas condições, concebê-lo numa outra luz, organizá-lo em função do homem: não o "homem econômico", o que hoje domina a cena, mas o homem simplesmente, com suas aspirações diversas e complexas. Uma verdadeira revolução, de fato. O programa econômico seria submetido a essa consideração primordial e concebido em termos de ética. Assim haveria um pensamento diretriz, uma finalidade única – o homem – determinando as soluções propostas, e estas tendo por objetivo contribuir para seu desenvolvimento: fazê-lo "chegar a uma completa maturidade mental e moral". Trata-se de evitar que ele se torne escravo ou, se preferirem, dependente – da ferramenta, da máquina, do ambiente, de suas posses, de suas vontades sucessivas. Ou ainda, de preservar sua dignidade. Essa linguagem, poucos administradores britânicos a compreenderam. É que, segundo eles, ela estava reservada a outras esferas, a dos princípios, agitadas como salvo-condutos, mas que não se aplicam à realidade.

Portanto, Gandhi não recusava o "progresso" ou a "civilização". Simplesmente interrogava-se sobre o verdadeiro sentido dessas palavras. Progresso? É comum acrescentarem-lhe qualificativos, "econômico" por exemplo, que não coincide necessariamente com "verdadeiro". Porque "verdadeiro" poderia requerer outros valores. "O progresso econômico entra em conflito com o verdadeiro progresso?"[6], tal era o título de uma conferência proposta por Gandhi em 1916. Ou, de maneira mais concentrada, a seguinte questão que resume toda a sua posição: "Pode o ganho material significar um ganho moral?".

Não se tratava, evidentemente, de negar a necessidade do ganho material:

> Ninguém jamais sugeriu que a miséria esmagadora possa conduzir a outra coisa senão à degradação moral. Cada ser humano tem o direito de viver e, portanto, deve poder alimentar-se, vestir-se, alojar-se (SB, 76).

Mesmo assim a questão do progresso moral se mantinha e ela não estava ligada ao ganho material. Em primeiro lugar, nas sociedades ocidentais fundadas na força (Gandhi podia ainda opô-las às do Leste), as riquezas se acumulam nas mãos de uns poucos, enquanto a maioria ganha miseravelmente a vida ou não a ganha de modo algum – excluídos, marginalizados, rejeitados, triturados pelo sistema, privados de valor social, de estima por si próprios, numa comunidade cujos critérios principais são o dinheiro e o êxito. E como falar de ganho moral nesse tipo de sociedade? Em segundo lugar, um tal ganho não é nem um pouco evidente nos que mais se beneficiam dos bens materiais: "Observei, de forma quase invariável, que quanto maiores eram as posses dos ricos, tanto maior era sua torpeza moral[7]". E ele acrescenta: "Na medida em que fizemos da loucura materialista moderna nossa meta, retrocedemos no caminho do progresso. De minha parte, o progresso econômico, no sentido em que o defini, opõe-se ao progresso real[8]".

Qual seria então o "verdadeiro" progresso? "O progresso só tem sentido se tende a um ideal de perfeição."

E a verdadeira civilização? "O que é uma verdadeira civilização?", ele fazia essa pergunta em *Hind Swaraj*. Uma coisa é certa: não é aquela em que se busca criar necessidades: "Querer criar um número ilimitado de necessidades para precisar em seguida satisfazê-las é correr atrás do vento. Esse falso ideal não é senão uma armadilha[9]". Satisfazer uma necessidade, depois outra, e assim sem parar, sem nunca encontrar a paz – "o espírito é uma ave sem repouso: quanto mais tem, mais quer, e no final continua insatisfeito"[10] –, eis aí um cálculo de tolo, uma forma de escravidão.

> A civilização, no verdadeiro sentido da palavra, não consiste em multiplicar as necessidades, mas em limitá-las voluntariamente.

Dito de outro modo, o domínio de si: diminuir suas necessidades para ser feliz. Uma "contenção deliberada e voluntária", "fonte de verdadeira felicidade e de satisfação e que faz crescer a capacidade de servir". A felicidade estava na "contenção" dos desejos – uma técnica que não estava chamada a fazer sucesso. Longe da pobreza extrema, assim como da grande riqueza: "Ele não tem o desejo de elevar o nível de vida das pessoas para além de um certo limiar bastante modesto", criticava Nehru, ou ainda : "Gandhi não é um ardente defensor da melhoria material constante da vida cotidiana e do crescimento do luxo à custa dos valores materiais e morais" (DI, 461). (Aliás, a julgar por um estudo norte-americano recente, ele não estava completamente errado, pois a felicidade das pessoas não estaria ligada ao nível de seus rendimentos, mas ao fato de elas terem mais que seu vizinho.[11])

Conseqüentemente, as nações ocidentais, longe de representarem, como elas acreditam, a civilização, palavra às vezes justificada pela simples idéia de desenvolvimento econômico ou de progresso técnico, "estão esmagadas sob o peso do deus-monstro materialista. Seu desenvolvimento moral se interrompeu". Um deus monstruoso que exige uma quantidade de sacrifícios humanos; pois o que resta daquele que é expelido da máquina?

É interessante, a esse respeito, aproximar o pensamento de Gandhi e o de Tagore, que, até os anos 1930, estavam em conflito, tanto a propósito da roca de fiar quanto do boicote dos tecidos estrangeiros. Duas raças de homens opostos, dizia Romain Rolland: o guru popular e o aristocrata; o profeta da ação religiosa que desdenha os valores intelectuais e o supremo artista que vive no pensamento. E Nehru, do mesmo modo: Tagore era "o artista aristocrata que se tornou um democrata com simpatias proletárias", representando a tradição cultural indiana que é a de aceitar a vida em sua plenitude; Gandhi era mais o homem do povo, encarnando a tradição antiga da renúncia e do ascetismo. Dois aspectos divergentes, duas vozes que se unem, porém, para reivindicar a dimensão espiritual.

> Quando os homens se reúnem apenas com um objetivo material, eles formam uma massa, e não uma assembléia viva... Isso resulta da substituição da verdadeira civilização por aquilo que o Ocidente chama de "progresso".

Ou:

Uma voracidade epidérmica infectou o conjunto da civilização.[12]

A MÁQUINA CONTRA O HOMEM

Gandhi foi acusado de arcaísmo, falou-se de seu "medievalismo" (Romain Rolland). Seu culto da roca de fiar contribuiu bastante para isso: ele defendia uma economia de tipo primitivo, que só podia fazer aumentar a pobreza, quando a solução residia no progresso industrial. Nesse domínio, a posição de Gandhi, muito intransigente na época em que escreveu *Hind Swaraj*, não cessou de evoluir. E sua condenação da máquina e da civilização moderna – cujos bons aspectos, por outro lado, ele soube reconhecer e utilizar – não cessou de ser matizada. Em 1921: "Eu seria a favor do maquinismo mais elaborado se por esse meio a pobreza da Índia pudesse ser evitada[13]". Em 1924: "Elevo-me contra a *loucura* da máquina, não contra a máquina enquanto tal[14]". Em 1936: "Não sou contra o maquinismo, mas me oponho totalmente a ele quando nos impõe sua dominação...[15]". E em 1947: "O poder da máquina pode contribuir para o progresso econômico. Mas alguns capitalistas utilizaram esse poder sem se preocupar com os interesses do homem comum, por isso nossa condição está hoje deteriorada[16]".

Ao atacar a máquina, ele atacava na verdade a exploração dos pobres pelos ricos ("Hoje, a máquina permite a uma minoria esmagar a maioria... a motivação última não é a filantropia, mas a rapacidade"). A produção da riqueza estava concentrada nas mãos de poucos: produção de massa ou produção para as massas? Havia uma diferença.

> Sou bastante socialista para dizer que as fábricas deveriam ser nacionalizadas ou colocadas sob o controle do Estado. Elas deveriam funcionar apenas em condições ideais, não

para o lucro, mas para o benefício da humanidade, o amor substituindo a rapacidade como motivação (SB, **67**).

Colocar o amor no lugar da cupidez: havia por que falarem de utopia.

UM REACIONÁRIO?

O "socialismo" que Gandhi reivindicava, segundo Nehru, tinha pouco a ver com o regime político que usa habitualmente esse nome, na verdade "quase nada em comum", mas tinha uma ligação evidente com seu amor pela humanidade, que ultrapassava em muito o quadro de um partido. O mesmo em relação à democracia: a idéia que Gandhi fazia dela "decorria diretamente da metafísica. Nada tinha a ver com o número, a maioria ou a representação... Estava fundada no serviço e no sacrifício, e a pressão moral era seu meio" (VP, 220.) Aliás, Gandhi se opôs ao socialismo, ao mesmo tempo em que ajudava a constituição do partido no Congresso. "Minha oposição é contra o socialismo tal como é interpretado aqui em seu programa oficial. Nada posso ter a dizer contra a teoria ou a filosofia do socialismo" (RJ, 171). Nada é simples nas tomadas de posição de Gandhi.

"Ele desconfiava do socialismo, e sobretudo do marxismo, por causa da associação com a violência. As simples palavras 'luta de classes' significavam conflito e violência e, portanto, repugnavam-lhe" (VP, 365). Com Romain Rolland, Gandhi discutiu, em 1931, sobre a luta de classes; Rolland lhe explicou a expressão *ditadura do proletariado*. Ao que Gandhi respondeu: "Sou absolutamente contra. Pois isso quer dizer que o Trabalho gostaria de se apoderar do Capital; e apoderar-se do Capital é um modo ruim de resolver as coisas. Se você dá um mau exemplo ao Trabalho, o Trabalho nunca realizará sua força" (RJ, 117). E ele citava o exemplo da greve de Ahmedabad em que os operários, sob sua direção, tomaram consciência de sua solidariedade. "Quero ensinar-lhes", prosseguiu, "que eles são os verdadeiros capitalistas, pois não é a moeda de metal que constitui o capital, mas a vontade e a capacidade de trabalho. Esse é um capital ilimitado." E, mais adiante, esta afirmação: "Não aceitarei a idéia de uma ditadura baseada na violência".

Que Gandhi tenha insistido nos meios como determinando o fim, que tenha banido a violência porque ela conduz à violência e, portanto, que tenha recusado o comunismo – precisamente por sua utilização da violência –, há aí uma lógica perfeita.

> Estou firmemente convencido de que, se o Estado se livrasse do capitalismo pela violência, ele seria pego por sua vez na engrenagem da violência e lhe seria para sempre impossível permitir que a não-violência se desenvolvesse (SB, 42).

Os comunistas, por seu lado, opuseram-se a ele, acusando-o de ter impedido uma revolução popular (mas é duvidoso que ela teria ocorrido, mesmo sem Gandhi; essa crítica é hoje retomada pelos detratores de Gandhi que lhe reprovam ter "bloqueado uma evolução profunda e necessária das condições de vida das massas indianas"). Para os que analisavam a história em termos de luta de classes, a existência de classes sociais era em si mesma uma violência, e a não-violência de Gandhi só podia ser, portanto, uma forma de pactuar com essa violência, fundamental. "Em contradição com o mundo burguês, o mundo revolucionário declara que Gandhi é socialmente reacionário, que ele é o campeão do capitalismo e das classes dirigentes e, como tal, a despeito de todas as suas declarações de não-violência, um protetor da violência na sociedade humana.*"

---

* O jovem Soumyendranath Tagore, autor dessas linhas e ardente comunista, agitou-se nos círculos intelectuais franceses para combater a influência de Gandhi e publicou, pela Gallimard, um violento ataque contra ele. (N.A.)

Um raciocínio desse tipo, por causa do ponto de vista do qual parte, leva inevitavelmente a um mal-entendido; assim como ele não pode compreender o fundamento da não-violência de Gandhi – que, longe de coincidir com a ideologia pacifista e uma vontade de manter o *status quo*, é uma arma de combate espiritual –, este último, por seu lado, não podia aceitar o comunismo materialista e ateu, mesmo se lutava como ele contra o capitalismo e o imperialismo. Sua arma espiritual devia agir também sobre a riqueza, ou melhor, sobre seus proprietários, simples depositários de seus bens, segundo Gandhi, que deviam prestar contas ao povo e conservar para si e sua família apenas o estritamente necessário. Os capitalistas tinham seu papel e sua utilidade: era preferível empregar essa competência, isto é, convencê-los, do que exterminá-los. E, se a persuasão se mostrasse inoperante, os explorados recorreriam à não-cooperação: assim como o governo não podia sobreviver sem a cooperação do povo, assim também a exploração econômica era impossível sem o consentimento, ativo ou não, dos explorados.

Reprovaram-lhe não conduzir a luta ao mesmo tempo contra o ocupante e os príncipes tirânicos, contra a opressão estrangeira e os abusos das classes privilegiadas. Ele também não utilizava suficientemente a força operária nem a cólera dos camponeses contra os proprietários de terras ou de fábricas. Críticas que não levam em conta a estratégia do *satyagraha*, muito menos seu espírito. Pois o objetivo era favorecer o processo de introspecção e de questionamento que precede um reajuste nas relações humanas – e sem recorrer ao ódio nem à violência. A não-violência permanecia o centro eterno do qual toda ação emanava. "Prefiro um fracasso completo, desde que a não-violência seja respeitada, a afastar-me uma só polegada com o objetivo de atingir um resultado duvidoso."

"Resultados duvidosos" quando a mudança era obtida pela força (nisso o futuro haveria de dar razão a Gandhi, pois a força – colocada a serviço da paixão igualitária – resultou em alguns dos maiores crimes da História, na Rússia, na China, na Coréia do Norte, no Camboja). Embora recorrendo a outros meios (o amor), a transformação da sociedade não seria menos radical. Colocar a questão do sucesso obtido equivalia a colocar a da eficácia da não-violência, um debate que, para Gandhi, não cabia. Pois o fracasso mesmo não podia pôr em causa o valor da lei, que é absoluta; ele apenas revelava a insuficiência de quem a aplica. "A tática da não-violência era para ele a única boa; bem aplicada, devia ser infalível. Dizer que ela exigia um clima favorável e só era aplicável em certas circunstâncias, era... negar sua universalidade e sua infalibilidade" (VP, 189). Uma conclusão intolerável para Gandhi.

Discutir a universalidade da não-violência exigiria vários volumes. Nelson Mandela viu nela uma necessidade frente a um Estado mais poderoso que ele, uma estratégia, portanto, e não um princípio moral: "Eu consideraria a não-violência do modelo gandhiano não um princípio inviolável, mas uma tática a utilizar quando a situação o exige.[17]" No entanto, uma atitude de espírito totalmente gandhiano sustentou os diversos movimentos de contestação aos sistemas racistas, tanto nos Estados Unidos, com Martin Luther King e o movimento pelos direitos civis, como na África do Sul, com o ANC [African National Congress] e Nelson Mandela, mesmo se uma repressão mortífera obrigou o ANC a atravessar um período de "luta armada". "Psicologicamente, a não-violência teve uma enorme importância para os negros", escreve Martin Luther King. "Pois ao lutarem para conquistar e provar sua dignidade, eles mereciam e ganhavam sua própria estima.[18]" Atualmente, em sua luta contra a junta militar, Aung San Suu Kyi, o "Gandhi da Birmânia", como foi chamada, uma budista fervorosa, invoca, ela também, a não-violência gandhiana; mas evidentemente a simpatia que essa atitude lhe valeu no mundo (ela recebeu o Prêmio Nobel da Paz em 1991) não basta para afrouxar o torniquete de uma ditadura feroz, muito diferente da Inglaterra liberal que Gandhi combateu e que, além disso, é sustentada e armada pela China. Deve-se concluir daí, como Mandela, que "a resistência passiva não-violenta só é eficaz se nossos adversários obedecem às mesmas regras que nós" – eficaz, mas com a condição de que o mundo seja menos indiferente, ou menos servil, menos subjugado aos interesses econômicos?

A guerra

Em 3 de setembro de 1939, a *Gazeta da Índia* publicava: "Eu, Victor Alexandre John, marquês de Linlithgow, governador geral das Índias... proclamo que a guerra está declarada entre Sua Majestade e a Alemanha." Foi assim que o vice-rei anunciou a entrada da Índia em guerra.

"Um único indivíduo, um estrangeiro além do mais, representando um sistema odiado, mergulhava, sem sequer consultá-los, quatrocentos milhões de seres humanos na guerra" (DI, 486). Um único indivíduo decidia a sorte de milhões de pessoas; nenhum representante do povo tivera a oportunidade de dar sua opinião.

E por que a Índia teria entrado em guerra? Certamente o Congresso, cuja política exterior era conduzida por Nehru, declarava-se inequivocamente contra os regimes totalitários e mantinha-se ao lado das vítimas da agressão, certamente suas simpatias estavam com a democracia e a liberdade. Eram duas palavras que ele mencionava com freqüência. Até que ponto elas recobriam os verdadeiros objetivos da guerra? Sim, de que democracia, de que liberdade se tratava? Aquelas defendidas para seu próprio benefício, em seu próprio país, ao mesmo tempo em que eram negadas aos outros, aos habitantes dos países colonizados? "A Índia não pode se associar a uma guerra que pretende defender a liberdade democrática, quando essa mesma liberdade lhe é recusada, e quando a liberdade limitada que possuía lhe é retirada" (DI, 487). Tal é o teor da declaração que a Comissão Permanente do Congresso divulgou em 14 de setembro de 1939. "A Grã-Bretanha e a França", ela continuava, "declararam combater em nome da democracia e da liberdade, para pôr um fim às agressões. Mas na história recente não faltam exemplos de uma contradição permanente entre o que é dito – os ideais proclamados – e os verdadeiros motivos e objetivos" (DI, 487).

Se o combate era realmente pela democracia e por uma ordem mundial fundada na democracia, então a Inglaterra devia necessariamente pôr fim ao Imperialismo em suas próprias possessões. Se, ao contrário, mantivesse seu jugo, contra todos os pedidos e as expectativas da Índia, "se as garras do imperialismo continuassem plantadas no corpo vivo" do povo, não era antes porque ela pretendia, pela guerra, "defender o *status quo*, as possessões imperialistas, as colônias, os interesses protegidos e os favores à margem da lei"? Daquele lado do mundo, a leitura dos acontecimentos era diferente.

"Durante a guerra", escreve Nehru, "tornou-se claro que as democracias ocidentais não combatiam por uma transformação, mas pela manutenção da ordem antiga." Sendo assim, não tinham os indianos todas as razões de recusar combater por um ideal cuja mentira seu próprio destino de país dominado revelava?

No entanto a Grã-Bretanha, em nome desse pretenso ideal – cuja falsidade os oprimidos sentiam até em seus corpos –, queria alistá-los à força numa guerra na qual deveriam eventualmente dar a vida, mas como escravos que recebiam ordens, sem sequer o orgulho de poderem reivindicar seu sacrifício.

Sim, por que os indianos teriam entrado em guerra ao lado de países que, afirmando defender um ideal de "liberdade mundial", praticavam eles próprios, em suas colônias, o mais completo confisco dessa liberdade tão enaltecida? Mais: países que não hesitaram, muitas vezes, em usar contra os povos explorados os métodos daquele fascismo que combatiam por outros motivos e por sua própria conta.

> Por trás de algumas dessas democracias prosperavam impérios onde não existia a menor democracia e onde reinava um autoritarismo de natureza idêntica ao fascismo... (DI, 552)

A Índia exprimia sua simpatia para com os que resistiam à agressão nazista, ela oferecia sua cooperação na guerra contra esse regime, mas era preciso haver um esforço *entre iguais* para sustentar uma causa julgada válida. E a Comissão convidava o governo britânico a definir em termos precisos seus objetivos de guerra. "Democracia" e "imperialismo", em particular, eram palavras que não podiam se conciliar. "Seria infinitamente trágico que essa guerra terrível fosse conduzida num espírito imperialista, com o objetivo de manter essa estrutura que é, ela própria, causa de guerra e de degradação humana" (DI, 489).

A resposta inglesa foi uma recusa global. A Índia era novamente jogada na condição de povo escravo. "A autocracia sem controle" do século XIX impunha-se de novo. O *Raj* mantinha-se firme e o fazia saber.

No verão de 1940, a brusca aceleração da guerra, seguida da invasão da Dinamarca e da Noruega e, pouco depois, da derrocada da França, marcou fortemente os espíritos; o Congresso, diante da iminência do perigo, recusou-se a tirar partido da situação; propôs sua inteira participação no esforço de guerra, contanto que a independência da Índia, aceita desde já, fosse ratificada *após* o conflito.

Gandhi, fiel ao princípio que dirigira sua vida e que, numa hora dessas, devia mais do que nunca ser posto à prova, pronunciou-se decididamente contra essa decisão. Ela lhe parecia trair os esforços e a fé de meio século, assim como a esperança do mundo no momento em que "se esperava da Índia algo de novo e de único". De resto, ele escrevera aos judeus e aos tchecoslovacos que a não-violência firmemente praticada venceria Hitler. Hitler, sem piedade? Gandhi não podia crer no mal absoluto, nem na impossibilidade de uma conversão; a monstruosidade não entrava em sua concepção do homem. "A fibra mais dura é obrigada a se dissolver no fogo do amor." Em 24 de dezembro de 1941, ele escreverá a Hitler (antes de prevenir os japoneses também): se não sois o monstro que descrevem, não se pode duvidar de que "muitos de vossos atos são monstruosos e atentatórios à dignidade humana... Nossa posição é única", ele prosseguia. "Resistimos ao imperialismo britânico tanto quanto ao nazismo. Se há uma diferença, é uma diferença de grau. Um quinto da raça humana foi posta sob a bota britânica por meios que não suportam o exame..." (GI, 312). Contra esse jugo, a Índia havia praticado a não-violência. "Na técnica não-violenta, a derrota não existe. É 'agir ou morrer' sem matar nem ferir. Ela pode ser utilizada praticamente sem dinheiro e sem o auxílio da ciência de destruição que levastes a uma tal perfeição." Essa última constatação contribuía a provar a inferioridade da "ciência da destruição", que um dia seria necessariamente batida em seu próprio terreno, segundo Gandhi. "Não deixais a vosso povo uma herança da qual ele se sentirá orgulhoso. Ele não poderá se orgulhar do relato de atos cruéis... Peço-vos, portanto, em nome da humanidade, para cessar a guerra..." (GR, 312). Gandhi lutou a sério contra o hitlerismo, que, segundo ele, apresentava uma diferença de grau, mas não de natureza, com o imperialismo: "O emprego da força bruta reduzida a uma ciência exata e utilizada com uma precisão científica".

Mais do que em 1920 ou 1930, ele avaliava as armadilhas da não-violência: "no segredo do meu coração", escreve, "tenho uma querela perpétua com Deus, que Ele possa permitir semelhantes coisas; minha não-violência parece quase impotente".

O Congresso separou-se então de seu chefe. "Foi um dissabor para todos os que formavam um bloco com ele, pois o Congresso, tal como havia evoluído, era criação dele. Mas a organização não podia adotar sua aplicação do princípio de não-violência à guerra" (DI, 499).

Após ter reduzido suas exigências ao mínimo e consentido sacrifícios, a organização esperava, em troca, um gesto do governo britânico, um esforço um pouco audaz – "um choque psicológico positivo" que insuflaria entusiasmo no país.

A resposta, dada em agosto de 1940, apenas aprofundou um intenso sentimento de frustração. A Inglaterra não podia pensar em transferir suas responsabilidades para com a Índia a um sistema de governo cuja autoridade seria recusada por uma parcela larga e influente da opinião. Ela não queria tampouco agir pela força sobre esses elementos. Uma tal declaração ia necessariamente reforçar a intransigência da Liga muçulmana e tornar mais difícil um acordo eventual entre ela e o Congresso – e esse acordo era uma condição prévia à transferência da soberania pelos britânicos. Se mesmo num momento tão grave os ingleses se limitavam a algumas concessões e, em vez de responderem a uma oferta de cooperação, se apegavam à sua tática comprovada – dividir para reinar (pelo menos é assim que sua declaração foi interpretada) –, então toda esperança estava perdida: "Eles pareciam preferir a guerra civil e a ruína da Índia a um abandono de seu controle imperialista".

A guerra civil, de fato: a insistência britânica sobre os direitos das minorias seria aproveitada por Jinnah e sua Liga (aliás, Jinnah afirma, já em setembro, que apoiará o governo na guerra com a condição de ser submetido à sua aprovação todo projeto de reforma constitucional). Ele já havia anunciado claramente (em Lahore, em março de 1940) que seu objetivo era obter para os muçulmanos a criação de um Estado separado. Em outubro de 1940, quando o Congresso, para protestar contra a resposta britânica, demite-se de todos os governos provinciais, Jinnah, diante desse enfraquecimento, convoca os muçulmanos a celebrarem um "dia de libertação". Posteriormente, a prisão de Gandhi e dos líderes do Congresso, em 1942, lhe permitirá aumentar ainda mais sua força junto à opinião pública.

A ação tornava-se inevitável. O Congresso voltou-se naturalmente, de novo, para Gandhi. Já em outubro de 1940 começava uma campanha de "desobediência civil individual". Em realidade, era um grande movimento de protesto moral, uma maneira muito gandhiana de conduzir a luta, que associava princípios morais e política revolucionária, recusando embaraçar o adversário, isto é, prejudicar o esforço de guerra mediante uma ação de massa. Suas instruções aos *satyagrahi* – que ele comunicou como de hábito ao vice-rei – diziam que as autoridades não seriam atacadas.

Em meados de novembro, passou-se a uma segunda etapa. Alguns indivíduos cuidadosamente selecionados, discípulos e personalidades representativas, que já haviam demonstrado sua capacidade de sacrifício, infringiram uma ordem oficial. Foram detidos e presos – quatrocentos membros do Congresso foram assim silenciados: Nehru, condenado a quatro anos, Patel, Rajagopalachari, Azad, o presidente do Congresso... Em maio de 1941, tendo o movimento se estendido progressivamente, de 25 a trinta mil homens e mulheres vegetavam na prisão por desobediência civil. No entanto, sob a influência de Gandhi, a Índia permanecia calma. Em realidade, os efeitos do movimento pouco se faziam sentir; segundo o secretário de Estado, *mr.* Amery, ele se desenvolvia "de forma frouxa e sem provocar verdadeiro interesse".

Em dezembro de 1941 acontece Pearl Harbor, seguido da guerra do Pacífico. Alguns dias antes, as autoridades haviam libertado vários prisioneiros – gesto de boa vontade inadequado, insuficiente.

A guerra se aproximava da Índia, agora a afetava diretamente. Em 15 de fevereiro de 1942, caía Singapura. A Malásia, a Birmânia... os japoneses ameaçavam diretamente o leste e o sul do país. O perigo não estava tanto na aliança de nacionalistas indianos com os japoneses (que se produziu, porém, quando Subhas Chandra Bose, o nacionalista dissidente, recrutou uma força – o Indian National Army – entre os soldados indianos feitos prisioneiros na Malásia, para combater ao lado dos japoneses) quanto na apatia, no desencorajamento do povo indiano, na sua incapacidade de resistir caso o inimigo desembarcasse, um perigo que na época parecia real. Durante o inverno de 1941-1942, a situação tornou-se tão crítica para os Aliados como o fora em 1940, no momento da derrota da França. Novamente uma parte do Congresso quis fazer causa comum com os britânicos. Novamente deparou com uma oposição de princípio: Gandhi, escreve Nehru, pela segunda vez "mostrou-se incapaz de renunciar a seu axioma essencial de não-violência... A proximidade mesma da guerra era para ele um desafio, uma colocação à prova de suas convicções" (DI, 506). Uma ajuda moral, sim; uma participação ativa num conflito violento, isso ele não podia. (No entanto, nos meses que precederam agosto de 1942, por uma reviravolta "que implicava sofrimento mental e dor do espírito", Gandhi chegou a aceitar a participação do Congresso na guerra.)

Nesse meio-tempo, o avanço do conflito fazia o governo inglês evoluir em suas posições. Em março de 1942, Churchill, pressionado por Roosevelt, mas sobretudo acuado pelo fulminante avanço japonês, enviou à Índia *Sir* Stafford Cripps, um trabalhista, então presidente da Câmara dos Comuns, para oferecer aos indianos, depois da guerra, o estatuto de domínio autônomo, acompanhado de outras promessas e previsões, especialmente a possibilidade para toda província da Índia, que não estivesse disposta a aceitar a nova Constituição, de conservar os termos atuais (um direito de não-adesão que foi interpretado como um estímulo ao pedido de criação do Paquistão).

Gandhi foi notificado por telegrama. Ele leu o texto – e aconselhou Cripps a partir de volta no próximo avião. Nehru, por sua vez, sentiu-se "profundamente deprimido". Segundo ele, embora afirmassem o princípio de autodeterminação, as proposições emitidas "incitavam todos os grupos reacionários feudais e socialmente atrasados a reclamar uma separação". Com isso a reorganização se faria sobre um fundo de separatismo, e os verdadeiros problemas, econômicos e políticos, seriam relegados a um segundo plano. Por trás desse documento, era evidente, sempre segundo Nehru, que "se projetava a política tenaz, secular, do governo britânico – suscitar divisões na Índia e encorajar todos os fatores que se opusessem ao crescimento e à liberdade nacional" (DI, 523). Se as ofertas de Lilinthgow em agosto de 1940 tinham podido encorajar Jinnah a perseverar em sua política separatista, a proposta de 1942 fazia ainda mais: o Paquistão, um projeto fantasma, tornava-se politicamente possível.

As negociações entre Stafford Cripps, o vice-rei e os líderes indianos sobre a defesa da Índia fracassaram. Na carta final do presidente do Congresso, podia-se ler: "Estamos convencidos de que, se o governo britânico se abstivesse de praticar uma política que estimula os conflitos, seríamos capazes... de nos unir". E a carta concluía que esse governo estava "mais preocupado em manter, pelo maior tempo possível, sua dominação sobre a Índia, e em promover para tanto a discórdia no país, do que em assegurar uma defesa efetiva da Índia contra os ataques e as invasões que a ameaçam" (DI, 529).

Ao voltar à Inglaterra, *Sir* Stafford Cripps afirmou que Gandhi, por sua intransigência, era responsável pelo fracasso das negociações. Uma acusação falsa: Gandhi havia desde o início manifestado sua opinião, mas fora obrigado a deixar Délhi: "A rigor, portanto, ele não participou dessas negociações".

"QUIT INDIA"

"Catástrofes e desastres avançavam a grandes passos em nossa direção e a Índia continuava impotente e inerte, amarga e abatida, campo de batalha de forças adversas e estrangeiras" (DI, 534). Nehru chegou mesmo a desejar, diz ele, uma invasão japonesa da Índia, "um gigantesco rebuliço", um acontecimento que a arrancaria "dessa paz tumular" que a Grã-Bretanha lhe impusera. Era melhor morrer do que levar uma vida miserável e sem esperança: "Lá onde estão os túmulos, estão as ressurreições".

Que finalidade positiva tinha essa guerra? A que futuro levava? E qual seria a sorte da Índia? "O espectro da violência que talvez estivesse adormecido no fundo da psicologia ocidental acabou por despertar e por profanar o espírito do homem", havia escrito Tagore, antes de morrer, no ano precedente. "Acreditei outrora que as fontes da civilização brotariam do coração da Europa. Mas hoje... essa confiança desmoronou." Desmoronada a confiança na Europa: a Índia, exposta à desconfiança e ao rancor, estava paralisada, bloqueada em suas atividades públicas e políticas, inquieta quanto ao seu futuro; "o torniquete apertava de todos os lados". E o sentimento de desespero se agravava.

Nesse meio-tempo, Gandhi redigiu uma série de artigos. Ele sentira o sofrimento do povo, sua apatia e sua aflição, e é contra esse estado que reagia. Que a liberdade da Índia fosse reconhecida ou haveria uma rebelião aberta. "Esse pedido nada tinha de novo... mas havia uma nova urgência, uma chama reavivada na palavra e na escrita de Gandhi. E um sopro de ação" (DI, 540). E de repente o humor do país mudou, passando de uma sombria passividade a um auge de excitação, a uma espera febril. Por muito tempo suspensos, os acontecimentos, liberados pelas palavras de Gandhi, agora se apressavam. "Tivesse razão ou não, o certo é que Gandhi cristalizou os sentimentos do povo." Nesse momento crucial, ele fez o maior dos sacrifícios: "Seu amor pela liberdade da Índia e pela de todos os outros povos explorados ultrapassou inclusive a fé que punha na não-violência". Assim ele passou a apoiar uma resolução, em sua versão modificada, tal como foi apresentada por Nehru, declarando que "a função primeira do governo provisório da Índia livre seria investir todos os recursos do país na luta pela liberdade e cooperar plenamente com as Nações Unidas para assegurar a defesa da Índia com o apoio de todas as forças, armadas ou não, de que o país dispusesse" (DI, 543).

Que torturas interiores ele atravessara para dar esse passo? "Vinda dele, era uma mudança significativa e surpreendente", comenta Nehru.

A sorte da Índia não era a única em causa. Para Gandhi, ela era "o símbolo dos povos colonizados e explorados no mundo. Se permanecesse submissa, todos os outros países colonizados permaneceriam igualmente em sua situação atual de escravos e a guerra não teria servido para nada" (DI, 542). A ordem antiga prevaleceria. Mas obter a independência da Índia, "território exemplar do imperialismo moderno", equivaleria a pôr fim "à dominação e à exploração de um povo por outro"; Gandhi, ao reivindicá-la, combatia também pelas "centenas de milhões de espoliados, de explorados, de vítimas da discriminação racial na Europa e na América, ainda mais maltratados na Ásia e na África... (que) esperavam apaixonadamente, contra toda razão, que a guerra ganha aliviaria, de uma maneira ou de outra, o fardo que as esmagava" (DI, 552). (Enquanto para seu adversário Churchill, sempre segundo Nehru, o que importava era perpetuar "a estrutura social da Inglaterra e a estrutura imperial de seu império": uma guerra pela perpetuação, de certo modo.) Uma dificuldade subsistia: "Toda ação de nossa parte contrariaria necessariamente o esforço de guerra". Mas Gandhi acreditava ainda possível parlamentar com o governo, e é provável que essa demora fosse para ele um meio de relançar as negociações, quando julgasse a Inglaterra enfraquecida. "Seu último discurso à Comissão congressista pan-indiana exprimia seu desejo sincero de chegar a um acordo e sua determinação de se encontrar com o vice-rei" (DI, 541).

Nos dias 7 e 8 de agosto, em Bombaim, a Comissão examinou a resolução conhecida pelo nome de *Quit India* [Saiam da Índia]. A resolução original, tal como fora redigida por Gandhi e apresentada ao comitê em 27 de abril de 1942, fora rejeitada; é, portanto, uma versão modificada que foi finalmente retida e lida por Gandhi em 8 de agosto do mesmo ano. *Quit India* reclamava o reconhecimento imediato da liberdade indiana e o fim da dominação britânica, ao mesmo tempo em que se pronunciava sobre a manutenção das tropas aliadas a fim de "não comprometer em nada a defesa da China e da Rússia... nem de colocar em perigo a capacidade defensiva das Nações Unidas". E dava esta "alfinetada": "A Comissão não tem mais por que reter a nação em seus esforços para afirmar sua vontade frente a um governo imperialista e autoritário que a submete e a impede de agir em seu próprio interesse e no da humanidade".

À guisa de conclusão, a Comissão decidia aprovar o lançamento de um movimento de luta popular que se desenrolaria "segundo princípios não-violentos – tendo Gandhi por guia natural".

A resolução foi ratificada já tarde da noite de 8 de agosto de 1942. Ao amanhecer do dia 9, detenções eram ordenadas. A começar pelos dirigentes indianos.

Gandhi foi condenado por uma iniciativa que deu o pretexto esperado a uma repressão sangrenta. E é verdade, quando nos lembramos de sua prudência e de suas precauções nas precedentes campanhas, que pode causar surpresa essa decisão súbita, num clima elétrico e carregado de tensão. Mas, no momento em que foi tomada a resolução *Quit India*, a margem de manobra era pequena, a situação era intolerável e o povo estava desesperado. Era preciso agir depressa, "quaisquer que fossem as conseqüências". Tudo era melhor do que a completa desmoralização da Índia e a estagnação na qual vivia, no momento em que se delineava o perigo japonês. De resto, os êxitos dos exércitos nipônicos despertavam em alguns uma satisfação crescente. O único remédio à divisão do país, como ao risco de invasão, era que a Índia sentisse finalmente soprar um vento de liberdade. Gandhi, que adivinhara a exasperação popular, esperava certamente que, pelo *satyagraha*, conseguiria conter o ódio e a violência. Mas o *satyagraha* não teve nenhuma chance de operar no terrorismo e no contraterrorismo que se seguiram. O movimento estava realmente preparado para isso? Contava-se mais com uma explicação, negociações, uma abertura. Gandhi, assim como Nehru, ficou estupefato ao ser detido.

E o país se sublevou. A fúria reprimida explode num quebra-quebra: incendeia delegacias, agências postais, fiscais, estações ferroviárias, símbolos da autoridade e do poder; arranca os trilhos, corta cabos telegráficos e linhas telefônicas, há sabotagem e saques um pouco em toda parte – a não-violência fora esquecida (e, de fato, ela não mais servirá de arma política na guerra da independência). O governo responde utilizando sua artilharia pesada: disparos da polícia contra a multidão sem armas e sem líderes, metralhadoras e aviões para semear melhor a morte. "O governo", diz Churchill à Câmara dos Comuns, "esmagou esses distúrbios com todo o seu peso." No final de 1942, cerca de cem mil pessoas foram detidas, mais de mil abatidas pela polícia.

Nas fronteiras da Índia, em terra muçulmana, Abdul Gaffar Khan, o grande chefe *pathan*, figura colossal e notável, partidário convicto da não-violência e chamado por essa razão o "Gandhi das fronteiras", foi espancado e ferido pela polícia, mas era tal a disciplina instaurada em seu povo que mesmo essas provocações não puderam triunfar sobre o domínio de si: nenhuma desordem maior aconteceu, enquanto no resto da Índia a violência se manifestava, talvez em reação contra o paciente ensinamento de Gandhi (no entanto, diz Nehru, a longa educação que as pessoas haviam recebido produziu o resultado notável de que as manifestações de hostilidade racial foram raras, a multidão atacando os bens, raramente as pessoas). A repressão, coberta pelo véu espesso da censura, continuou a ser exercida: uma vez contida a rebelião, era preciso atacar as raízes do mal.

> Tribunais especiais... foram criados, sem as regras normais de procedimento... que condenaram milhares de pessoas a longos anos de prisão e muitas outras à pena capital. A polícia... e os serviços secretos, onipotentes, passaram a ser os órgãos principais do Estado. Podiam praticar todo tipo de extorsão, de brutalidade... Estudantes das universidades foram punidos em grande número, milhares de jovens chicoteados... Houve casos de aldeias inteiras condenadas a penas que iam do chicote até a morte... Quantias enormes foram exigidas das aldeias a título de multas coletivas... Como foi possível extorquir desses pobres infelizes tais quantias, é uma outra história (DI, 561).

Em 1943 irrompe também a maior fome que Bengala conheceu num século, a requisição dos meios de transporte pelo exército desorganizando ainda mais a distribuição de alimentos: um milhão e meio de mortos. Os administradores britânicos, porém, continuavam seguros de sua legitimidade, invariavelmente corteses e bem-educados, apegados ao respeito da lei. Basta ler as cartas formais e elegantes endereçadas por lorde Linlithgow a Gandhi na prisão. O que se vêem são altos funcionários respeitosos das formalidades, dos ritos e da disciplina – únicos valores intactos num mundo em que tudo se desfaz. "Como silhuetas de um teatro de sombras, eles continuaram a agir como no passado, procurando nos impressionar com seu protocolo imperial complicado, suas cerimônias de corte, suas *darbar* [recepções solenes] e suas investiduras, seus desfiles, seus jantares e trajes de gala, suas declarações pomposas" (DI, 515). Quanto à Inglaterra, ela estava inteiramente às voltas com a tensão e a angústia da guerra.

Enquanto isso o Mahatma, no fundo de sua prisão, se indignava que a propaganda oficial atribuísse a onda de violência indiana a um complô conduzido pelos líderes do Congresso (que teriam querido sabotar a luta dos Aliados contra o Japão; o mais provável é que os distúrbios tivessem sido alimentados por um terrorismo clandestino, ativo havia anos, ao qual teriam se juntado alguns elementos do Congresso). Isso era um "massacre da verdade", ele se queixou, acrescentando que, se não tivesse sido precipitadamente detido, teria, ao contrário, evitado esses acessos de violência, como sabia fazer; nem ele nem seus colegas haviam cogitado recorrer à violência em qualquer momento da campanha. E ele fora preso antes mesmo de poder expor seus planos e negociar, quando sempre buscara levar em conta as coisas, dividido que estava entre sua paixão pela liberdade da Índia e seu desejo de não embaraçar o governo durante a guerra, um ponto de vista que poderia finalmente ter triunfado... Cartas em tom acerbo circulavam entre o prisioneiro de Poona e o vice-rei das Índias, lorde Linlithgow, que Gandhi um dia havia considerado seu amigo. Que esse amigo pusesse em dúvida sua palavra e sua fidelidade à não-violência, era mais do que Gandhi podia suportar: ele buscou acalmar seu sofrimento num jejum de 21 dias, iniciado em 10 de fevereiro de 1943. Por pouco não morreu; as multidões se mobilizaram, mas em vão; aos olhos do vice-rei, esse jejum era apenas uma chantagem política – uma expressão que o distanciou ainda mais da opinião indiana. O Mahatma, mais amado do que nunca, continuava sendo o símbolo do nacionalismo e da insubmissão.

Do ponto de vista de Linlithgow, os acontecimentos de 1942 marcavam uma vitória. E, como confessou o próprio Nehru, "a Índia fracassara no último confronto, quando somente contam a força e o poder". No entanto, como as duas grandes campanhas de 1920-1922 e 1930-1934, o movimento *Quit India* foi uma formidável invectiva que acelerou a partida dos ingleses. Eles estavam em má posição. Esgotada pelo esforço de guerra, desmoralizada pela luta sem trégua conduzida por Gandhi e seus companheiros durante trinta anos, e ainda por cima endividada de 1,3 bilhão de libras esterlinas que devia à Índia, a Inglaterra não estava em boas condições para negociar. Nesse momento, Churchill, que talvez tivesse continuado a luta, foi substituído no poder, nas eleições de 1945, por Attlee e os trabalhistas. A guerra mudara o mapa do mundo e o equilíbrio de forças, mas também os espíritos. Os tempos não eram mais favoráveis ao colonialismo. O novo vice-rei, lorde Wavell, recebeu a missão de realizar rapidamente a autonomia.

O FIM DA GUERRA

Pouco depois de ser preso, Gandhi perdeu seu assistente inseparável, "filho, secretário e amigo", tudo isso numa única pessoa, Mahadev Desai, que, durante anos (juntou-se a Gandhi em 1917, depois de seus exames de direito na universidade), fez diariamente a triagem da volumosa correspondência, recebeu os visitantes esperados ou afastou os importunos, cuidou meticulosamente das contas, estudou mapas e planos a fim de organizar as viagens contínuas de Gandhi, relatando a todo instante as conversações, registrando os discursos, editando os artigos, às vezes à luz de uma vela num compartimento de terceira classe, quando era preciso enviar a cópia com rapidez. Morreu subitamente, de esgotamento por certo, mas também, como sugere Nanda, por temor de que Gandhi jejuasse até a morte na prisão. Pouco tempo depois, em 22 de fevereiro de 1944, morre também a fiel Kasturbai, igualmente na prisão, com a cabeça colocada sobre os joelhos de Gandhi. "Estou partindo", ela lhe teria dito. "Que ninguém chore depois de minha partida, estou em paz." E Gandhi dirá, numa carta a lorde Wavell: "Éramos um casal fora do comum". Sessenta e dois anos de vida partilhada, uma certa resignação no fundo do olhar, a coragem de suportar e de combater (várias vezes, na África do Sul e na Índia, ela buscou a prisão), às vezes a de resistir ao domínio do marido que, depois de seu voto de castidade, cessou de tiranizá-la para acabar respeitando suas opiniões e decisões. Na mesma carta a lorde Wavell, com quem Gandhi nunca se encontrou, ele explica que sua castidade, à idade de 37 anos, os aproximou mais do que nunca: "Deixamos de ser duas entidades distintas... o resultado é que ela se tornou verdadeiramente minha melhor metade". De início uma pessoa muito teimosa, segundo o marido – "se eu tentava coagi-la de algum modo, acabava por fazer exatamente o que queria" –, aos poucos fundiu-se com ele, isto é, em seu trabalho, que era servir. Enquanto mãe, teve de sofrer pelos filhos, especialmente o mais velho, Harilal, que desafiou sempre o pai e acabou se convertendo ao Islã. Essa conversão fora um supremo desafio lançado a Gandhi, uma forma de vingança a que Harilal dera o máximo de publicidade possível. "Teu pai aceita tudo isso corajosamente, mas sou uma mulher frágil e velha que tem dificuldade de suportar com paciência a tortura moral causada por tua atitude lamentável" (GR, 298). Gandhi, por sua vez, tinha razões precisas de suspeitar por trás desse gesto motivações interessadas: o dinheiro. Ele sabia que o filho se vingava dele e que seus inimigos utilizariam contra ele essa vingança. E dirigiu, pela imprensa, uma carta em forma de constatação a seus amigos muçulmanos: Harilal era um bêbado e um devasso, que o interesse, não a religião, levara a se converter; se pudesse pensar que Harilal se corrigiria graças à sua fé religiosa, nada teria a dizer contra essa conversão, mas... Antes de morrer, Kasturbai pediu para vê-lo. Harilal foi até a prisão. Estava embriagado, a ponto de precisarem fazê-lo sair. Ele morreu num hospital de Bombaim, em 19 de junho de 1948, pouco depois de ter assistido aos funerais de seu pai sem ser reconhecido. Kasturbai sofreu também por Manilal, o segundo de seus filhos homens, que Gandhi exilou por um tempo na África do Sul por ter emprestado dinheiro a Harilal, sempre endividado. (Sobre o autoritarismo de Gandhi enquanto pai e esposo, existe uma abundante literatura acusadora, assim como livros que o defendem. A "doçura de seu despotismo", disseram: a sombra projetada de sua grandeza, o peso de sua missão que prevalecia sobre tudo. Um de seus biógrafos comprazeu-se em imaginar um Gandhi "normal": "Advogado próspero, vivendo numa elegante casa nos arredores de Bombaim, educando os filhos numa escola inglesa, dividindo seu tempo entre o tribunal e o clube, jogando *bridge* e, de tempo em tempo, golfe, correspondendo-se com o editor-chefe do *Times of India* e enaltecendo aos membros do Rotary Club os méritos de uma cura natural... A esposa de Gandhi e seus filhos teriam tido, talvez, uma vida mais fácil, mas o mundo seguramente teria ficado mais pobre[1]".)

A morte de Kasturbai foi um choque muito duro, que abalou a força de caráter excepcional de Gandhi, sua vontade de viver. "Não posso imaginar viver sem ela... Ela era uma parte indivisível de mim e sua partida me deixa um vazio que não pode ser preenchido." Ele adoeceu gravemente. Estava com malária, febre alta e, descobriu-se mais tarde, uma disenteria amebiana. Como atribuía a doença a uma "falta de fé em Deus", como recusava obstinadamente todo medicamento, seu estado de saúde se agravou ainda mais.

Nesse momento os acontecimentos haviam virado em favor dos Aliados; o risco de libertar Gandhi parecia menor que o de vê-lo morrer na prisão; ele foi solto então, em 6 de maio de 1944, para seu grande desprazer. Mas, apesar dos 74 anos, sua experiência de luta lhe dera uma grande resistência vital, pois algumas semanas mais tarde estava novamente na arena.

Não tendo podido reconciliar o Congresso e o governo, ele se lançou mais uma vez ao problema colocado pela "teoria das duas nações". A causa da unidade hindu-muçulmana havia sido, disse ele, sua "paixão" desde a primeira juventude.

> Luto a fim de obter o melhor cimento entre as duas comunidades. Meu desejo é cimentar as duas, com meu sangue, se necessário (GI, 65).

Ele buscaria um acordo com Jinnah, o autor da teoria que haveria de resultar na "monstruosa vivissecção de um mundo" – no nascimento do Paquistão, na partição da Índia. Querer separar a Índia em duas nações, uma hindu, outra muçulmana, significava dividir centenas de milhares de aldeias indianas, traçar fronteiras onde não havia necessidade de nenhuma, desorganizar a vida econômica em seus mecanismos essenciais: dilacerar um tecido vivo. Uma monstruosidade, uma loucura, um contra-senso. Ainda mais que o novo Estado seria dividido em duas partes situadas cerca de 1,3 mil quilômetros de distância uma da outra, com importantes minorias não-muçulmanas ficando incluídas no Paquistão, enquanto 25 milhões de muçulmanos estariam espalhados na parte indiana. O problema das relações entre comunidades, portanto, não era de modo algum resolvido por essa solução, o que não cessa de ser verificado. No entanto, alguns anos mais cedo, em milhares de aldeias, hindus e muçulmanos viviam em paz, as tensões afetando principalmente as elites. Mas os líderes, sobretudo Jinnah, souberam converter as frustrações em energia política, atiçando o descontentamento, exagerando a discriminação que os muçulmanos sofriam. Outra tática empregada, outra forma de acusação: o Congresso era uma organização pró-hinduísta, alheia ao espírito do Alcorão, e não saberia, portanto, representar os interesses dos muçulmanos. Jinnah sustentou com uma aspereza crescente que somente a Liga estava habilitada a fazer isso, e o êxito mesmo do Congresso nas eleições de 1937 e seus esforços para absorver os muçulmanos criando a ameaça de uma supremacia hindu pareceram dar razão a Jinnah e aprofundaram as diferenças. Quanto aos britânicos, se não criaram o antagonismo hindu-muçulmano na Índia – uma suposição evidentemente falsa –, pelo menos fizeram "constantes esforços para alimentá-lo e para desencorajar a união das duas comunidades" (GWH, 746).

Nenhum argumento, por mais razoável que fosse, podia desarmar Jinnah, implacável, obstinado em seu orgulho, incapaz de acordo e, além disso, com uma incapacidade visceral (assim como Churchill) de compreender e amar a personalidade de Gandhi, seu oponente. Quando Gandhi entrou na cena política, Jinnah deixou o Congresso, desgostoso ao mesmo tempo com o homem, com suas idéias, com seu sucesso. Uma foto datada de 1944 o mostra ao lado do Mahatma, uma cabeça mais alto que este último, vestindo um traje branco imaculado, tão magro e rígido que parecia uma múmia (aliás, ele morrerá em 1948). Gandhi sorri, com a mão estendida a ele. Mão estendida em vão: as discussões iam começar em 9 de setembro de 1944 para terminar no dia 27 do mesmo mês; mas elas serviram apenas para dar a Jinnah um pouco mais de prestígio, pois o Mahatma, que outrora pronunciara a palavra "pecado" à simples menção da divisão da Índia, agora, na posição de pedinte, discutia com ele modos de intervenção possíveis.

Na conferência de Simla, reunida por lorde Wavell em 1945, Jinnah exigiu a paridade entre os muçulmanos e as outras comunidades e acabou por fazer fracassar as negociações ao reivindicar, apenas para sua Liga, o direito de nomear todos os membros muçulmanos do Conselho executivo do vice-rei – uma condição que o Congresso não podia, evidentemente, aceitar. O que se pode concluir é que havia, da parte de Jinnah, uma vontade de evitar um acordo.

Depois da guerra, em março de 1946, uma missão ministerial foi enviada à Índia. Dois dos quatro enviados, lorde Pethick-Lawrence e *Sir* Stafford Cripps, eram bem conhecidos de Gandhi, que foi freqüentemente consultado. A questão crucial: a Índia seria ou não dividida? O plano que os ingleses propunham era um esforço último para salvaguardar a unidade da Índia sem prejudicar os interesses muçulmanos. A Liga e o Congresso o aceitaram, mas sem grande entusiasmo: muitos pontos importantes de atrito subsistiam. Uma declaração de Nehru, em 10 de julho, faria irromper a divergência, fornecendo a Jinnah a porta de saída que ele buscava (e o Congresso foi acusado de intransigência pelos que pensavam que o plano era viável, enquanto para os outros a intransigência de Jinnah é que teria em última instância se afirmado, levando ao impasse os negociadores da missão). A última chance de unidade da Índia, se é que existia, foi assim destruída e a partição pareceu inelutável.

Jinnah, apostando tudo, retirou sua concordância, reafirmou a vontade de obter um Paquistão separado e convocou os muçulmanos de toda a Índia a uma jornada de "ação direta" para chegar a isso. Ele concluía por estas frases que ficaram célebres: "Hoje dissemos adeus aos métodos constitucionais... Também forjamos uma arma e temos condições de nos servir dela" (MG, 344). Uma arma que faria centenas de milhares de mortos, catorze milhões de desenraizados, e desencadearia um dos episódios mais sangrentos da História (mas alguns historiadores qualificam hoje de mito a idéia de que o nascimento do Paquistão seria obra de um único homem, Muhammad Ali Jinnah: segundo eles, o drama da partição seria antes o resultado de uma "acumulação de erros, de falsos cálculos, de covardias"[2]).

Tomando novamente a iniciativa, lorde Wavell encarregou o Congresso e Nehru de constituir um governo interino. Jinnah, de quem Nehru tentou se aproximar, recusou toda cooperação da Liga com o que ele chamava "o Congresso fascista dos hindus de casta e seus carrascos". Dezesseis de agosto de 1946 seria o dia da "ação direta".

O Mártir

A "grande matança"

Nesse dia irromperam em Bengala os conflitos comunalistas mais sangrentos de toda a história da Índia. Durante quatro dias desencadeou-se o que foi chamado "a grande matança de Calcutá". Bandos de assassinos armados de chuços, bastões e machados, ou mesmo armas de fogo, tomam conta da cidade que as forças da polícia não controlam mais, saqueiam e matam à vontade. Não são grupos organizados que se enfrentam, mas *pogroms* sucessivos que acontecem, primeiro dos hindus pelos muçulmanos, depois dos muçulmanos pelos hindus (cinco mil mortos, quinze mil feridos ou mais). Nessa prova de força, corre o boato de que os hindus venceram. E represálias explodem a leste de Bengala, no distrito de Noakhali, onde dominam os muçulmanos; religiosos fanáticos de um lado, políticos manipuladores de outro, o ódio atiçado; mata-se em nome da religião ou por ambições políticas (as duas aliando-se, às vezes, para maior eficácia). Raiva de destruir e de humilhar. Dessacralização dos templos, violação e rapto de mulheres, conversões forçadas – fatos novos. Milhares de hindus fogem.

Gandhi, quando soube da notícia, estava em Délhi. Nessa época, ele continuava sendo a figura proeminente do Congresso, consultavam-no em todas as ocasiões, mas sua palavra era menos escutada. Se a independência lhe era em parte devida, a guerra triunfara sobre a não-violência. Aliás, muitas pessoas eram violentamente hostis a Gandhi: os hindus extremistas, por sua defesa dos muçulmanos e sua luta em favor dos intocáveis; os muçulmanos, porque era hindu; os militantes, numerosos, por acreditarem mais na ação de um partido do que na força de alma; e os privilegiados, porque ele lhes reprovara o conluio com o ocupante. Até mesmo Nehru – que no momento da guerra abandonara a tática não-violenta

– e Patel, não obstante cognominado *Sir* Yes-Yes, haviam agora se separado dele. Gandhi estava isolado, esmagado de aflição e de angústia, a obra de sua vida inteira talvez destruída. No entanto sua fé na *ahimsa* não enfraquecera. Era preciso demonstrar que o amor podia vencer o ódio, que muçulmanos e hindus eram capazes de viver lado a lado, que a partição, portanto, era inútil. E não eram palavras que provariam isso, mas a vida, em pleno auge da luta.

Ele abandonou todos os projetos e decidiu partir para Bengala. Procuraram dissuadi-lo, não faltavam boas razões para que ficasse. Setenta e sete anos, o desgaste de cinqüenta anos de luta marcados por temporadas na prisão, a doença e os jejuns, alguns dos quais o levaram ao limiar da morte – ele não podia repousar? "Não sei o que poderei fazer. Mas o que sei é que não terei paz enquanto eu não for."

Começa então o último capítulo da vida de Gandhi, aquele no qual ele atinge o topo de sua grandeza e que, colocado todo o resto de lado, seria suficiente para justificar sua lenda de santo e de herói. Vemos um Gandhi lutando contra o impossível, obstinado em restaurar a ordem e o entendimento em meio às piores atrocidades, marchando incansavelmente entre as ruínas, acalmando por sua presença um delírio de ódio e de vingança, submerso pela tarefa, reconhecendo seu fracasso, o único a acreditar ainda na *ahimsa* e recusando, apesar de tudo, desistir, renunciar. "Será que represento a *ahimsa* em minha pessoa? Se é assim, então a mentira e o ódio deveriam se dissolver." "Agir ou morrer", ele dissera ao Congresso, em 1942, "*Do or Die*", uma divisa que agora ia pôr em prática sozinho.

Ele havia pedido que ninguém o acompanhasse, mas a cada parada, em cada cidade, multidões o esperavam, cercavam a estação, invadiam a ferrovia, escalavam telhados para vê-lo. Vidraças quebradas, portas arrancadas, uma balbúrdia terrível; a partida do trem atrasada, o movimento do comboio, novamente a parada. Numa estação, teve de ser usada uma mangueira de incêndio e o compartimento de Gandhi foi inundado. O trem chegou a Calcutá com cinco horas de atraso, Gandhi exausto.

Em Calcutá, ele vê os danos causados pelos conflitos do mês de agosto, as ruas desertas, o lixo amontoado, as carcaças enegrecidas das casas incendiadas. "A verdade e a *ahimsa*, que foram minha fé e me sustentaram durante sessenta anos, parecem ter perdido as qualidades que eu lhes atribuía" (MG, 250). Depois vai a Noakhali, na zona rural, uma das regiões menos acessíveis da Índia. Ali os deslocamentos são lentos, em carro de bois ou a pé, ao longo de passarelas oscilantes, numerosas nessa região do delta. Os muçulmanos (oitenta por cento da população) queimaram templos e casas, mataram e saquearam, raptaram mulheres (de todas as atrocidades cometidas, era a que causava a Gandhi a maior aflição). Alguns discípulos o acompanham, com a missão, cada um deles, de se instalar numa aldeia, geralmente isolada e hostil, para ali ensinar a lei da não-violência (esquecem-se com freqüência o papel e a coragem dessas tropas anônimas: "Brilhei com a glória tomada de meus inumeráveis companheiros"). Durante semanas ele terá jornadas de trabalho de dezesseis a vinte horas; deita numa tábua de madeira, que lhe serve também de mesa, levanta-se às quatro da manhã (não mais às três, uma concessão devida à idade), continua a manter uma prodigiosa correspondência, recebe mensagens dos membros do Congresso, faz reuniões de prece, redige relatórios sobre a situação das aldeias... Sobretudo, escuta sem se cansar os relatos de atrocidades, tenta apaziguar os furores, acalmar o sofrimento – "enxugar as lágrimas de todos os olhos". Os camponeses o escutam e as tensões aos poucos diminuem; mas os políticos, desempenhando seu papel habitual, excitam a população contra ele e a imprensa muçulmana logo denuncia uma "jogada política" por trás da missão de paz. Tanto assim que o dirigente de Bengala, Suhrawardi, pressionado pela Liga muçulmana, pede finalmente a Gandhi para abandonar a região. Em 2 de janeiro de 1947, ele escreve em seu diário: "Sou despertado às duas horas da madrugada.

Somente a graça de Deus me sustenta. Deve haver em mim um grave defeito que é a causa de tudo isso. Tudo ao meu redor são trevas"[1] (MG, 251). Ele intensifica sua ascese e continua sua peregrinação de paz. Desloca-se de aldeia a aldeia, pés descalços, um peregrino, munido de seu longo bastão, apoiando-se no ombro de sua sobrinha Manubenh. Pistas escorregadias, semeadas de espinhos, cacos de vidro e excrementos, postos ali por maldade. À noite ele se abriga na casa de quem aceita recebê-lo, de preferência um muçulmano. Quarenta e sete aldeias, 185 quilômetros percorridos. A caminho ele canta a canção escrita por Tagore: *Marcha sozinho. / Se eles não respondem a teu apelo, marcha sozinho...*

Gandhi, em sua angústia, buscara em si a causa de seu "fracasso". Assim o queria a doutrina do *satyagraha*. A pureza do seu espírito estava em falta? Havia anos ele tinha a certeza de que a ausência de desejo levava a Deus, de que somente uma tal libertação dava a força necessária para seguir sua visão e seu caminho. Se conseguisse libertar-se totalmente de si mesmo, Deus tomaria posse dele? Começa então uma experiência que foi em geral mal compreendida e aterrorizou seus companheiros e discípulos mais fervorosos. O relato[2] é feito por Nirmal Kumar Bose, que viveu com ele em Bengala e lhe serviu de intérprete. Recordemos rapidamente esse episódio que continua a prestar-se a subentendidos redutores e a interpretações simplistas. Gandhi, como o rei Lear* às voltas com o tormento e o desespero, vagava nas ruínas e no caos dos conflitos populares. Toda esperança de uma Índia independente e unificada – a razão de uma vida de combate – parecia perdida. Veio-lhe a idéia, para testar sua pureza e seu poder sobre si mesmo, de pedir a algumas de suas colaboradoras femininas que dormissem nuas junto dele: uma experiência espiritual de *brahmacharya* [castidade] total. "Não chamo *brahmacharya* aquilo que nos proíbe tocar numa mu-

---

* A comparação é de Erik Erikson (*La Vérité de Gandhi*), que vê aí, como na peça de Shakespeare, uma tragédia da velhice. (N.A.)

lher... Para mim, o *brahmacharya* é o pensamento e a prática que nos põem em contato com o Infinito e nos levam à sua presença" (GI, 338). Gandhi não apenas não fez mistério dessa tentativa, mas enviou várias cartas a amigos em toda a Índia, em busca de sua opinião e de sua aprovação. Aos suspeitosos que acharam que esse contato ultrapassava a inocência e rompia regras firmemente defendidas – as mesmas que, segundo eles, definiam a santidade –, Gandhi explicou que sua conduta estava ligada a seu voto de castidade. O que, evidentemente, só fez piorar as coisas. "Se eu abandonar completamente a possibilidade de dormir junto, meu *brahmacharya* se envergonhará. Não que eu o fizesse por simples prazer. Já se passaram anos e isso não aconteceu... Afirmo que, não importa o que eu faça, faço em nome de Deus" (GI, 323).

É provável que poder verificar seu autodomínio em condições extremas tivesse por efeito aumentar a força moral de que ele necessitava: ele carecia de uma dose pouco comum dessa força para deter com as mãos nuas a carnificina daqueles anos. "Se eu puder dominar-me", teria dito o Mahatma, "posso ainda combater Jinnah." Quanto à necessidade de ser compreendido... "Se isso o desagrada, nada posso fazer. Mostro-me a você e aos outros tão nu quanto possível", ele escreveu a Nirmal Bose, que protestara contra sua conduta.

A relação de Gandhi com a sexualidade e as mulheres é uma história longa e complicada, na qual seu casamento, aos treze anos, desempenhou um papel central. Em 1939, pregando as vantagens da castidade, ele escrevia: "A maneira como meu *brahmacharya* se impôs a mim, irresistivelmente, fez com que eu passasse a ver a mulher como mãe do homem. Ela era demasiado sagrada para o amor sexual. Assim cada mulher tornou-se para mim uma irmã ou uma filha" (GI, 274). O que não o impediu de sentir a necessidade de testar a verdade duradoura de uma tal relação: no mesmo artigo publicado em *Harijan*, ele afirma sua liberdade tanto em relação ao desejo quanto em relação às leis. "Meu *brahmacharya* nada queria saber das leis ortodoxas que governam sua observância. Estabeleci minhas próprias leis, tais como a ocasião as requeria." Estabelecer as próprias leis: é o que ele costumava fazer. Dormir ao lado de uma mulher: a castidade o exige. "A obrigação de abster-se de todo contato, por inocente que seja, com o sexo oposto, é um desenvolvimento artificial que só pode ter um valor muito pequeno ou mesmo nenhum" (GI, 274).

Que Gandhi tenha sido um homem dotado de uma formidável força vital, atormentado pela sexualidade, assediado pela sexualidade, é uma evidência. Que não tenha sido o santo imóvel em seu nicho de pedra como o teriam desejado alguns de seus fiéis, é uma outra evidência. Isso torna apenas mais viva e mais verdadeira sua luta contra si mesmo, mais admirável o domínio ao qual chegou.

> O segredo da grandeza de Gandhi não reside na ausência de falhas e de fraquezas humanas, mas em sua busca interior incessante e em seu engajamento intenso nos problemas da humanidade.[3]

No Bihar (para onde partiu em 2 de março de 1947) as aldeias estavam arrasadas, cadáveres jaziam ainda um pouco em toda parte, nos matagais de bambus, e os abutres faziam seu trabalho. Hindus e muçulmanos eram culpados, tanto uns quanto os outros: Gandhi explicava isso a eles, pedia que reconhecessem, que confessassem seus crimes, que se arrependessem e pusessem fim à matança, que fizessem essa promessa. No final de março precisou voltar a Délhi para se encontrar com lorde Mountbatten, o último vice-rei, enviado à Índia para organizar a partida dos ingleses: não importa o que acontecesse, a Grã-Bretanha devia deixar a Índia em junho de 1948, conforme o anúncio feito por Attlee na Câmara dos Comuns. A questão era: se chegaria a uma divisão da Índia ou a uma guerra civil? O Congresso hesitava. Quanto a Jinnah, ele se mostrava intratável: exigia a partição, queria ser ele próprio o governador geral do novo Estado e, para chegar a seus fins, fomentava conflitos a cada dia mais graves, ao mesmo tempo em que condenava a violência em suas declarações públicas. O Mahatma tentava acalmar os espíritos enquanto Jinnah os excitava, e o antagonismo entre a Liga e o Congresso repercutia na população. Se os chefes dos partidos não conseguiam superar as divisões, como o povo o conseguiria? O futuro era sombrio. E todos os problemas deviam encontrar um desfecho dentro de um prazo limitado.

Gandhi teria preferido retardar a independência, arriscar mesmo o caos após a partida dos ingleses; a Índia seria assim "purificada", em vez de aceitar a vivisseção do país. Qual era seu cálculo? Ele propôs a Mountbatten uma solução audaciosa: por que não encarregar Jinnah de formar um governo muçulmano com poder sobre toda a Índia? Nehru, ao tomar conhecimento, ficou horrorizado e se opôs a esse plano. Quando o Congresso, esgotado após tantos anos de luta, de sofrimentos, de prisão, não tendo mais fé na não-violência e temendo talvez perder o poder, deu seu acordo à divisão, Gandhi, o único que ainda esperava e lutava, teve de se curvar diante dessa decisão agora inevitável. "Sigam vossos chefes." A violência que, tanto para os britânicos quanto para os membros do Congresso, fornecia uma razão maior à partição, era, segundo ele, um argumento decisivo para resistir a ela: então se obteria tudo "contanto que as pessoas se entregassem à violência"?

Jinnah o havia vencido. Restava o preço a pagar. Cerca de catorze milhões de refugiados, longas colunas que se estendiam por sessenta quilômetros e caminhavam em sentidos contrários – muçulmanos que iam para o Paquistão, hindus que marchavam para a Índia –, pessoas famintas, esfarrapadas, que haviam perdido tudo e se atacavam entre si, matando, saqueando, morrendo de fome e de fadiga, para encontrar, no fim do caminho, apenas o despojamento e a miséria, a rua, a fome mais uma vez, a imundície e as desordens. A morte e a miséria, condições particularmente atrozes.

A Índia foi então cindida, e o Penjab e Bengala, mesmo tendo uma unidade de língua, de cultura e de tradições, foram divididos por novas fronteiras. Em 15 de agosto de 1947, a independência foi proclamada. Enquanto o país, tomado de um delírio de alegria, a festejava aos gritos de *Mahatma Gandhi Ki jai*, "vitória ao Mahatma Gandhi", este se ausentava. "Agora que temos a independência, parece que estamos desiludidos. Eu pelo menos estou.[4]"

O MILAGRE DE CALCUTÁ

No início do mês de agosto, ele retomara sua obra de pacificação. Fora até Noakhali, prevendo novas violências no momento da criação do Paquistão. Mas, quando chegou a Calcutá, a guerra civil estava a ponto de eclodir, a rua entregue aos delinqüentes, as autoridades ausentes, o grande porto exposto a um pesadelo, tendo como única perspectiva um massacre geral à guisa de celebração, no dia da independência. Nesse momento, Gandhi não suspeitava que ia passar esse dia de festa numa residência em ruínas à beira do canal, em companhia do mesmo Suhrawardi, inimigo jurado do hinduísmo, que o expulsara de Bengala. Este último era tido como o responsável pela "ação direta" do ano precedente. Podia-se ter confiança num homem desses? No entanto Gandhi só aceitou ficar em Calcutá, como lhe pediam, com uma condição: Suhrawardi e ele viveriam sob o mesmo teto e apareceriam juntos em toda parte. Eles se estabeleceram então numa casa muçulmana, situada num bairro de maioria hindu que os conflitos haviam devastado, sem proteção do exército nem da polícia, "um grande risco", admitiu Gandhi, porém, mais uma vez, um gesto altamente simbólico. A casa estava isolada num terreno aberto de todos os lados, cercada por um mar de lama. À chegada de Suhrawardi, uma multidão hostil logo o assediou. Pedras lançadas, vidros quebrados, clamor das imprecações. Gandhi recebeu uma delegação de jovens. Parlamentou com eles, pronunciou a palavra intolerância e conseguiu aos poucos acalmá-los. Tanto que eles se ofereceram para montar guarda durante a noite a fim de defendê-lo. "Deus é testemunha, esse velho é um feiticeiro. Todos são conquistados por ele"* (GR, 353). No dia seguinte as mesmas cenas se reproduziram. E em breve, sob a influência de Gandhi, muçulmanos e hindus começaram a confraternizar. Pôde-se assistir a esta mudança assombrosa: eles se abraçavam nas ruas, freqüentavam templos e mesquitas juntos, desfilavam com bandeiras na mão, dançando e cantando pela cidade. Cerca de cinco mil pessoas das duas comunidades, unidas e celebrando a união, desfilando por toda Calcutá. Gandhi e Suhrawardi num carro, em meio às ruas cheias de gente e em festa. Quase ensurdecidos pelos gritos de alegria. E Gandhi exausto, mesmo assim talvez feliz, lembrando-se dos dias abençoados do Califado que essa confraternização recordava, oferecia a todos sua *darshan* [imagem]. Rajagopalachari, agora governador de Bengala, veio felicitá-lo pelo "milagre".

Mas Gandhi continuava cético, não estava seguro de que essa "mudança de coração" fosse mais do que um impulso passageiro.

No dia da independência, enquanto Calcutá vibrava ao grito ensurdecedor de *Mahatma Gandhi Ki jai* e se entregava a um delírio de alegria, Gandhi rezava, jejuava, interrogava-se. Chamavam-no "o Pai da nação". Lorde Mountbatten lhe escrevera: "No Penjab, temos cinqüenta mil homens e desordens numa grande escala. Em Bengala, nossas forças consistem num só homem e não há conflitos". Mas ele pressentia que a violência continuava latente e que a qualquer momento podiam irromper conflitos.

E, de fato, todo esse belo impulso não durou mais de quinze dias, até o momento em que chegou a notícia de atrocidades cometidas no Penjab, muçulmanos contra siques dessa vez. Uma multidão de hindus, furiosos pelos relatos de crueldades atribuídas aos muçulmanos, veio assediar à noite

---

* Todo o final da vida de Gandhi é contado com grandes detalhes e de forma apaixonante por Robert Payne, em seu *Gandhi*. (N.A.)

a residência onde Gandhi dormia. Vidraças foram quebradas, invadiram a casa. Novamente o ódio e os gritos. Novamente a proteção dos discípulos, magníficos de coragem. Novamente uma tentativa de diálogo. Golpes, pedras, vociferações, por pouco Gandhi não foi morto, e dessa vez ele não conseguiu convencer nem mesmo fazer-se ouvir. Os conflitos voltaram a Calcutá.

Então ele anunciou que jejuaria até que a cidade tivesse voltado à razão. "O que minha palavra não pôde fazer, talvez meu jejum o possa."

Quatro dias depois de iniciado o jejum, uma delegação de *goondas* (delinqüentes) se apresentou. Eles ofereciam depor suas armas e confessar seus crimes. "Foi um espetáculo extraordinário: Gandhi, frágil e encarquilhado em seu leito, os *goondas* vigorosos ajoelhando-se a seus pés, implorando seu perdão, prometendo não mais saquear nem matar" (GR, 364).

O que se passava? Enquanto cada um se entregava ao crime, matava, saqueava, saciava seu ódio, era ele, o Mahatma, que expiava, ele que nada fizera. E esses desordeiros sentiam-se pouco à vontade e, nas casas, esse mal-estar pesava a todos, alguns não o suportavam mais, não comiam mais, perseguidos pelo pensamento do jejum, querendo pôr fim aos sofrimentos de Gandhi: eram eles os responsáveis e um outro é que sofria. Começaram então a recolher armas, nas ruas e nas habitações, com grandes riscos pessoais, e o movimento cresceu em importância. Assim um sentimento de injustiça e de vergonha espalhou-se aos poucos, logo mudando o estado de espírito da cidade. "Durante um momento, eles foram transportados a um outro mundo: o de Gandhi... Um realismo moral de uma ordem diferente se fez sentir"[5], escreve Martin Green, que, entre diversas possibilidades de interpretação do "milagre de Calcutá", como foram chamados esses acontecimentos, propõe a da *New Age*, para a qual se trata aí de uma vitória do espírito – de um milagre cuja promessa permanece possível, de um "momento de visão que transcende e transforma os fatos políticos".

Em realidade, era uma pura demonstração de *satyagraha*, um método que, pelo sofrimento, tem o poder de operar uma conversão, de mudar o coração do adversário. "Se um único homem resistisse não violentamente, com um total controle de si e uma fé perfeita, o governo seria derrubado."

Mas não era o fim da história. Caminhões repletos de armas contrabandeadas chegavam, restituídas pelos *goondas*. Gandhi, porém, queria garantias, um compromisso durável. Os líderes das diversas comunidades, hindus, muçulmanos, siques, vieram até junto de seu leito e se comprometeram a manter a paz, a suspender toda manifestação de violência, rogando-o a interromper o jejum – o que, constatando essa determinação, ele aceitou fazer.

E, a seguir, Calcutá e Bengala não conheceram mais conflitos. "Gandhi conseguiu muitas coisas", disse Rajagopalachari, "mas não houve nada, nem mesmo a independência, tão maravilhoso quanto sua vitória sobre o mal em Calcutá." E, de maneira mais lacônica, este comunicado do assessor de imprensa de Mountbatten: "Os correspondentes informam que nada se viu de comparável a esta demonstração de influência de massa. A apreciação de Mountbatten é que ele (Gandhi) obteve pela persuasão moral o que quatro divisões teriam tido muita dificuldade de realizar pela força[6]".

O ÚLTIMO JEJUM

Terminado seu jejum, Gandhi foi a Délhi, esperando chegar ao Penjab. Mas Délhi estava às voltas com os piores conflitos comunitários de sua história. Era a época das grandes migrações; em acampamentos montados às pressas, e que logo se mostraram insuficientes, amontoavam-se hindus e siques que não tinham mais abrigo, nem terra, nem trabalho; alguns, que experimentavam pela primeira vez a miséria, cobiçavam as casas abandonadas ou a ponto de o serem; outros, os muçulmanos, a caminho do Paquistão, fugiam do terror e buscavam ali um abrigo provisório. Os hospitais estavam sobrecarregados e cadáveres apodreciam nas ruas. Dirigido por Mountbatten, o comitê de urgência parecia impotente para deter a miséria. Notícias terríveis chegavam: trens inteiros detidos, todos os passageiros mortos; na estação ferroviária, vagões carregados de corpos ensangüentados – a morte em todo lugar. Ninguém, nenhum chefe, para controlar os acontecimentos. Nem Jinnah, que se nomeara governador do Paquistão, nem seu primeiro-ministro podiam influir sobre esse curso fatal, nem pareciam sequer querer tentá-lo. "Em breve Jinnah se tornaria um personagem distante, lúgubre, inabordável e aterrador, que via inimigos em toda parte, que tentava exorcizar seus temores alimentando seu ódio, estranhamente indeciso nos julgamentos, agora que estava no poder" (GR, 367).

Gandhi havia se instalado não no bairro dos *harijans*, como desejava – este não cabia de refugiados –, mas em Birla House, a confortável casa de um amigo rico que seria sua última morada. Lá recebia delegações e particulares, às vezes quarenta pessoas por dia, escrevia seus artigos, ditava cartas, fazia reuniões de prece, recebia os apelos constantes do governo que continuava a consultá-lo sobre tudo, saía a visitar os refugiados. "Agir ou morrer", ele dissera uma vez, e nesses acampamentos de refugiados ele arriscava de fato a vida a todo momento para obter a paz. Possuía a mesma influência sobre a Índia do que no passado, mesmo se não ocupava nenhuma função oficial, o que aliás não desejava, e esperava servir-se bem desse poder. Mas por mais que aconselhasse "esquecer e perdoar", retomar a confiança, ficar em casa, sob a proteção do governo, ou retornar a ela, ater-se às próprias raízes – as pessoas não o acreditavam mais, no caos geral sua voz não produzia mais efeito. E a migração interminável continuava.

Em 13 de janeiro de 1948, ele começou a jejuar. "Meu maior jejum", escreveu a Mirabenh. Um jejum até a morte – o último. Na véspera, havia composto uma longa declaração. Durante dias, um sentimento de impotência o torturara; agora estava feliz, tendo saído da dúvida e da inquietude, seus amigos não o deteriam. O que ele queria obter não era a paz imposta pelas armas ou pela lei marcial, como a que vigorava em Délhi, uma cidade morta, mas a que vem do coração e que é viva: somente essa tem alguma chance de durar. Ele tentava restaurar aquela solidariedade humana orgânica que, no seu entender, era o cimento de uma sociedade harmoniosa e que nenhuma força do mundo, nem a das armas, nem a do Estado, poderia jamais substituir. O exemplo de Délhi se estenderia então ao Paquistão: "Seu jejum tinha por objetivo explícito obter do Paquistão o mesmo movimento, e as garantias que ele queria obter de Délhi valiam para toda região dilacerada por conflitos, nos dois países[7]". Quanto à morte, ele não a temia, pois esta lhe evitaria assistir à destruição da Índia.

Para Gandhi, cada jejum era diferente. Na base, é claro, havia uma provação a suportar. Mas tratava-se também de ver com mais clareza, ouvir melhor a voz interior, captar verdades que o hábito nos vela, isto é, atingir um outro nível de percepção ou, se quiserem, aproximar-se do divino dentro de nós. Então um muro era atravessado e descobertas maravilhosas aconteciam.

Havia também a crença de que, pela ascese, ao purificar-se a si mesmo, ao dominar o corpo, o poder do espírito aumentava. O objetivo era não apenas perceber melhor a verdade, mas agir melhor, com uma influência reforçada. (Por essas técnicas de domínio de si, das quais a mais conhecida é o ioga, adquiriam-se "poderes de ordem cósmica e superior ou mesmo divina", que podiam "ser reinvestidos em poder na sociedade dos homens"[8], sugere Henri Stern.) A penitência, que foi o objeto principal dos primeiros jejuns – sofrer pelas próprias faltas ou pelas dos outros –, passou a ter menos importância posteriormente. As metas se diversificaram, os jejuns não tinham um objetivo tão claramente definido, mas sim, à medida que se ampliava a missão de Gandhi, um alcance mais complexo. Ao envelhecer, Gandhi buscou sobretudo obter a *moksha*, a libertação, a visão do rosto divino – e desejava isso sempre mais. O que não impedia que o mesmo jejum tivesse um propósito político; nenhuma contradição aqui, mesmo se Gandhi, cansado de sua missão pública, jejuou às vezes por sua simples salvação.

Os últimos jejuns tomaram dimensões de representação teatral. A população inteira, advertida pelos meios de comunicação, acompanhava o desenrolar, uma etapa após a outra. "Ao levantar a cortina, havia longas discussões complicadas para saber se ele devia empreender um jejum e em quais condições." Segunda questão: o jejum seria de curta duração, de longa duração, um jejum até a morte? "Finalmente ele anunciava sua decisão... Como dispunha à vontade da radiodifusão nacional indiana e como era ouvido por centenas de milhares de pessoas, essas preliminares se desenrolavam diante de um imenso público que retinha a respiração" (GR, 376). Após esse anúncio, um breve intervalo durante o qual se faziam os preparativos do acontecimento. "Depois ele aparecia como um rei em toda a glória de sua nudez, deitado num leito, sozinho entre todos, preparando-se para um período de sofrimentos intensos ou para a morte. Cada dia era um novo ato do drama. Os jornais anunciavam que ele ingerira alguns goles de água, urinara, dormira mal, que se queixara de dor de cabeça, que tinha febre." Cada dia, de seu leito de moribundo, com um fiapo de voz, ele falava à multidão e a admocstava, explicando-lhe as razões que o haviam levado a fazer esse jejum, e sua voz falhava, diminuía, ficava mais fraca e mais entrecortada, até o momento em que não se podia mais ouvi-lo, em que ele não podia mais falar. E toda a Índia sofria com ele e se arrependia. Uma imensa penitência que unia um povo inteiro pela emoção. Pela irradiação da influência, todos eram chamados a participar de uma purificação. Cada um por conta própria, e não apenas por identificação com o Mahatma. "O jejum é um processo de purificação de si, cujo objetivo é convidar todos os que aprovam a missão do jejum a participar dessa purificação..."

Dessa vez, Gandhi, já no início da empreitada, ficou seriamente doente. Patel e o governo acreditaram que esse jejum era em parte uma censura por sua decisão de não passar uma quantia importante ainda devida ao Paquistão. Aceitou-se, pois, transferir a esse país os 550 milhões de rúpias que lhe cabiam. Mas Gandhi continuou mesmo assim a jejuar. O que ele queria era a paz. Uma vez mais, foram mobilizadas as energias para adiantar-se à morte. Nehru pregava a paz entre as comunidades e pedia a Délhi a união que salvaria Bapu; Prasad, o presidente do Congresso, convocava os chefes das diferentes facções, pedindo-lhes para fazer um gesto audacioso que pudesse convencer Gandhi; cortejos desfilavam pelas ruas, clamando slogans em favor da amizade entre as religiões... Mas Gandhi continuava definhando. E a atividade para que se instaurasse essa amizade ampliava-se ainda mais, encontrando novos apoios. Em 17 de janeiro, 130 representantes das diversas comunidades se reuniram na casa de Prasad e votaram uma moção para manter a paz. Faltavam ainda alguns grupos dissidentes. Finalmente, mesmo os representantes de organizações extremistas hindus chegaram, oferecendo também sua concordância. Gandhi estava tão esgotado que os médicos haviam perdido a esperança de salvá-lo. Foi-lhe lida a declaração, arranjada, bem ou mal, depois de muitas reuniões e conferências. Ela proclamava um "desejo sincero de que os hindus, os muçulmanos, os siques e os membros das outras comunidades vivessem novamente em Délhi numa amizade perfeita...". Uma série de medidas concretas: promessas, a garantia da sinceridade, a afirmação de que "esforços pessoais", e não a ajuda da polícia ou dos militares, seriam empregados para manter a paz de forma definitiva. E a conclusão: "Rogamos o Mahatma a crer em nós, a abandonar seu jejum e a continuar a nos conduzir, como fez até aqui".

No sexto dia, Gandhi interrompeu seu jejum. A coexistência hindu-muçulmana havia se tornado possível. "A reação ao jejum de Gandhi indicava a presença, nas duas comunidades, de um desejo profundo de concórdia enquanto elemento necessário a uma visão do futuro...⁹"

No entanto, em razão desse desejo mesmo que ele encarnava, o ódio contra Gandhi se exasperava. Muitos adeptos de um nacionalismo hindu violento o detestavam, tomando por fraqueza sua atitude conciliadora diante dos muçulmanos (ela resultaria, segundo a declaração de seu assassino, o qual pregava a força e os valores viris, na "emasculação da comunidade hindu"). Estes queriam uma Índia pura, inteiramente hindu e não plurirreligiosa. Nos últimos meses de sua vida em Délhi, as reuniões de prece de Gandhi eram interrompidas por vociferações furiosas, por gritos repetidos de "morte a Gandhi" no momento da recitação do Alcorão, e a prece tinha de ser suspensa. Ele recebia cartas de acusação e de ameaça. Testemunhos da época o descrevem como triste e isolado, ou mesmo pessimista, um estado de espírito que lhe era profundamente contrário. Ele tateava na escuridão: o sofrimento que presenciava dia após dia, acrescido das inúmeras provas que lhe traziam, numa série sem fim de terríveis relatos, o transtornava. Não era isso o fracasso de sua vida, conforme lhe escreveram? "É esse o resultado de trinta anos de luta não-violenta para pôr fim à dominação britânica?" Ao que ele respondia que a não-violência dos últimos trinta anos fora aplicada por fracos.

> A Índia não tem nenhuma experiência da outra não-violência que é a dos fortes. Para que me cansar de repetir que essa não-violência dos fortes é a força mais irresistível que há no mundo? A verdade exige uma demonstração constante e em grande escala. É a isso que busco atualmente me dedicar da melhor maneira que puder (MT, VIII, 22).

Os acontecimentos, a divisão da Índia que ele havia recusado até o fim, o arrasavam – "Sinto-a como uma ferida. Mas o que me feriu sobretudo foi a maneira como se procedeu a essa divisão." Nem por isso ele perdera a esperança. A esperança era o fundo mesmo de seu pensamento, a base da não-violência na qual conservava uma fé inteira. O fracasso atual estava ligado ao aprendiz, não à lei eterna. E a não-violência continuava a ser, segundo ele, o único caminho aberto a um mundo que se destruía.

Em 20 de janeiro, uma bomba explodiu no local onde eram feitas as orações. Gandhi sabia que sua vida corria perigo, mas proibiu que se reforçassem os serviços de segurança e sentia, diz ele, uma grande paz. Numa carta escrita em dezembro, ele parece já aceitar, no fundo de si, a morte: "No final, será como Rama me ordena. Assim eu danço, e ele puxa os cordões. Estou em suas mãos e experimento um grande sentimento de paz." Segundo Manubehn, companheira de seus últimos dias, ele teria mesmo desejado a morte, única vitória possível, quando se julgava responsável pelo que acontecia à Índia. A Birla, que tentava garantir melhor sua proteção, ele opôs uma recusa:

> Talvez hoje eu seja o único a ter conservado a fé na não-violência. Peço a Deus que me dê a força de demonstrar essa *ahimsa*, nem que seja em minha própria pessoa. Assim, tanto faz que haja ou não policiais e militares postados para minha proteção. Pois é Rama que me protege... Estou cada vez mais convencido de que todo o resto é fútil.[10]

Ele continuava a fazer seu trabalho, pequena figura solitária, animado por sua fé, em meio ao caos geral. Em suas últimas horas, concentrou-se nos mesmos problemas precisos que o ocuparam cada dia durante uma vida inteira: estabelecer uma nova constituição, apaziguar uma disputa desencadeada entre Patel e Nehru. Em 30 de janeiro, esse último ponto o reteve, fazendo mesmo que se atrasasse para chegar ao local da oração – um fato não-habitual, que o desagradou. Apoiado nas duas sobrinhas, Ava e Manu, ele atravessou a grandes passos a multidão; muitos se levantavam, outros se inclinavam até o chão. Desculpou-se pelo atraso, juntando as mãos à maneira hindu, em sinal de saudação. Foi nesse momento que um jovem se precipitou, afastou brutalmente Manu, prosternou-se diante do Mahatma em sinal de reverência* e disparou três tiros à queima-roupa. Gandhi caiu em seguida, pronunciando apenas, como queria, a palavra Rama: *"He Rama"* (Ó Deus!).

Em Birla House, a confusão e a tristeza reinavam. O cheiro de incenso, o choro das mulheres, o pequeno corpo frágil que elas sustentavam, o pálido rosto, agora em paz, e as testemunhas silenciosas... "Foi talvez o momento mais carregado de emoção que já vivi", escreveu o assessor de imprensa de lorde Mountbatten. "Enquanto eu continuava ali, senti-me tomado de temor pelo futuro, de estupor diante daquele ato, mas também de um sentimento que era antes de vitória que de derrota; porque a força das idéias e dos ideais desse pequeno homem, em razão do poder de devoção que inspiravam aqui e agora, seria afinal demasiado grande para que as balas do assassino a destruíssem."

Nathuram Godse, o assassino, um jovem hindu extremista oriundo das elites brâmanes, que temia que o hinduísmo fosse ameaçado, do exterior pelo Islã, do interior por Gandhi, foi detido (e, mais tarde, julgado e executado). Gandhi deixara instruções para que seu corpo não fosse nem reverenciado nem conservado. Assim, no dia seguinte, ao entardecer de 31 de janeiro, o corpo foi queimado, segundo os ritos hindus. Centenas de milhares de pessoas afluíram para prestar ao Mahatma uma última homenagem. Nehru, com a voz trêmula, anunciara a morte no mesmo dia, num discurso pelo rádio, e suas palavras traduzem a intensa emoção desse momento: "A luz se extinguiu em nossas vidas e há escuridão em toda parte, não sei muito bem o que vos dizer nem como vos dizer. Nosso líder bem-amado, Bapu, como o chamávamos, não existe mais... A luz se extinguiu, eu disse, no entanto eu estava erra-

---

* Não se tratava de inimizade pessoal: "Declaro aqui diante dos homens e diante de Deus que, ao pôr um termo à vida de Gandhi, suprimi um ser que era uma maldição para a Índia, uma força negativa que, ao desenvolver durante trinta anos uma política insensata, trouxe apenas miséria e infelicidade". (N.A.)

do. Pois a luz que brilhava neste país não era uma luz comum..." Era a que espalhava uma visão mais alta, na qual as diversas ordens de realidade viam-se reconciliadas, a que emanava de um homem que, sozinho e contra todos, tentou colocar a verdade e o amor no centro da vida humana.

> Imagens me vêm ao espírito, numerosas, desse homem de olhar tão seguidamente risonho e ao mesmo tempo com um lago de infinita tristeza. Mas de todas emerge uma, a mais significativa, aquela em que o vi, com o bastão na mão, pôr-se em marcha para Dandi, no momento de sua marcha do sal em 1930. Ele era o peregrino em busca da verdade, tranqüilo, pacífico, decidido e sem medo, cuja busca e a peregrinação prosseguiriam quaisquer que fossem as conseqüências (PT, 228).

Pensador de uma modernidade alternativa?

"Hoje", escrevia Nehru em 1946, "os povos da Europa e da América pensam que o modo de vida elaborado por seus cuidados e mundialmente dominante é o único válido e desejável" (DI, 639). Esse modo de vida válido e desejável, já "mundialmente dominante", estendeu sua influência sobre a Ásia e o mundo inteiro. A Índia, como a China, segue a via do liberalismo apontada pelos Estados Unidos, pela Europa e pelo Japão e rapidamente chega ao que Nehru chamava "a era moderna". Essa nova exuberância, essa afluência completamente nova – *boom* ou milagre econômico – representam uma mudança para melhor, há poucos que o neguem, em relação ao estado que Nehru descrevia como uma longa inércia. Mas se milhões de pessoas enriqueceram nesses países, como assinalam, maravilhados, os meios de comunicação de massa, se vemos surgir bilionários em série (o que não era, segundo Nehru, o índice absoluto do progresso), fala-se menos, ou não se fala, da pobreza abjeta que subsiste, do abismo que separa ricos e pobres, a cidade dos campos, os sempre mais instruídos dos que não sabem ler nem escrever – simples negligências do capitalismo globalizado cujos benefícios se busca, por outro lado, sublinhar (pensando certamente que a palavra de ordem "enriqueçam", posta na ordem do dia pela mundialização, basta para superar todas as desgraças e desigualdades e, no caso da Rússia e da China, para apagar os crimes e tragédias do passado). Considerando a evolução do mundo – o domínio generalizado de um sistema econômico liberal, com a ideologia consumista que o sustenta –, alguns poderiam, no entanto, continuar a alimentar a nostalgia das idéias de Gandhi: retomando sua acusação veemente de uma "civilização moderna" fundada na corrida ao lucro, constatariam que esta não desenvolve necessariamente no homem suas qualidades mais amáveis (ao contrário, faz com que elas adormeçam), e que, se ela enriquece alguns de maneira excessiva, não dá a todos os meios de serem felizes – nem mesmo de subsistirem decentemente.* A esse propósito, convém lembrar as páginas inflamadas pelas quais Romain Rolland, nos anos 1930, prevenia seus leitores contra o domínio do mundo pelo grande capital e pelo dinheiro. Mas, antes dele, estes mestres de Gandhi que foram Ruskin, Edward Carpenter e Tolstói já haviam se declarado inimigos do capitalismo e de sua cultura, e Tolstói convocava as nações do Leste a salvar o mundo do desastre a que o arrastariam as do Ocidente.

O pensamento de Gandhi aplicava-se de início à Índia – e indiretamente aos demais países do Terceiro Mundo, vítimas como ela da exploração colonial. Mas as questões que ele colocou, quando não as soluções que adotou, adquiriram hoje uma nova atualidade que ultrapassa em muito aquele contexto. Na época em que se faz sentir uma "defasagem crescente entre os progressos da ciência e da tecnologia e a ausência de progressos comparáveis no domínio ético"[1], em que os piores cenários de ficção científica se desenrolam sob nossos olhos – degradação do planeta, desvios decorrentes de novas tecnologias malcontroladas, riscos induzidos pela biotecnologia, proliferação nuclear, terrorismo e contraterrorismo, vigilância pelo olho da câmera em toda parte, dos indivíduos às voltas com a insegurança... –, Gandhi tornou-se o profeta de um futuro do qual seriam banidos o egoísmo, a rapacidade e a vontade de potência; o pensador que, valendo-se da tradição indiana assim como da crítica feita pelo

---

* A propósito da Índia atual, constatando uma "lenta revolução" nas condições da vida rural, Jaffrelot observa que "essas transformações ainda não põem fundamentalmente em causa o fato maciço da desigualdade social entre as castas, entre os sexos, entre as vítimas da pobreza e os que escapam a ela". Quanto à repartição das riquezas: "O benefício dessas evoluções, por ora, está longe de ser uniformemente repartido, o que tende antes a reforçar as desigualdades do que atenuá-las. Com efeito, é uma verdade evidente que os progressos globais geralmente beneficiam menos os pobres que os ricos, melhor situados para tirar o melhor proveito deles." (C. Jaffrelot, *L'Inde contemporaine*.) (N.A.)

Ocidente sobre si mesmo, forjou uma modernidade alternativa. Uma utopia? Produto da insatisfação e da angústia diante da desumanização do mundo? Esperança posta num mito, e não num raciocínio apoiado em bases concretas? Certamente. "Sim, claro", escrevia Nehru, "não se poderia aspirar a um ideal mais belo do que elevar a humanidade a um tal nível (o do bem e do amor), abolindo o ódio, a indignidade, o egoísmo." Mas hoje a questão não é tanto se esse ideal pode se realizar e se a realidade tem uma chance de se conformar a ele quanto esta: o que seria a realidade se não se pudesse manter, precisamente, esse ideal? Qual seria o horizonte do homem e sua esperança se, de tempo em tempo, uma vez por século ou até menos, não houvesse um Gandhi para se levantar e exprimir sua confiança no ser humano? Privada dessa esperança, a vida não seria mais que "uma história contada por um idiota, cheia de som e fúria, e que não tem sentido" (vp, 373).

No entanto, na Índia, visando metas específicas e limitadas, o movimento construtivo de Gandhi prossegue, "contrariando os dogmas de 'crescimento econômico' e 'liberalização'[2]". Nas aldeias, suas idéias sobre a educação encontram novas aplicações, assim como se valem de suas teorias técnicas os "novos movimentos sociais" (especialmente aqueles contra as grandes barragens, lançados por volta de meados dos anos 1950). Se seu pensamento não é um remédio a nossos males, cumpre no mínimo constatar que ele soube, já em sua época, ver as falhas de um sistema que desde então apenas se aprofundaram; que ele ousou denunciar esses perigos, opondo-lhes um pensamento de uma audácia e uma originalidade sem igual – tentando uma mudança em profundidade, uma "revolução do espírito", mas sem violência. E o espírito, hoje (relembrando que no processo de Nuremberg julgou-se um "crime contra o espírito"), é o que mais carece ser revolucionado. "Se o mundo se modela à imagem do espírito, é a capacidade de reencontrar a crença em seu poder que está em causa.[3]" Sem essa crença, o mundo poderia continuar mergulhado, por muito tempo ainda, na angústia, no medo do desconhecido, no caos das idéias.

ANEXOS

Referências cronológicas

1869 – Nascimento, em 2 de outubro, de Mohandas Karamchand Gandhi, em Porbandar.

1882 – Casamento de Mohandas com Kasturbai.

1888 – Partida para a Inglaterra; estudos de direito.

1891 – Admissão na advocacia e retorno à Índia. Advogado em Bombaim, depois em Rajkot.

1893 – 4 de abril: partida para a África do Sul. Noite de Pietermaritzburg. Pretória.

1894 – Retorno a Durban. Funda o Congresso Indiano do Natal. Advogado no tribunal.

1896 – Visita à Índia. Atacado ao retornar a Durban.

1900 – Organiza uma unidade de enfermeiros de ambulância durante a Guerra dos Bôeres.

1901 – Retorno à Índia.

1902 – Abre um escritório de advocacia em Rajkot, depois em Bombaim. Retorno à África do Sul a pedido de seus compatriotas.

1903 – Advogado em Johannesburg. Funda o *Indian Opinion* em Durban.

1904 – Leitura de Ruskin, funda a colônia de Phoenix.

1906 – Rebelião dos zulus, padioleiro voluntário. Voto de *brahmacharya*. Agosto: publicação da "Lei Negra"; setembro: campanha de resistência; Gandhi vai a Londres para advogar contra o projeto de lei.

1907 – Juramento contra a Lei Negra. Organização da resistência passiva; forja o termo *satyagraha*. Doa todos os seus bens.

1908 – Dois meses de prisão. Fevereiro: acordo assinado com o general Smuts, que recusa revogar a lei. Agosto: auto-de-fé voluntário dos certificados de registro. Outubro: a prisão de novo.

1909 – Em Londres, em busca de apoio. Primeira carta a Tolstói. Redação de *Hind Swaraj* no navio, ao retornar.

1910 – Funda a fazenda Tolstói.

1913 – Nova campanha de *satyagraha*. Outubro: greve dos mineiros, marcha épica; cinqüenta mil trabalhadores indianos em greve. Prisão.

1914 – Negociações entre Gandhi e Smuts. Partida definitiva da África do Sul. Londres: recrutamento de enfermeiros de ambulância indianos para a guerra.

1915 – Retorno à Índia. Funda o *ashram* de Sabarmati, onde recebe uma família de intocáveis.

1917 – *Satyagraha* de Champaran, no Bihar.

1918 – *Satyagraha* com os operários das indústrias de fiação de Ahmedabad. Jejum de três dias em apoio aos operários. *Satyagraha* do Khera. Recrutamento para o exército inglês.

1919 – Juramento de *satyagraha* contra as leis Rowlatt. Jejum de três dias. "Um erro do tamanho do Himalaia." Abril: massacre de Jaliyanvalabagh no Penjab. Encontro com Motilal Nehru. Edita dois jornais: *Young India* e *Nevajivan*.

1920 – Assume a liderança do movimento do Califado, lança a idéia e o termo de não-cooperação. Agosto: morte de Tilak. Setembro: o Congresso alia-se ao programa de Gandhi. Dezembro: início do movimento.

1921 – O movimento conquista a Índia inteira. Novembro: visita do príncipe de Gales e *hartal*. Conflitos em Bombaim. Jejum de cinco dias.

1922 – Massacre de Chauri Chaura e suspensão do movimento de não-cooperação. Grande processo em Ahmedabad, seis anos de reclusão.

1923 – Prisão de Yeravda. Redige *Satyagraha in South Africa* e *Autobiografia*. Leituras, roca de fiar.

1924 – Liberado da prisão. Vinte e um dias de jejum após os conflitos hindus-muçulmanos.

1925-1926 – Retiro da vida política. Viagens, propaganda da roca de fiar e do *khadi*.

1927-1928 – Boicote da comissão Simon; decisão de lançar uma campanha de desobediência civil se, dentro de um ano, o estatuto de domínio autônomo não for concedido à Índia.

1929 – Lançamento oficial da campanha pela independência.

1930 – Março, abril: marcha do sal. Maio: detenção de Gandhi; o movimento se desenvolve em toda a Índia.

1931 – Liberado da prisão. Março: pacto Gandhi-Irwin. Setembro: em Londres, última fase da mesa-redonda e fracasso. Paris, Suíça, Itália: visita a Romain Rolland, encontro com Mussolini. Dezembro: retorno a Bombaim.

1932 – Detenção de Gandhi, repressão em massa. Setembro: "jejum épico" contra os eleitorados separados para os intocáveis. Pacto de Poona.

1933 – Jejum de purificação na prisão; solto, dissolve seu *ashram*. Viagem de dez meses em favor dos intocáveis. *Harijan* substitui *Young India*.

1934 – Suspensão da campanha de desobediência civil. Retira-se do Congresso para se consagrar ao "programa construtivo". Funda a Associação pan-indiana da indústria rural.

1935 – Government of Indian Act, que reforça o poder dos governos provinciais.

1936-1938 – Instala-se em Seagon, desenvolve o artesanato e a indústria de aldeia, *khadi*, roca de fiar; luta contra a intocabilidade. Viagens.

1940 – Campanha de desobediência civil individual para protestar contra a participação da Índia na guerra.

1942 – Abril: fracasso da missão Cripps. Agosto: resolução *Quit India*. Gandhi é encarcerado em Poona. Distúrbio e repressão em massa.

1943 – Jejum de protesto por três semanas.

1944 – Morte de Kasturbai. Maio: Gandhi, enfermo, é solto. Setembro: fracasso das negociações Gandhi-Jinnah.

1945 – Fracasso da conferência de Simla.

1946-1947 – A "grande matança de Calcutá", seguida de uma série de massacres entre hindus e muçulmanos no Bihar e em Bengala. Novembro de 1946 a março de 1947: Gandhi em Noakhali (percorre 47 aldeias), depois no Bihar. Março: chegada de Mountbatten e plano de divisão da Índia, ao qual Gandhi se opôs mas acabou tendo que aceitar. Agosto: Gandhi está em Calcutá, enquanto é celebrada a independência da Índia. Jejum até a morte para deter os massacres e obter a pacificação de Calcutá.

1948 – 13 a 18 de janeiro: último jejum, em Délhi, e pacificação da cidade. 20 de janeiro: tentativa de assassinato. 30 de janeiro: assassinato de Gandhi por Nathuram Godse, um hinduísta.

Referências bibliográficas

Existem milhares de livros sobre Gandhi; são citados aqui apenas os livros, sobretudo em francês, que utilizamos.

FONTES

As abreviações mencionadas abaixo correspondem aos livros mais freqüentemente citados.

DI – J.Nehru, *La Découverte de l'Inde*, Philippe Picquier, 2002.

EV – Gandhi, *Autobiographie ou mes expériences de vérité,* PUF, 1950. [Publicado no Brasil como *Minha vida e minhas experiências com a verdade*, Palas Athena, 1999.]

GI – Gandhi: *Gandhi in His Own Words*, Martin Green (dir.), University Press of New England, Hannover e Londres, 1987.

GR – Robert Payne, *Gandhi, Biographie politique*, Seuil, 1972.

GWH – J.Nehru, *Glimpses of World History*, Asia Publishing House. Bombaim, 1962.

JI – Gandhi, *Jeune Inde*, trad. francesa de H.Hart, Stock, 1924.

LA – Gandhi, *Lettres à l'ashram*, Albin Michel, 1937, 1960.

LMG – L.Fischer, *La Vie du Mahatma Gandhi*, Belfond, 1983.

MG – B.R.Nanda, *Gandhi, sa vie, son oeuvre, son action politique en Afrique du Sud et en Inde*, Verviers, Marabout, 1968.

MT – D.G.Tendulkar, *Mahatma, Life of Mohandas Karamchand Gandhi*, New Delhi, Government of India, 8 vol., 1960-1963. Retomado em Gandhi, *Tous les homes sont frères*, Gallimard, 1969.

PT – J.Nehru, *La Promesse tenue*, L'Harmattan, 1986.

RJ – R.Rolland, *Inde, Journal, 1915-1943*, Albin Michel, 1969.

SB – Bose, Nirmal Kumar, *Selections from Gandhi*, Ahmedabad, Navajivan Publishing House, 1948. Retomado em Gandhi, *Tous les hommes sont frères*, Gallimard, 1969.

VG – E.Erikson, *La Vérité de Gandhi*, Flammarion, 1974.

VP – J.Nehru, *Ma vie et mes prisons*, Denoël, 1952.

OBRAS DE GANDHI (EM FRANCÊS)

Autobiographie ou mes expériences de vérité, trad. G. Belmont, precedido de "Gandhi ou la sagesse déchaînée" por P. Meile, PUF, 1950.

Jeune Inde, trad. Hélène Hart, Stock, 1924.

L'Art de guérir, trad. H. Delmas, Figuière, s/d.

Le Guide de la santé, tradução e prefácio de H. Delmas, Figuière, s/d.

Lettres à l'ashram, trad. J. Herbert, Albin Michel, 1937, 1960.

Leur civilisation et notre délivrance, trad. de *Hind Swaraj*, prefácio por Lanza del Vasco, Denoël, 1957.

ANTOLOGIAS

La voie de la non-violence, Gallimard, 1969.

Préceptes de vie du Mahatma Gandhi, H. Stern, Presses du Châtelet, 1998.

Résistance non-violente, Buchet-Chastel, 1997.

Tous les hommes son frères, Gallimard, 1969.

OBRAS DE CONTEMPORÂNEOS (EM FRANCÊS)

Lanza del Vasco, Jean-Joseph, *Pélerinage aux sources*, Denoël, 1943.

Nehru, Jawaharlal, *La Découverte de l'Inde*, Philippe Picquier, 2002; *Ma Vie et mes prisons*. Denoël, 1952; *La promesse tenue*, L'Harmattam 1986.

Rolland, Romain, *Mahatma Gandhi*, Stock, 1924; *Inde, Journal, 1915-43*, Albin Michel, 1969.

Tagore, Rabindranath, *Vers l'homme universel*, Gallimard, 1964.

Tagore, Soumyendranath, *Gandhi*, Gallimard, 1934.

BIOGRAFIAS DE GANDHI (EM FRANCÊS)

Clément, Catherine, *Gandhi, athlète de la liberté*, Gallimard, 1989.

Deleury, Guy, *Gandhi*, Pygmalion, 1997.

Drevet, Camille, *Gandhi, sa vie, son oeuvre*, PUF. 1967.

Erikson, Erik, *La Vérité de Gandhi. Les origines de la non-violence*, Flammarion, 1974.

Fischer, Louis, *La vie du Mahatma Gandhi*, Belfond, 1983.

Nanda, B.R., *Gandhi, sa vie, son oeuvre, son action politique en Afrique du Sul et en Inde*, Verviers, Marabout, 1968.

Payne, Robert, *Gandhi, biographie politique*, Seuil, 1972.

Obras sobre Gandhi (figuram aqui apenas alguns livros em francês)

Lacombe, Olivier, *Gandhi ou la force de l'âme*, Plon, 1964.

Lassier, Suzanne, *Gandhi et la non-violence*, Seuil, 1970.

Latronche, Marie-France, *L'influence de Gandhi en France de 1919 à nos jours*, L'Harmattan, 1999.

Markovits, Claude, *Gandhi*, Presses de Sciences Po, 2000.

Payne, Robert, *Gandhi et l'autorité*, Roger Smadja, 1981.

Privat, Eugène, *Aux Indes avec Gandhi*, Attinger, 1934.

Obras gerais sobre a Índia desse período

Bernard, Jean-Alphonse, *De l'emprise des Indes à la République indienne: 1935 à nos jours*, Imprimerie nationale édit., 1994.

Jaffrelot, Christophe (dir.), *L'Inde contemporaine, de 1950 à nos jours*, Fayard, 1996.

Markovits, Claude (dir.), *Histoire de l'Inde moderne, 1480-1950*, Fayard, 1994.

Pouchepadass, Jacques, *L'Inde au XXe siècle*, PUF, 1975.

Alguns dos artigos utilizados

Jaffrelot, Christophe, "L'anti-Gandhi: le nationalisme hindou et la violence politique", in *Religions en Inde aujourd'hui*, Revue française du Yoga, n. 19, Dervy, 1999.

Khilnani, Sunil, "Portrait politique de Nehru. L'idée libérale en Inde", in *Esprit*, fevereiro de 2005.

Meile, Pierre, "Gandhi ou la sagesse déchaînée", in Gandhi, *Autobiographie*, PUF, 1950.

Nandy, Ashis, "Rencontre ultime. La dimension politique de l'assassinat de Gandhi", in *Miroir de l'Inde*, La Maison des Sciences de l'Homme, 1989.

Orwell, George, "Reflections on Gandhi", in *Collected Essays, Journalism and Letters*, vol. IV, 1945-1950.

Stern, Henri, "Gandhi ou le yoga de la citoyenneté", in *Préceptes de vie du Mahatma Gandhi*, Presses du Châtelet, 1998.

OBRAS GERAIS

Arendt, Hannah, *Les origines du totalitarisme, Eichmann à Jerusalém*, Gallimard, "Quarto", 2002; *La crise de la culture*, Gallimard, 1972. [Publicado no Brasil como *Origens do totalitarismo*, Companhia das Letras, 1989.]

Aung San Suu Kvi, *Se Libérer de la peur*, Éditions des Femmes, 1991. [Publicado no Brasil como *Viver sem medo e outros ensaios,* Campus]

Delpech, Thérèse, *L'Ensauvagement*, Grasset, 2005.

King, Martin Luther, *Révolution non-violente*, Payot, 1965.

Mandela, Nelson, *Un long chemin vers la liberté*, Fayard, 1995.

Notas

Prefácio

1. George Orwell, "Reflections on Gandhi", in *Collected Essays, Journalism and letters,* vol. IV, 1945-1950.
2. Claude Markovits, *Gandhi*, Presses de Sciences Po, 2000.
3. *Ibid.*
4. Robert Payne, *Gandhi et l'autorité*, Roger Smadja, 1981.
5. Martin Green (dir.), *Gandhi in His Own Words*, University Press of New England, Hanover e Londres, 1987.

Começos

1. Guy Deleury, *Gandhi*, Pygmalion, 1997.
2. Nair Pyarelal, *Mahatma Gandhi, The Early Phase*, Navajivan Publ. House, vol. 1, 1965.
3. Erik Erikson, *La Verité de Gandhi. Les Origines de la non-violence*, Flammarion, 1974.
4. Ashis Nandy, "Rencontre ultime. La dimension politique de l'assassinat de Gandhi", in *Miroir de l'Inde*, La Maison des Sciences de l'Homme, 1989.
5. *Ibid.*

A África do Sul

1. George Orwell, *op. cit.*
2. Thérèse Delpech, *L'Ensauvagement*, Grasset, 2005.
3. *Ibid.*
4. Hannah Arendt, *La crise de la culture*, Gallimard, "Folio Essais" n. 113, 1972.
5. Gandhi, *Tous les hommes sont frères*, Gallimard, "Folio Essais" n. 130, 1969.
6. Hannah Arendt, *La Crise de la culture, op. cit.*
7. Nair Pyarelal, *op. cit.*
8. *Ibid.*

O retorno à Índia

1. Hannah Arendt, *Les Origines du totalitarisme, Eichmann à Jerusalém*, Gallimard, "Quarto", 2002.
2. *Ibid.*
3. *Ibid.*
4. Jacques Pouchepadass, *L'Inde au XXᵉ siècle*, PUF, 1975.
5. *Ibid.*
6. *Ibid.*
7. *Sir* Samuel Hoare Templewood, *Nine Troubled Years*, in B.R.Nanda, *Gandhi, sa vie, son oeuvre, son action politique en Afrique du Sud et en Inde*, Verviers, Marabout, 1968.
8. Karl Marx, *New York Daily Tribune*, n. 3804, 25 de junho de 1853, in Jacques Attali, *Karl Marx*, Fayard, 2005.
9. Esta citação e as seguintes provêm de Rabindranath Tagore, *Vers l'homme universel*, Gallimard, 1964.
10. Suzanne Lassier, *Gandhi et la non-violence*, Seuil, 1970.
11. Nehru, in *India and the World*, Allied Publishers, India, New Delhi, 1962.
12. Jacques Pouchepadass, *op. cit.*
13. Ashis Nandy, *op. cit.*

Os anos de luta

1. Rabindranath Tagore, *op. cit.* Sublinhado meu.
2. Judith M. Brown, *Prisoner of Hope*, Yale University Press, New Haven, Connecticut, 1989.
3. *Ibid.*
4. *Ibid.*

O apogeu

1. *Young India*, 12 de março de 1930, in B.R.Nanda, *Gandhi, sa vie, son oeuvre...*, Verviers, Marabout, 1968.
2. Zareer Masani, *Indian Tales of the Raj*, 1987, in Hardiman, *Gandhi in His Time and Ours (The Global legacy of His Ideas)*, Hurst and Company, Londres, 2003.

O TRABALHO CONSTRUTIVO

1. Gandhi, *The Moral and Political Writings,* Raghavan N. Iyer (dir.), Clarendon Press, Oxford, 1986.
2. Jean-Alphonse Bernard, *De l'empire des Indes à la République indienne: 1935 à nos jours*, Imprimerie Nationale, 1994.
3. Gandhi, *India of my Dreams*, edit. R.K.Praha, Hind Kiyabs Ltd, Bombaim, 1947.
4. G.D.H.Cole, *Guild Socialism Restated*, 1920, in Jawaharlal Nehru, *La Découverte de l'Inde*, Philippe Picquier, 2002.
5. R.Tagore, *Vers l'homme universel, op. cit.*
6. Gandhi, *Hind Swaraj and Other Writings*, Anthony J. Parel (dir.), Cambridge University Press, Cambridge, 1977.
7. *Ibid.*
8. *Ibid.*
9. *Ibid.*
10. *Ibid.*
11. "Mieux vaut être riche et en bonne santé", *Le Monde*, 17 de agosto de 2005.
12. R.Tagore, *Vers l'homme universel, op. cit.*
13. Gandhi, *Hind Swaraj and Other Writings, op. cit.*
14. *Ibid.*
15. *Ibid.*
16. *Ibid.*
17. Nelson Mandela, *Un long chemin vers la liberté*, Fayard, 1995.
18. Martin Luther King, *Révolution non-violente*, Payot, 1965.

A GUERRA

1. B.R.Nanda, *Gandhi and His Critics*, Oxford University Press, 2001.
2. Claude Markovits, *Gandhi, op. cit.*

O MÁRTIR

1. Nair Pyarelal, *Mahatma Gandhi, op. cit.*

2. Nirmal Kumar Bose, *My Days with Gandhi.*
3. Nirmal Bose, in B.R.Nanda, *Gandhi and His Critics, op. cit.*
4. Lord Pethick-Lawrence, in *Mahatma Gandhi*, H.S.L.Polak and Others, Odhams Press Ltd, Londres, 1949.
5. Martin Green, *Prophets of a New Age*, Charles Scribners & Sons, Nova York, 1992.
6. Judith M. Brown, *Prisoner of Hope, op. cit.*
7. Kumkum Sangari, "A Narrative of Restoration: Gandhi's Last Years and Nehruvian Secularism", in *Gandhi reconsidered*, Sahmat, 2004.
8. Henri Stern, "Gandhi ou le yoga de la citoyenneté", *Préceptes de vie du Mahatma Gandhi*, Presses du Châtelet, 1998.
9. Kumkum Sangari, *op. cit.*
10. Judith M. Brown, *Prisoner of Hope, op. cit.*

Pensador de uma modernidade alternativa?

1. Thérèse Delpech, *L'Ensauvagement, op. cit.*
2. D.Hardiman, *Gandhi in His Time and Ours (The Global Legacy of His Ideas)*, Hurst and Company, Londres, 2003.
3. Thérèse Delpech, *L'Ensauvagement, op. cit.*

Sobre o autor

Escritora, crítica e editora, Christine Jordis se ocupa do romance inglês nas Éditions Gallimard e colabora no jornal *Le Monde*. Seu primeiro ensaio, *De petits enfers variés*, recebeu os prêmios Femina e Marcel-Thibaud. *Gens de la Tamise*, seu quinto livro, um panorama da literatura inglesa do século XX, recebeu o prêmio Médicis em 1999, e *Une passion excentrique*, seu último livro, o prêmio Valéry Larbaud em 2005. Muito interessada pela Ásia, para onde freqüentemente viajou, também publicou *Bali, Java, en rêvant* e *Promenades en terre bouddhiste, Birmanie*.

Coleção L&PM POCKET (LANÇAMENTOS MAIS RECENTES)

538. **Ora bolas – O humor de Mario Quintana** – Juarez Fonseca
539. **Longe daqui aqui mesmo** – Antonio Bivar
540.(5). **É fácil matar** – Agatha Christie
541. **O pai Goriot** – Balzac
542. **Brasil, um país do futuro** – Stefan Zweig
543. **O processo** – Kafka
544. **O melhor de Hagar 4** – Dik Browne
545.(6). **Por que não pediram a Evans?** – Agatha Christie
546. **Fanny Hill** – John Cleland
547. **O gato por dentro** – William S. Burroughs
548. **Sobre a brevidade da vida** – Sêneca
549. **Geraldão (1)** – Glauco
550. **Piratas do Tietê (2)** – Laerte
551. **Pagando o pato** – Ciça
552. **Garfield de bom humor (6)** – Jim Davis
553. **Conhece o Mário?** vol. 1 – Santiago
554. **Radicci 6** – Iotti
555. **Os subterrâneos** – Jack Kerouac
556.(1). **Balzac** – François Taillandier
557.(2). **Modigliani** – Christian Parisot
558.(3). **Kafka** – Gérard-Georges Lemaire
559.(4). **Júlio César** – Joël Schmidt
560. **Receitas da família** – J. A. Pinheiro Machado
561. **Boas maneiras à mesa** – Celia Ribeiro
562.(9). **Filhos sadios, pais felizes** – R. Pagnoncelli
563.(10). **Fatos & mitos** – Dr. Fernando Lucchese
564. **Ménage a trois** – Paula Taitelbaum
565. **Mulheres!** – David Coimbra
566. **Poemas de Álvaro de Campos** – Fernando Pessoa
567. **Medo e outras histórias** – Stefan Zweig
568. **Snoopy e sua turma (1)** – Schulz
569. **Piadas para sempre (1)** – Visconde da Casa Verde
570. **O alvo móvel** – Ross Macdonald
571. **O melhor do Recruta Zero (2)** – Mort Walker
572. **Um sonho americano** – Norman Mailer
573. **Os broncos também amam** – Angeli
574. **Crônica de um amor louco** – Bukowski
575.(5). **Freud** – René Major e Chantal Talagrand
576.(6). **Picasso** – Gilles Plazy
577.(7). **Gandhi** – Christine Jordis
578. **A tumba** – H. P. Lovecraft
579. **O príncipe e o mendigo** – Mark Twain
580. **Garfield, um charme de gato (7)** – Jim Davis
581. **Ilusões perdidas** – Balzac
582. **Esplendores e misérias das cortesãs** – Balzac
583. **Walter Ego** – Angeli
584. **Striptiras (1)** – Laerte
585. **Fagundes: um puxa-saco de mão cheia** – Laerte
586. **Depois do último trem** – Josué Guimarães
587. **Ricardo III** – Shakespeare
588. **Dona Anja** – Josué Guimarães
589. **24 horas na vida de uma mulher** – Stefan Zweig
590. **O terceiro homem** – Graham Greene
591. **Mulher no escuro** – Dashiell Hammett
592. **No que acredito** – Bertrand Russell
593. **Odisséia (1): Telemaquia** – Homero
594. **O cavalo cego** – Josué Guimarães
595. **Henrique V** – Shakespeare
596. **Fabulário geral do delírio cotidiano** – Bukowski
597. **Tiros na noite 1: A mulher do bandido** – Dashiell Hammett
598. **Snoopy em Feliz Dia dos Namorados! (2)** – Schulz
599. **Mas não se matam cavalos?** – Horace McCoy
600. **Crime e castigo** – Dostoiévski
601.(7). **Mistério no Caribe** – Agatha Christie
602. **Odisséia (2): Regresso** – Homero
603. **Piadas para sempre (2)** – Visconde da Casa Verde
604. **À sombra do vulcão** – Malcolm Lowry
605.(8). **Kerouac** – Yves Buin
606. **E agora são cinzas** – Angeli
607. **As mil e uma noites** – Paulo Caruso
608. **Um assassino entre nós** – Ruth Rendell
609. **Crack-up** – F. Scott Fitzgerald
610. **Do amor** – Stendhal
611. **Cartas do Yage** – William Burroughs e Allen Ginsberg
612. **Striptiras (2)** – Laerte
613. **Henry & June** – Anaïs Nin
614. **A piscina mortal** – Ross Macdonald
615. **Geraldão (2)** – Glauco
616. **Tempo de delicadeza** – A. R. de Sant'Anna
617. **Tiros na noite 2: Medo de tiro** – Dashiell Hammett
618. **Snoopy em Assim é a vida, Charlie Brown! (3)** – Schulz
619. **1954 – Um tiro no coração** – Hélio Silva
620. **Sobre a inspiração poética (Íon)** e ... – Platão
621. **Garfield e seus amigos (8)** – Jim Davis
622. **Odisséia (3): Ítaca** – Homero
623. **A louca matança** – Chester Himes
624. **Factótum** – Charles Bukowski
625. **Guerra e Paz: volume 1** – Tolstói
626. **Guerra e Paz: volume 2** – Tolstói
627. **Guerra e Paz: volume 3** – Tolstói
628. **Guerra e Paz: volume 4** – Tolstói
629.(9). **Shakespeare** – Claude Mourthé
630. **Bem está o que bem acaba** – Shakespeare
631. **O contrato social** – Rousseau
632. **Geração Beat** – Jack Kerouac
633. **Snoopy: É Natal! (4)** – Charles Schulz
634.(8). **Testemunha da acusação** – Agatha Christie
635. **Um elefante no caos** – Millôr Fernandes
636. **Guia de leitura (100 autores que você precisa ler)** – Organização de Léa Masina
637. **Pistoleiros também mandam flores** – David Coimbra
638. **O prazer das palavras – vol. 1** – Cláudio Moreno
639. **O prazer das palavras – vol. 2** – Cláudio Moreno
640. **Novíssimo testamento: com Deus e o diabo, a dupla da criação** – Iotti
641. **Literatura Brasileira: modos de usar** – Luís Augusto Fischer
642. **Dicionário de Porto-Alegrês** – Luís A. Fischer
643. **Clô Dias & Noites** – Sérgio Jockymann
644. **Memorial de Isla Negra** – Pablo Neruda
645. **Um homem extraordinário e outras histórias** – Tchékhov
646. **Ana sem terra** – Alcy Cheuiche
647. **Adultérios** – Woody Allen

648. **Para sempre ou nunca mais** – R. Chandler
649. **Nosso homem em Havana** – Graham Greene
650. **Dicionário Caldas Aulete de Bolso**
651. **Snoopy: Posso fazer uma pergunta, professora? (5)** – Charles Schulz
652(10). **Luís XVI** – Bernard Vincent
653. **O mercador de Veneza** – Shakespeare
654. **Cancioneiro** – Fernando Pessoa
655. **Non-Stop** – Martha Medeiros
656. **Carpinteiros, levantem bem alto a cumeeira & Seymour, uma apresentação** – J.D.Salinger
657. **Ensaios céticos** – Bertrand Russell
658. **O melhor de Hagar 5** – Dik Browne
659. **Primeiro amor** – Ivan Turguêniev
660. **A trégua** – Mario Benedetti
661. **Um parque de diversões da cabeça** – Lawrence Ferlinghetti
662. **Aprendendo a viver** – Sêneca
663. **Garfield, um gato em apuros (9)** – Jim Davis
664. **Dilbert 1** – Scott Adams
665. **Dicionário de dificuldades** – Domingos Paschoal Cegalla
666. **A imaginação** – Jean-Paul Sartre
667. **O ladrão e os cães** – Naguib Mahfuz
668. **Gramática do português contemporâneo** – Celso Cunha
669. **A volta do parafuso** *seguido de* **Daisy Miller** – Henry James
670. **Notas do subsolo** – Dostoiévski
671. **Abobrinhas da Brasilônia** – Glauco
672. **Geraldão (3)** – Glauco
673. **Piadas para sempre (3)** – Visconde da Casa Verde
674. **Duas viagens ao Brasil** – Hans Staden
675. **Bandeira de bolso** – Manuel Bandeira
676. **A arte da guerra** – Maquiavel
677. **Além do bem e do mal** – Nietzsche
678. **O coronel Chabert** *seguido de* **A mulher abandonada** – Balzac
679. **O sorriso de marfim** – Ross Macdonald
680. **100 receitas de pescados** – Sílvio Lancellotti
681. **O juiz e o seu carrasco** – Friedrich Dürrenmatt
682. **Noites brancas** – Dostoiévski
683. **Quadras ao gosto popular** – Fernando Pessoa
684. **Romanceiro da Inconfidência** – Cecília Meireles
685. **Kaos** – Millôr Fernandes
686. **A pele de onagro** – Balzac
687. **As ligações perigosas** – Choderlos de Laclos
688. **Dicionário de matemática** – Luiz Fernandes Cardoso
689. **Os Lusíadas** – Luís Vaz de Camões
690(11). **Átila** – Éric Deschodt
691. **Um jeito tranqüilo de matar** – Chester Himes
692. **A felicidade conjugal** *seguido de* **O diabo** – Tolstói
693. **Viagem de um naturalista ao redor do mundo** – vol. 1 – Charles Darwin
694. **Viagem de um naturalista ao redor do mundo** – vol. 2 – Charles Darwin
695. **Memórias da casa dos mortos** – Dostoiévski
696. **A Celestina** – Fernando de Rojas
697. **Snoopy (6)** – Charles Schulz
698. **Dez (quase) amores** – Claudia Tajes
699. **Poirot sempre espera** – Agatha Christie
700. **Cecília de bolso** – Cecília Meireles
701. **Apologia de Sócrates** *precedido de* **Êutifron e** *seguido de* **Críton** – Platão
702. **Wood & Stock** – Angeli
703. **Striptiras (3)** – Laerte
704. **Discurso sobre a origem e os fundamentos da desigualdade entre os homens** – Rousseau
705. **Os duelistas** – Joseph Conrad
706. **Dilbert (2)** – Scott Adams
707. **Viver e escrever (vol.1)** – Edla van Steen
708. **Viver e escrever (vol.2)** – Edla van Steen
709. **Viver e escrever (vol.3)** – Edla van Steen
710. **A teia da aranha** – Agatha Christie
711. **O banquete** – Platão
712. **Os belos e malditos** – F. Scott Fitzgerald
713. **Libelo contra a arte moderna** – Salvador Dalí
714. **Akropolis** – Valerio Massimo Manfredi
715. **Devoradores de mortos** – Michael Crichton
716. **Sob o sol da Toscana** – Frances Mayes
717. **Batom na cueca** – Nani
718. **Vida dura** – Claudia Tajes
719. **Carne trêmula** – Ruth Rendell
720. **Cris, a fera** – David Coimbra
721. **O anticristo** – Nietzsche
722. **Como um romance** – Daniel Pennac
723. **Emboscada no Forte Bragg** – Tom Wolfe
724. **Assédio sexual** – Michael Crichton
725. **O espírito do Zen** – Alan W.Watts
726. **Um bonde chamado desejo** – Tennessee Williams
727. **Como gostais** *seguido de* **Conto de inverno** – Shakespeare
728. **Tratado sobre a tolerância** – Voltaire
729. **Snoopy: Doces ou travessuras? (7)** – Charles Schulz
730. **Cardápios do Anonymus Gourmet** – J.A. Pinheiro Machado
731. **100 receitas com lata** – J.A. Pinheiro Machado
732. **Conhece o Mário?** vol.2 – Santiago
733. **Dilbert (3)** – Scott Adams
734. **História de um louco amor** *seguido de* **Passado amor** – Horacio Quiroga
735(11). **Sexo: muito prazer** – Laura Meyer da Silva
736(12). **Para entender o adolescente** – Dr. Ronald Pagnoncelli
737(13). **Desembarcando a tristeza** – Dr. Fernando Lucchese
738(11). **Poirot e o mistério da arca espanhola e outras histórias** – Agatha Christie
739. **A última legião** – Valerio Massimo Manfredi
740. **As virgens suicidas** – Jeffrey Eugenides
741. **Sol nascente** – Michael Crichton
742. **Duzentos ladrões** – Dalton Trevisan
743. **Os devaneios do caminhante solitário** – Rousseau
744. **Garfield, o rei da preguiça (10)** – Jim Davis
745. **Os magnatas** – Charles R. Morris
746. **Pulp** – Charles Bukowski
747. **Enquanto agonizo** – William Faulkner
748. **Aline: viciada em sexo (3)** – Adão Iturrusgarai
749. **A dama do cachorrinho** – Anton Tchékhov
750. **Tito Andrônico** – Shakespeare
751. **Antologia poética** – Anna Akhmátova
752. **O melhor de Hagar 6** – Dik e Chris Browne
753(12). **Michelangelo** – Nadine Sautel
754. **Dilbert (4)** – Scott Adams
755. **O jardim das cerejeiras** *seguido de* **Tio Vânia** – Tchékhov
756. **Geração Beat** – Claudio Willer
757. **Santos Dumont** – Alcy Cheuiche

758. **Budismo** – Claude B. Levenson
759. **Cleópatra** – Christian-Georges Schwentzel
760. **Revolução Francesa** – Frédéric Bluche, Stéphane Rials e Jean Tulard
761. **A crise de 1929** – Bernard Gazier
762. **Sigmund Freud** – Edson Sousa e Paulo Endo
763. **Império Romano** – Patrick Le Roux
764. **Cruzadas** – Cécile Morrisson
765. **O mistério do Trem Azul** – Agatha Christie
766. **Os escrúpulos de Maigret** – Simenon
767. **Maigret se diverte** – Simenon
768. **Senso comum** – Thomas Paine
769. **O parque dos dinossauros** – Michael Crichton
770. **Trilogia da paixão** – Goethe
771. **A simples arte de matar** (vol.1) – R. Chandler
772. **A simples arte de matar** (vol.2) – R. Chandler
773. **Snoopy: No mundo da lua! (8)** – Charles Schulz
774. **Os Quatro Grandes** – Agatha Christie
775. **Um brinde de cianureto** – Agatha Christie
776. **Súplicas atendidas** – Truman Capote
777. **Ainda restam aveleiras** – Simenon
778. **Maigret e o ladrão preguiçoso** – Simenon
779. **A viúva imortal** – Millôr Fernandes
780. **Cabala** – Roland Goetschel
781. **Capitalismo** – Claude Jessua
782. **Mitologia grega** – Pierre Grimal
783. **Economia: 100 palavras-chave** – Jean-Paul Betbèze
784. **Marxismo** – Henri Lefebvre
785. **Punição para a inocência** – Agatha Christie
786. **A extravagância do morto** – Agatha Christie
787. (13).**Cézanne** – Bernard Fauconnier
788. **A identidade Bourne** – Robert Ludlum
789. **Da tranquilidade da alma** – Sêneca
790. **Um artista da fome** *seguido de* **Na colônia penal e outras histórias** – Kafka
791. **Histórias de fantasmas** – Charles Dickens
792. **A louca de Maigret** – Simenon
793. **O amigo de infância de Maigret** – Simenon
794. **O revólver de Maigret** – Simenon
795. **A fuga do sr. Monde** – Simenon
796. **O Uraguai** – Basílio da Gama
797. **A mão misteriosa** – Agatha Christie
798. **Testemunha ocular do crime** – Agatha Christie
799. **Crepúsculo dos ídolos** – Friedrich Nietzsche
800. **Maigret e o negociante de vinhos** – Simenon
801. **Maigret e o mendigo** – Simenon
802. **O grande golpe** – Dashiell Hammett
803. **Humor barra pesada** – Nani
804. **Vinho** – Jean-François Gautier
805. **Egito Antigo** – Sophie Desplancques
806. (14).**Baudelaire** – Jean-Baptiste Baronian
807. **Caminho da sabedoria, caminho da paz** – Dalai Lama e Felizitas von Schönborn
808. **Senhor e servo e outras histórias** – Tolstói
809. **Os cadernos de Malte Laurids Brigge** – Rilke
810. **Dilbert (5)** – Scott Adams
811. **Big Sur** – Jack Kerouac
812. **Seguindo a correnteza** – Agatha Christie
813. **O álibi** – Sandra Brown
814. **Montanha-russa** – Martha Medeiros
815. **Coisas da vida** – Martha Medeiros
816. **A cantada infalível** *seguido de* **A mulher do centroavante** – David Coimbra
817. **Maigret e os crimes do cais** – Simenon
818. **Sinal vermelho** – Simenon
819. **Snoopy: Pausa para a soneca (9)** – Charles Schulz
820. **De pernas pro ar** – Eduardo Galeano
821. **Tragédias gregas** – Pascal Thiercy
822. **Existencialismo** – Jacques Colette
823. **Nietzsche** – Jean Granier
824. **Amar ou depender?** – Walter Riso
825. **Darmapada: A doutrina budista em versos**
826. **J'Accuse...!** – **a verdade em marcha** – Zola
827. **Os crimes ABC** – Agatha Christie
828. **Um gato entre os pombos** – Agatha Christie
829. **Maigret e o sumiço do sr. Charles** – Simenon
830. **Maigret e a morte do jogador** – Simenon
831. **Dicionário de teatro** – Luiz Paulo Vasconcellos
832. **Cartas extraviadas** – Martha Medeiros
833. **A longa viagem de prazer** – J. J. Morosoli
834. **Receitas fáceis** – J. A. Pinheiro Machado
835. **Mais fatos e mitos** – Dr. Fernando Lucchese
836. **Boa viagem!** – Dr. Fernando Lucchese
837. **Aline: Finalmente nua!!! (4)** – Adão Iturrusgarai
838. **Mônica tem uma novidade!** – Mauricio de Sousa
839. **Cebolinha em apuros!** – Mauricio de Sousa
840. **Sócios no crime** – Agatha Christie
841. **Bocas do tempo** – Eduardo Galeano
842. **Orgulho e preconceito** – Jane Austen
843. **Impressionismo** – Dominique Lobstein
844. **Escrita chinesa** – Viviane Alleton
845. **Paris: uma história** – Yvan Combeau
846. (15).**Van Gogh** – David Haziot
847. **Maigret e o corpo sem cabeça** – Simenon
848. **Portal do destino** – Agatha Christie
849. **O futuro de uma ilusão** – Freud
850. **O mal-estar na cultura** – Freud
851. **Maigret e o matador** – Simenon
852. **Maigret e o fantasma** – Simenon
853. **Um crime adormecido** – Agatha Christie
854. **Satori em Paris** – Jack Kerouac
855. **Medo e delírio em Las Vegas** – Hunter Thompson
856. **Um negócio fracassado e outros contos de humor** – Tchékhov
857. **Mônica está de férias!** – Mauricio de Sousa
858. **De quem é esse coelho?** – Mauricio de Sousa
859. **O burgomestre de Furnes** – Simenon
860. **O mistério Sittaford** – Agatha Christie
861. **Manhã transfigurada** – Luiz Antonio de Assis Brasil
862. **Alexandre, o Grande** – Pierre Briant
863. **Jesus** – Charles Perrot
864. **Islã** – Paul Balta
865. **Guerra da Secessão** – Farid Ameur
866. **Um rio que vem da Grécia** – Cláudio Moreno
867. **Maigret e os colegas americanos** – Simenon
868. **Assassinato na casa do pastor** – Agatha Christie
869. **Manual do líder** – Napoleão Bonaparte
870. **Billie Holiday** – Sylvia Fol
871. **Bidu arrasando!** – Mauricio de Sousa
872. **Desventuras em família** – Mauricio de Sousa
873. **Liberty Bar** – Simenon
874. **E no final a morte** – Agatha Christie
875. **Guia prático do Português correto – vol. 4** – Cláudio Moreno
876. **Dilbert (6)** – Scott Adams
877. **Leonardo da Vinci** – Sophie Chauveau
878. **Bella Toscana** – Frances Mayes

ENCYCLOPÆDIA é a nova série da Coleção L&PM POCKET, que traz livros de referência com conteúdo acessível, útil e na medida certa. São temas universais, escritos por especialistas de forma compreensível e descomplicada.

PRIMEIROS LANÇAMENTOS: **Acupuntura**, Madeleine Fiévet-Izard, Madeleine J. Guillaume e Jean-Claude de Tymowski – **Alexandre, o grande**, Pierre Briant – **Budismo**, Claude B. Levenson – **Cabala**, Roland Goetschel – **Capitalismo**, Claude Jessua – **Cleópatra**, Christian-Georges Schwentzel – **A crise de 1929**, Bernard Gazier – **Cruzadas**, Cécile Morrisson – **Economia: 100 palavras-chave**, Jean-Paul Betbèze – **Egito Antigo**, Sophie Desplancques – **Escrita chinesa**, Viviane Alleton – **Existencialismo**, Jacques Colette – **Geração Beat**, Claudio Willer – **Guerra da Secessão**, Farid Ameur – **Império Romano**, Patrick Le Roux – **Impressionismo**, Dominique Lobstein – **Islã**, Paul Balta – **Jesus**, Charles Perrot – **Marxismo**, Henri Lefebvre – **Mitologia grega**, Pierre Grimal – **Nietzsche**, Jean Granier – **Paris: uma história**, Yvan Combeau – **Revolução Francesa**, Frédéric Bluche, Stéphane Rials e Jean Tulard – **Santos Dumont**, Alcy Cheuiche – **Sigmund Freud**, Edson Sousa e Paulo Endo – **Tragédias gregas**, Pascal Thiercy – **Vinho**, Jean-François Gautier

L&PM POCKET **ENCYCLOPÆDIA**
Conhecimento na medida certa

IMPRESSÃO:

Santa Maria - RS - Fone/Fax: (55) 3220.4500
www.pallotti.com.br